U0453333

本书获厦门理工学院学术专著出版基金资助

中国国际发展研究丛书

人民币区域化制约因素研究

王珊珊 黄梅波 ◎ 著

中国社会科学出版社

图书在版编目(CIP)数据

人民币区域化制约因素研究/王珊珊，黄梅波著. —北京：中国社会科学出版社，2016.10

（中国国际发展研究丛书）

ISBN 978-7-5161-8926-9

Ⅰ.①人… Ⅱ.①王…②黄… Ⅲ.①人民币—区域化—货币流通—研究 Ⅳ.①F822.2

中国版本图书馆 CIP 数据核字（2016）第 221711 号

出 版 人	赵剑英
责任编辑	陈雅慧
责任校对	王 斐
责任印制	戴 宽

出 版	中国社会科学出版社
社 址	北京鼓楼西大街甲 158 号
邮 编	100720
网 址	http://www.csspw.cn
发 行 部	010-84083685
门 市 部	010-84029450
经 销	新华书店及其他书店

印刷装订	三河弘翰印务有限公司
版 次	2016 年 10 月第 1 版
印 次	2016 年 10 月第 1 次印刷

开 本	710×1000 1/16
印 张	13.5
插 页	2
字 数	228 千字
定 价	52.00 元

凡购买中国社会科学出版社图书，如有质量问题请与本社营销中心联系调换
电话：010-84083683
版权所有　侵权必究

序　言

　　经过30多年的改革开放，中国的经济实力有所增长，国际政治经济地位逐步上升。中国与亚洲、非洲、拉丁美洲等发展中国家的贸易投资关系日益深化，2006年以来中国的对外援助也开始引起国际社会的广泛关注。根据中国对外援助白皮书（2011、2014），到2012年底，中国共向166个国家和国际组织提供了近4000亿元人民币的援助，建设了2700多个成套工程项目，年均援助资金约66亿元。2015年9月，联合国发展峰会通过了2030年可持续发展议程，开启了人类发展历史的新纪元。习近平主席在会上宣布了一系列的发展合作举措，代表着中国将会在国际发展领域发挥越来越大的作用。在这一历史背景下，中国需要对国际发展理论与政策、中国国际发展援助以及对外经济技术合作中遇到的重大问题进行研究，为政府和企业的国际发展合作工作提供理论与政策上的支持。

　　二战后主要发达国家均建立了国际发展理论与政策研究机构，许多大学设有国际发展专业，以加强对国际发展理论、实践与政策的研究和人才的培养。相比之下，虽然近年我国也开始设立国际发展研究机构，如商务部国际贸易与经济合作研究院发展合作研究所、中国农业大学国际发展研究中心、厦门大学中国国际发展研究中心等，但总的来说，中国国际发展的研究机构仍然很少，且迄今在教育部的专业设置中也还没有国际发展学科，当前我国对国际发展理论与政策问题的研究要么是从国际关系视角、公共管理视角、经济学视角等进行的研究，抑或是国际发展援助主管部门以及业务部门人员的工作介绍和总结，缺乏系统性的学科建设、人才培养和深入的理论与政策研究，难以满足政府主管部门和实际业务部门的国际发展人才的需求及科学决策的需要。中国在崛起，在国际政治经济舞台中的作用越来越大。国际发展援助体系的特点和趋势是什么？中国在国际发展援助体系中应该处于什么地位，应发挥什么作用？中国在对外援助中如何更好地实现供需对接，提高援助的精准度和实施效率，并有效帮助发展中国家实现经济社会环境的发展，这些是国际上关注的，也是我们自己需要深入研究和把握的。而这些都必须以相应的理论和实证研究作为基础。

厦门大学中国国际发展研究中心（以下简称"中心"）2011年在联合国贸发会议（UNCTAD）的支持下成立。厦门大学的学科建设和研究实力使厦门大学在国际发展领域具备了一定的研究基础。一方面，厦门大学经济学院重视理论经济学与应用经济学的教学和研究工作，不论是在宏观经济学、微观经济学、计量经济学、发展经济学、国际经济学方面的理论底蕴方面，还是在具体问题的实证研究、政策研究方面都有很强的研究力量。另一方面，厦门大学国际关系学院、公共事务学院等的学科力量也为厦门大学国际发展研究提供了充分的支持。成立5年来，中心充分发挥了厦门大学多学科的综合优势，在国际发展领域开展了诸多高水平的理论研究、实证研究与政策研究，为建设知名的国际发展研究机构和具有中国特色的国际发展学科体系，培养一流的国际发展研究与政策咨询人才，并为我国政府相关部门国际发展政策提供科学化的服务做出了重要贡献。通过五年的建设，中心一方面坚持世界经济、区域与国别经济、国际发展基本理论的基础研究，另一方面同时以科研项目为支撑，积极构建中国国际发展合作理论与政策体系，主动参与南南国际发展合作体系的建设。目前，中心已经成为中国国际发展研究领域的重要研究机构，其国际发展研究成果也明显体现出其依托的经济学科的特色。

中心五年来的理论与政策研究主要包括国别与区域经济研究、国际发展合作研究特别是南南发展合作研究、国际发展融资研究以及南南经济合作研究等。首先，在国别与区域经济研究领域，中心出版的《国别与地区经济》（高等教育出版社，2011）在国内同类教材中特别突出了对发展中国家地区经济的研究，即将出版的《当代非洲经济导论》（浙江人民出版社，近期）是国内首部应用发展经济学分析框架对非洲经济进行全面研究的著作；其次，在国际发展合作领域，主要是对国际发展目标及国际发展议程研究、发达国家援助管理体系研究、新兴市场国家援助管理体系研究、中国对外援助及其在国际援助管理体系的地位国际发展融资体系研究等；再次，在国际发展融资领域，主要是对国际发展融资机构特别是亚洲基础设施投资银行、新开发银行的研究；最后，在南南经济合作领域，中心依据历次中非合作论坛中非合作政策的陆续推出，以及"一带一路"

国家战略的需求,积极进行中非以及中国与"一带一路"国家援助、贸易与投资关系的研究,取得了一系列的重要成果。

中心成立以来积极参与国内外南南发展合作的学术交流,努力在南南发展合作体系的理论与政策平台的构建方面发挥自己的重要作用。首先,中心是中国国际发展研究网络(China International Development Research Network,CIDRN)管理小组成员,在中国国际发展研究相关研究机构和智库中发挥着引领和协调的重要作用;其次,中心是新兴市场国家发展智库 NeST(Network of Southern Thinktank)中国重要参与方,中心每年参与联合国经济社会理事会东北亚办公室组织的"东北亚发展合作论坛",积极同日本、韩国、俄罗斯同行进行国际发展合作理论与政策方面的交流,探讨国际发展援助的"东亚模式";最后,2016年随着联合国开发计划署(UNDP)"全球南南合作智库网络联盟"南南合作的概念、态势及能力建设问题的研究工作的开始,中心也开始积极推进此领域的研究和交流工作。

总之,厦门大学中国国际发展研究中心旨在充分发挥厦门大学多学科的综合优势,广泛动员国内外相关研究领域的知名学者,从事高水平的国际发展领域的理论研究、实证研究与政策研究,建立与发展有中国特色的国际发展理论,培养一流的国际发展研究与政策咨询人才,为政府相关部门提供政策咨询,并成为政府发展援助机构、国际组织及国内外发展研究机构之间沟通和交流的平台。厦门大学国际发展研究系列成果是厦门大学中国国际发展研究中心在国际发展合作领域的阶段性研究成果,该系列成果的推出,一方面是希望将我们的研究成果展示给大家,为大家全面深入了解国际发展援助体系、新兴市场发展援助(南南发展合作)及中国对外援助的特点提供帮助,另一方面也希望能起到抛砖引玉的作用。特别希望相关领域的专家学者、政府相关部门及国际发展实践者能对我们的成果提出宝贵意见。希望我们共同努力,为中国国际发展学科的建设与人才培养,为中国国际发展理论与政策的研究工作的推进作出贡献,也为推动中国对外援助政策与实践水平的提高发挥一定的作用。

前　言

　　人民币国际化或区域化是 2008 年金融危机后国内外热议的经济话题之一。在市场力量的驱动和相关政策的鼓励下，人民币越来越受周边国家欢迎，并日益成为边境贸易计价结算货币，同时也成为备受周边国家中央银行青睐的国际储备货币。但通过总结一国货币国际化所需的基本条件，我们不难发现人民币区域化进一步深入还将面临经济和政治等多方面因素的阻碍。从目前国内外文献的相关研究看，虽然对人民币国际化和区域化的制约因素进行了多方面的探索，但仍存在以下几点不足：第一，还没有形成清晰的理论框架。国内外文献指出的人民币区域化存在的各个问题之间，并没形成清晰的理论框架。第二，对每个问题的研究仅限于理论上的分析，较少运用现代经济学方法进行验证和解释。第三，对人民币区域化存在的各个问题的研究不够深入，大都是点到为止。为填补以上研究的不足，本书在人民币区域化框架下研究它的制约因素时，对于每一个制约因素的研究主要围绕对三个问题的回答展开：该制约因素的实质是什么，该制约因素会与人民币深入区域化形成什么样的制约关系，结合中国的实际情况应该提出怎样的政策建议。

　　本书从货币国际化的可行性和必要性出发，深入挖掘人民币区域化的主要制约因素。根据货币区域化的可行性可知，对外贸易量及开放度、货币稳定程度、金融市场的对外开放度、金融市场的规模和效率是影响货币区域化和国际化的主要经济因素，对人民币区域化而言，其制约因素包括中国在东亚的最终产品提供问题、人民币汇率制度问题、资本项目可兑换问题、金融市场发展程度问题。此外，影响货币区域化和国际化可行性的政治因素为国际货币发行国的挑战，对于人民币区域化而言，这一因素表现为人民币面临美国和日本的掣肘等问题。从必要性看，收益大于成本则是人民币区域化的必要性，区域化能够获得的巨大收益是积极推进人民币区域化的重要动力，而所需支付的成本则是制约人民币深入区域化的重要因素。因此，本书从第三章到第八章依次分析其主要制约因素，具体包括最终产品市场提供者地位、人民币汇率制度、人民币资本项目可兑换、中国金融市场发展程度、美日掣肘和区域化成本。

  本书得出的主要结论体现在宏观和微观两个层面。宏观层面包括：第一，人民币汇率的稳定性、加工贸易的格局、经济增长的结构特别是由消费主导的经济增长结构、东亚区域内的贸易投资自由化是影响中国作为东亚区域最终产品市场提供者，从而影响人民币成为该区域计价结算和官方储备货币的重要因素。第二，中短期内，根据汇率制度选择的内生性，维持现有的汇率制度是有利的。而且研究进一步发现，汇率制度的弹性依赖于金融市场开放的深度，因此，长期内人民币汇率弹性的不断增强既是人民币区域化程度不断加深的要求，也是满足内生汇率在长期内的需要。同时，我们发现，人民币汇率制度弹性不断增强也有利于增加货币国际化进程中货币政策的有效性。第三，不能急于开放资本项目，开放资本项目应该循序渐进，应避免急于求成。第四，促进中国金融市场的改革和发展。第五，人民币区域化进程中面临美日的掣肘，中国需加强与其他非国际货币发行国合作的力度，从而更好地应对国际货币发行国的挑战。微观层面包括：第一，鼓励企业细化分工和进行差异化生产，制造出更具"异质性"的产品，以增强中国企业的议价能力。第二，鼓励有条件的企业通过上市或发行企业债的形式实现融资目的。第三，引导并鼓励中国企业更加关注人民币汇率。

目　录

第一章　导论 …………………………………………………… (1)
　　第一节　问题的提出与研究意义 ……………………………… (1)
　　第二节　相关研究综述 ………………………………………… (3)
　　第三节　研究思路与内容安排 ………………………………… (10)
　　第四节　研究目标、方法和重难点 …………………………… (13)

第二章　人民币区域化概述 …………………………………… (15)
　　第一节　人民币区域化的战略意义 …………………………… (15)
　　第二节　人民币区域化推进的现状 …………………………… (26)
　　本章小结 ………………………………………………………… (36)

第三章　最终产品市场提供者地位与人民币区域化 ………… (37)
　　第一节　最终产品市场提供影响人民币计价结算
　　　　　　地位的背景 …………………………………………… (37)
　　第二节　中国的最终产品市场提供地位及其与人民币
　　　　　　区域化的关系 ………………………………………… (40)
　　第三节　影响中国市场提供者地位的因素及中国的对策 …… (52)
　　本章小结 ………………………………………………………… (60)

第四章　人民币汇率制度与人民币区域化 …………………… (61)
　　第一节　人民币事实汇率制度：来自篮子货币权重的
　　　　　　经验分析 ……………………………………………… (61)
　　第二节　现行人民币汇率制度对人民币区域化的影响 ……… (72)
　　第三节　完善人民币汇率形成机制的中短期和长期建议 …… (77)

本章小结 …………………………………………………………（87）

第五章　人民币资本项目可兑换与人民币区域化 ……………（89）
第一节　人民币资本项目可兑换概述 ……………………………（89）
第二节　人民币资本项目可兑换受限制与人民币区域化 ………（97）
第三节　对人民币资本项目自由兑换决策的思考 ………………（102）
本章小结 …………………………………………………………（110）

第六章　中国金融市场发展程度与人民币区域化 ……………（112）
第一节　中国金融市场发展现状——基于金融市场发展指
　　　　标的描述 …………………………………………………（112）
第二节　中国金融市场发展对人民币区域化的影响 ……………（122）
第三节　推动中国金融市场发展的政策建议 ……………………（130）
本章小结 …………………………………………………………（132）

第七章　人民币区域化面临美日掣肘 ……………………………（134）
第一节　人民币区域化面临的美日挑战 …………………………（134）
第二节　基于演化博弈论验证人民币区域化进程中的
　　　　美日中博弈 ………………………………………………（147）
第三节　人民币区域化中应对美日挑战的启示性建议 …………（154）
本章小结 …………………………………………………………（158）

第八章　人民币区域化的成本 ……………………………………（160）
第一节　货币区域化（国际化）成本的相关文献综述 …………（160）
第二节　三元悖论框架下人民币区域化对货币政策
　　　　有效性的影响 ……………………………………………（163）
第三节　人民币区域化的其他成本及相关建议 …………………（174）
本章小结 …………………………………………………………（184）

参考文献 …………………………………………………………（186）

后记 ………………………………………………………………（204）

第一章 导论

第一节 问题的提出与研究意义

一 研究背景

中国经济实力的不断增强、贸易额在世界贸易总额中所占比重越来越大、人民币币值稳中有升的趋势等,都为人民币国际化提供了最现实的条件。因此,人民币国际化成为国内外热议的话题。但从一国货币成为国际货币的历史进程来看,不难发现,货币国际化需要经历漫长的历程,相比较而言,货币的区域化是更加务实的目标。2009年7月1日中国六部委联合发布了《跨境贸易人民币结算试点管理办法(PRTSS)》后,人民币在周边国家的跨境流通量不断增加,人民币成为越来越受周边国家欢迎的边境贸易结算货币。另外人民币也成为备受周边国家中央银行青睐的国际储备货币。但行百里者半九十,随着人民币区域化的不断深入,面临的困难也会越来越多。鉴于此,研究制约人民币区域化走得更远的因素对于人民币区域化深入具有重大意义。同时分析存在哪些实质的制约因素、这些重要的制约因素与人民币区域化会形成怎样的制约关系、中国应该采取哪些更切合实际的措施,成为中国迫切需要解决的问题。

目前国内分析人民币区域化的论文不少,涉及人民币区域化的条件、潜力、困境、路径和效应等,往往涉及面广但不够详细和深入,到目前还没有系统地研究人民币区域化面临制约因素的文献。本书着眼于未来中国经济金融体制改革的方向,在充分考虑国内宏观经济环境的前提下,研究人民币区域化进一步深化将面临的困境。也就是说,本书并不是在描述制约人民币区域化和国际化因素的基础上,简单地提出相应政策建议消除这些制约因素。在提出相关政策建议时充分考虑了中国经济金融体制改革的方向和现有的宏观经济环境,如果只是有利于促进人民币区域化而不利于宏观经济环境或者不符合经济金融体制改革的方向,就要考虑暂缓人民币区域化的进程。我们需要确保,化解人民币深入区域化面临的困境在推进人民币区域化不断向前的同时,也有利于进一步改善宏观经济环境。

此外,目前关于人民币国际化的路径问题也是存有争议的,但无论采用哪种形式的国际化形式,其制约因素都是存在的。因此,本书跳出了争议的框框,探讨国内外学者讨论最多的制约人民币区域化的因素。

二 研究价值

1. 理论价值

首先,为研究人民币深入区域化的制约因素提供一个较为系统的思路框架。

其次,本书运用现代计量经济学的方法深入分析人民币区域化各个制约因素,为该领域的相关研究提供了研究方法上的参考。

2. 实际应用价值

首先,随着人民币区域化的进一步深入,制约人民币区域化的因素不断显现。本书深入分析这些制约因素存在的本质以及它们对人民币区域化的制约,为应对人民币深入区域化面临的挑战做好充分的准备。

其次,考虑到人民币区域化的成本,特别是条件不成熟时的区域化,本书的着眼点不只是人民币区域化制约因素本身,而是将人民币区域化面临的困境与我国经济金融发展面临的问题相结合,得出更符合中国经济发展实际的政策建议,具有实际应用上的参考价值。

最后,本书基于未来中国经济金融体制改革的方向,将人民币深入区域化面临的困境与中国的宏观经济环境(主要是经济金融改革的方向)结合在一起。鉴于此,本书提出的相关政策建议与党的十八大提出的深化金融体制改革,即"加快发展多层次资本市场,稳步推进税率和汇率市场改革,逐步实现人民币资本项目可兑换"是一致的,具有重要的政策参考意义。

第二节 相关研究综述

一 货币国际化的职能及范围

(一) 货币国际化的职能

对货币国际化概念的界定首先是从货币的职能出发的，因为货币国际化的本质在于货币职能的国际化。Cohen（1971）从货币职能的视角对货币国际化进行相关论述，而后 Philipp Hartmann（1998）总结了货币国际化如何体现在货币职能上，认为国际货币就是在计价单位、交换媒介、价值储藏三个方面成为国际上被广泛接受的货币。此外，这三个方面的职能在政府、非银行、银行的表现是不同的。具体而言，在计价单位方面，国际货币是政府锚货币、非银行贸易中的计价货币以及银行外汇标识货币；在交换媒介方面，它是政府的汇率干预货币、非银行间国际贸易结算的货币以及银行间清算和国际债券发行的货币；在价值储藏方面，它是政府的外汇储备、非银行和银行的外汇资产（见表1—1）。Chinn 和 Frankel 以及 Ito 在讨论货币国际化时，也将货币职能在官方和私人部门之间进行划分，虽然他们与哈特曼（Hartmann）的具体归纳方法有些区别，但他们认为国际货币应是国际上主要的计价单位手段、交换媒介和价值储藏手段的观点与哈特曼是一致的。人民币国际化也不例外，其国际化体现在货币职能的国际化上。人民币国际化是指人民币越出一国的国界，在国际上发挥其在个人和官方两个主要部门作为计价单位、交换媒介和价值储藏货币职能的过程。

表1—1　　　　　　　　国际货币职能的表现

职能	政府	私人部门	
		银行	非银行
计价单位	锚货币	外汇标识货币	贸易中的计价货币
交换媒介	汇率干预	银行间清算、国际债券发行	国际贸易结算
价值储藏	外汇储备	外汇资产	外汇资产

资料来源：Philipp Hartmann, *Currency Competition and Foreign Exchange Markets: the Dollar, the Yen and Euro*, London: Cambridge University Press, 1998 (17): 14.

（二）货币国际化的范围：货币区域化和人民币区域化

虞群娥（2002）指出货币区域化包括两个层次：第一个层次是一国货币在一定区域内充分发挥国际货币的职能，这是在某一区域范围内实现国际化；第二个层次是区域货币一体化，即类似于欧元区，一个区域内的某些国家由于经济联系紧密而实行货币合作，并最终形成货币统一体。张礼卿、孙志嵘（2005）更多地论及了虞群娥（2002）所指的第二个层次，指出货币区域化是不少于两个经济往来密切的国家，通过货币金融合作、政策协调和一定程度的制度安排，共同使用某种货币或者采用固定汇率的过程。刘力臻、徐奇渊（2006）从阶段的划分中界定货币区域化，表明区域化是货币国际化的中期阶段。货币区域化表现在两个方面：一是当某种货币替代一个区域内的当地货币，成为这个区域普遍使用的货币时，货币的区域化就开始了；二是国与国之间借助于长期的货币合作以最后促成一种新式的区域货币。

相关文献在定义人民币区域化概念时也突出货币职能范围和区域性特点。李翀（2002）、张勇长（2006）从货币职能角度出发把人民币区域化定义为人民币在中国周边国家或地区内被接受，并成为这些国家对外贸易的计价结算手段，一定程度上作为交换媒介和价值储藏手段。中国人民银行研究局（2007）和邱兆祥（2009）都从货币的职能出发界定人民币区域化的概念，认为人民币的区域化是指人民币在一定区域内比较广泛地执行价值尺度、交换媒介和储藏手段等职能。同时他们还指出区域化是国际化的一种表现形式，区域化也可以理解为某种程度上的货币国际化。人民币国际化的程度日益深化，实质上就是人民币区域化的地域范围不断扩张和货币职能不断延伸。国务院发展研究中心课题组（2011）从更广的货币职能出发认为人民币区域化就是人民币在一定地域内被认可的过程。此外，该课题组还指出人民币区域化是人民币国际化的初级阶段，是在人民币完全国际化条件和时机并不成熟的条件下，在一个有限的区域范围内由一国货币转变为超越国界的区域货币的过程。同时该课题组还强调，人民币区域化的目标是使人民币成为区域内的关键货币，而不是成为区域内的主导货币。李晓、丁一兵（2005）则主要基于路径视角定义人民币区域化的概念，强调人民币实现成为区域内关键货币的目标，需要中国在区域化的货币领域的制度合作中发挥重要作用。

综合相关文献对人民币国际化和人民币区域化的界定，本书将人民币区域化定义为：人民币不只是东亚区域内受欢迎的货币，而是成为东亚区域内关键的计价、结算和储备货币。人民币区域化的这一定义突出两个要点：一是该定义强调的是人民币要在区域内实现的某种状态，二是强调人民币区域化是一种深层次的区域化。

（三）人民币区域化与人民币国际化的关系

从人民币区域化和人民币国际化的概念看，不难发现二者有联系也有区别。人民币区域化和人民币国际化的联系表现为：第一，从人民币区域化和人民币国际化概念看，它们包含的内容基本是一致的，因此，二者本质上是同一个问题，可以说人民币区域化也是国际化，只是较为初级的国际化。第二，从人民币区域化和人民币国际化二者实现的过程看，一方面人民币区域化是货币的计价结算和储备等国际货币功能不断发挥和延伸的过程；另一方面在当前人民币汇率制度改革、资本项目可兑换、金融市场发展等几个方面都受到较多限制以及面临美日掣肘的条件下，人民币区域化是人民币国际化的前期阶段，也是实现人民币国际化更加务实的目标。第三，从二者的最终实现目标看，人民币区域化的最终目标是实现人民币国际化。二者的主要区别则在于它们所涉及的货币流通范围和接受程度有所不同，人民币区域化主要是人民币在中国周边国家或者东亚区域成为关键货币，发挥主要国际货币职能，当人民币的国际职能范围和接受程度延伸到全球范围时，才是人民币国际化。

二 货币国际化影响因素和人民币国际化制约因素的分析

目前国外文献对货币国际化的影响因素作了较为系统的研究，包括理论和实证方面，这些文献对研究人民币深入区域化的制约因素具有重要启发性。但国外文献对人民币区域化的研究处于初始的探索阶段，系统研究人民币区域化制约因素的文献还较少。目前国外学者对人民币国际化或区域化存在问题的研究大都集中在中国的金融领域。与国外相关文献研究不同，国内的研究结合中国的实际情况，涉及的范围更广。

（一）经济因素

从已有的文献可知，无论是关于决定货币国际地位的理论分析还是实证研究，影响货币国际化的经济因素不外乎国家的综合实力、汇率的稳定性、金融市场的发展和自由化等。Dooley et al.（1989）、Eichengreen and Frankel（1996）、Eichengreen（2005）等均认为决定货币作为国际货币的经济因素包括：货币发行国的经济实力、货币稳定性和金融市场的广度和深度等。

1. 经济实力

首先是经济总量因素。Kindleberger（1967）和 Eichengreen（1994）从理论上认证了国家经济实力的强弱对货币国际地位的重要性。郝宇彪、田春生（2011）进一步揭示了在黄梅波（2001）和李稻葵、刘霖林（2008）等人所述的金融影响因素背后的内在因素，主要体现在实体经济方面，包括科技水平、产业结构、经济发展方式和资源配置方式等。张宇燕、张静春（2008）则研究发现影响人民币区域化的问题除资本项目受限、金融资产规模有限、金融市场不成熟外，另一个重要的影响因素则是中国经济增长存在不稳定性。与张宇燕、张静春相似，聂利君（2009）强调中国经济增长对人民币国际化的作用，认为人民币国际化不仅受资本项目和金融市场的限制，也受中国经济能否实现可持续发展的影响。徐奇渊（2010）一方面进一步细化张宇燕、张静春和聂利君等人提出的中国经济增长的问题，认为中国经济的整体竞争力主要表现出三点不足：一是中国企业的国际定价权较弱，因为出口企业的定价权将会影响贸易结算中货币的选择，定价权越弱，使用人民币结算就越困难。二是在中国对外贸易的结构中，加工贸易占有很大的比例。而对进行加工贸易的外国厂商来说，在加工贸易的进出口环节中使用外币计价结算，能减少外汇总成本，又能在一定程度上对冲风险。三是中国进行对外贸易的企业不具有定价权，这是为什么人民币在进出口贸易中结算比例失调很重要的原因。

其次是贸易因素。Krugman（1984）和 Rey（2001）基于两种货币的视角，实证分析了贸易与货币地位之间的历史联系。在人民币区域化方面，钟阳（2011）和朱孟楠、叶芳（2012）分别基于边贸结算和货币互换、货币使用的引力模型的经验分析，得出影响人民币区域化的主要因素包括人均 GDP、债务情况、与中国的贸易总额、两国的距离等。李晓、丁一兵（2005）认为制约人民币区域化的因素，除国内金融体系的脆弱性、金融和资本项目管制外，中国未能成为区域中心市场（中国还不能成为东亚地区市场的提供者，现在这一角色由美国扮演）也是重要的阻碍因素。李超（2010）也主要基于贸易方面的研究得出制约人民币区域化的因素，认为中国对外贸易企业竞争力较弱、加工贸易在中国对外贸易结构中所占比重过高、过度依赖某一出口市场等是制约人民币区域化的主要因素。

2. 货币稳定性

黄梅波（2001）在比较美元和欧元货币国际化的经验后，发现影响一国货币国际化的关键因素，除该国的经济实力和在位货币的惰性外，该国货币的稳定程度和中央银行的信誉也是重要的影响因素。李稻葵、刘霖林（2008）在计量分析的基础上，得出通货膨胀水平、实际利率水平、汇率波动方向和幅度等是影响货币国际化的内在因素。

3. 金融市场的广度和深度

Williams（1968）研究发现，与实体经济相比，货币的国际化程度更多地依赖于该国金融部门的发展，Kenen（1988）也从金融的角度切入，认为货币国际化的最终实现，离不开资本项目开放带来的资本自由流动，所以说货币的国际化需要资本项目交易实现自由化。Goldfajn and Rigobon（2000）研究发现一国金融市场发展的水平与该国货币能否成为国内外所接受的硬通货有着紧密的联系。关于人民币区域化与金融市场发展之间的关系，Cohen（2005）指出中国金融市场的不完善是目前阻碍人民币国际化进程的首要因素。首先，国内金融市场不完善和非市场化体现在利率非市场化、中央银行独立性较低以及政府的外汇干预政策。其次，资本项目不开放表现为国内金融市场对境外投资者的开放度有限。Eichengreen（2005）也提出了与科恩（Cohen）相似的观点，指出中国对资本项目的限制和政府干预的外汇政策直接影响其货币政策，间接导致国内金融市场的不发达。Yu and Gao（2009）和张礼卿（2009）也是侧重从金融方面分析人民币区域化和国际化存在的问题，认为政府在放弃资本管制方面的顾虑是在可预见的未来阻碍人民币国际化和区域化最重要的问题。因为目前还存在较多的因素阻碍资本项目的开放，因此资本项目的开放问题就成了人民币区域化的软肋。Zhang and Liang（2009）认为人民币能否成为东亚的关键货币，最重要的是一级和二级金融市场能否进一步深化和透明化。Dobson and Masson（2009）也指出金融体系是影响人民币成为国际或者区域货币的关键因素。

（二）政治因素

一些学者也研究了货币国际化中的政治因素。Mundell（1983）和Shinohara（1984）则强调了政治和军事力量对提高货币国际地位的作用。

徐奇渊（2010）在对人民币区域化的分析中加入了地缘政治因素，认为中国与周边地区密切贸易、金融联系，将引起美国、日本的警惕，这也是人民币区域化进程必须面对的挑战。国务院发展研究中心课题组（2011）认为区域内国家希望大国共同在该区域发挥作用并形成相互钳制的格局，是人民币区域化的重要外部障碍。

（三）综合分析

有些文献则是从贸易、金融和政治等多方面视角分析人民币区域化和国际化的影响因素。韩剑（2011）从实证分析的角度进行相关检验，发现人民币具有国际货币的潜质，可以成为国际货币。但同时他也指出对外贸易结构、金融市场发展及开放水平、资本项目管制、美元惯性以及政治方面阻隔等是影响人民币国际化的重要因素。国务院发展研究中心课题组（2011）综合以上所提及的影响因素，从内外部的视角论述了人民币区域化的阻碍性因素。内部障碍因素有：一是中国经济实力还不够强大；二是中央银行的独立性不够，从蒙代尔的 IS－LM－BP 模型得出的结论可知，央行货币政策的独立性（或有效性）、固定汇率以及资本的自由流动是不可能三角。在汇率和资本项目进一步开放之后，货币政策的独立性将增强；三是金融市场的发展状况不能满足人民币区域化的需要，包括外汇市场的发展状况、资本市场不够健全、金融衍生商品市场发展迟缓。与此同时，中国金融机构的业务大量集中在传统的信贷业务上，且具有大而不强的特点；四是政府部门对人民币区域化的政策不统一，政策不协调。聂利君（2009）在国外学者的研究框架下，从经济因素、政策因素、政治因素和历史因素四个方面考虑货币国际化的推动因素。蒙震等（2013）基于5种国际货币的计量分析，研究了推动人民币国际化的内在动力，他还综合了贸易、金融、政治、军事等几个方面的因素，包括贸易规模、货币使用惯性、货币币值稳定和军事力量等。

三 有关东亚区域货币合作存在障碍的分析

因为人民币区域化需要借助某一路径来实现，而东亚区域货币合作就是通过某种制度安排实现人民币区域化的重要路径。因此，东亚区域货币合作本身存在的问题也是人民币区域化必须扫除的障碍。国内外文献关于东亚区域货币合作障碍因素的分析一般从三个方面着手，即经济方面的差异、政治阻力以及大国力量的掣肘。

经济因素。余永定（2002）指出亚洲各国经济制度存在较大差异，经济结构不同，经济发展程度也存在一定差距，这都使得东亚区域的货币合作进展停滞不前。傅俊霖（2002）将经济发展的差异进一步细化为亚洲各国在经济发展水平、生产要素在一国流动情况、经济开放程度、金融市场一体化程度方面的差异。他针对该问题提出的对策是缩小货币一体化的成本，首先在经济发展差异小和相互一体化程度高的地区开展货币金融合作。孙立坚也是从贸易的角度分析东亚区域货币合作进展缓慢的原因，认为亚洲国家之间的垂直分工是关键问题。① 郑旭（2009）认为东亚货币合作的困难在于经济发展水平极不平衡，譬如，经济类型以及结构互不相同（譬如，日本多是标准化的制造，东盟国家大多是以出口和加工贸易为主），经济体制和政策方面也存在差异。

政治因素。朱孟楠、傅俊霖（2002）认为在一个开放经济里，不但存在经济上的三难选择，同时还存在着政治上的三难选择，即经济全球化、大众政治和民主国家三者之间存在矛盾，这些是从政治方面制约东亚区域货币合作的因素。李富有（2004）、郑旭（2009）研究发现东亚区域货币合作的政治历史困境在于不同国家追求的政治和经济利益有所不同，如果这些国家开展合作，它们的合作动机也会相同；东亚地区的历史遗留问题尚未解决；Koichi et al.（2009）认为阻碍东亚地区货币和金融合作的原因是缺乏足够的国内外激励因素，同时合作要符合所有选民的需求限制了合作能力（如发起和参与）。

大国因素。张延良（2005）和祝小兵（2006）都认为，如果东亚区域建立货币联盟，就不得不面对"第 N 种货币问题"，即在新的共同货币诞生之前，为防止出现一国霸权，区域成员国就会选择某种货币作为法定货币，区域内其他货币再钉住该种货币。但是目前日元和人民币都不太可能成为东亚区域内的"驻锚货币"。朱孟楠、傅俊霖（2002）认为日元国际化程度不高是东亚货币合作的难处。中国人民银行研究局（2007）分析了人民币东亚货币化（是人民币区域化的本质）进程中的主要障碍，除中国金融体制改革、内外经济均衡外还包括人民币与日元关系的协调问题。而且在中日相互协调的问题上，得出另一种见解，认为因为人民币东

---

① 2008 年 5 月 25 日，孙立坚在由复旦大学主办的"经济全球化与亚洲的选择：上海论坛 2008"上的发言。

亚化主要是市场力量作用的结果，中国政府不应该急于推动人民币在他国的流通，对于中国与日本的合作而言，也不需要太积极，这不同于其他学者的研究［譬如何帆（2003）、李晓（2004）、刘振林（2005）］。但对于如何得出该政策建议并没有给予深入的分析。其次是美国因素。李富有（2004）、郑旭（2009）都分析了来自美国的阻力，即美国不愿意看到一个可与它竞争的亚洲经济联合体出现。

虽然本书并不关注人民币区域化具体实现路径，但东亚区域货币合作作为实现人民币区域化的重要形式，分析东亚区域货币合作的制约因素，可以为研究人民币区域化制约因素提供重要参考。

四 文献评述

综上所述，国内外关于货币区域化和国际化制约因素的研究有优点也有不足之处。国外文献对货币国际化决定因素的系统研究对人民币区域化制约因素的研究有较好的启发。但具体到人民币区域化制约因素的研究，国内外文献的研究存在的不足表现在：第一，还没有形成清晰的理论框架。国内外文献指出的人民币区域化存在的各个问题之间，并没形成清晰的理论框架。第二，对每个问题的研究仅限于理论上的分析，较少运用现代经济学方法进行验证和解释。第三，对人民币区域化存在的各个问题的研究不够深入，大都是点到为止。这些问题的实质是什么，它们与人民币深入区域化之间形成怎样的制约关系，基于未来中国经济金融体制改革的方向，中国应该采取什么样的应对措施，这些都尚未体现在现有的文献研究中。

第三节 研究思路与内容安排

一 研究的架构和思路

通过相关文献综述，我们发现一国货币实现区域化和国际化依赖一定的基本条件，主要包括可行性和必要性，这些基本条件从全局和根本上影响货币区域化和国际化的进程。因此，对人民币区域化制约因素的研究要追溯至人民币区域化的可行性及必要性。货币区域化和国际化的可行性和必要性是研究人民币区域化制约因素时可追根溯源的一大线索。从货币区域化的可行性看，对外贸易量及开放度、货币稳定程度、金融市场的对外

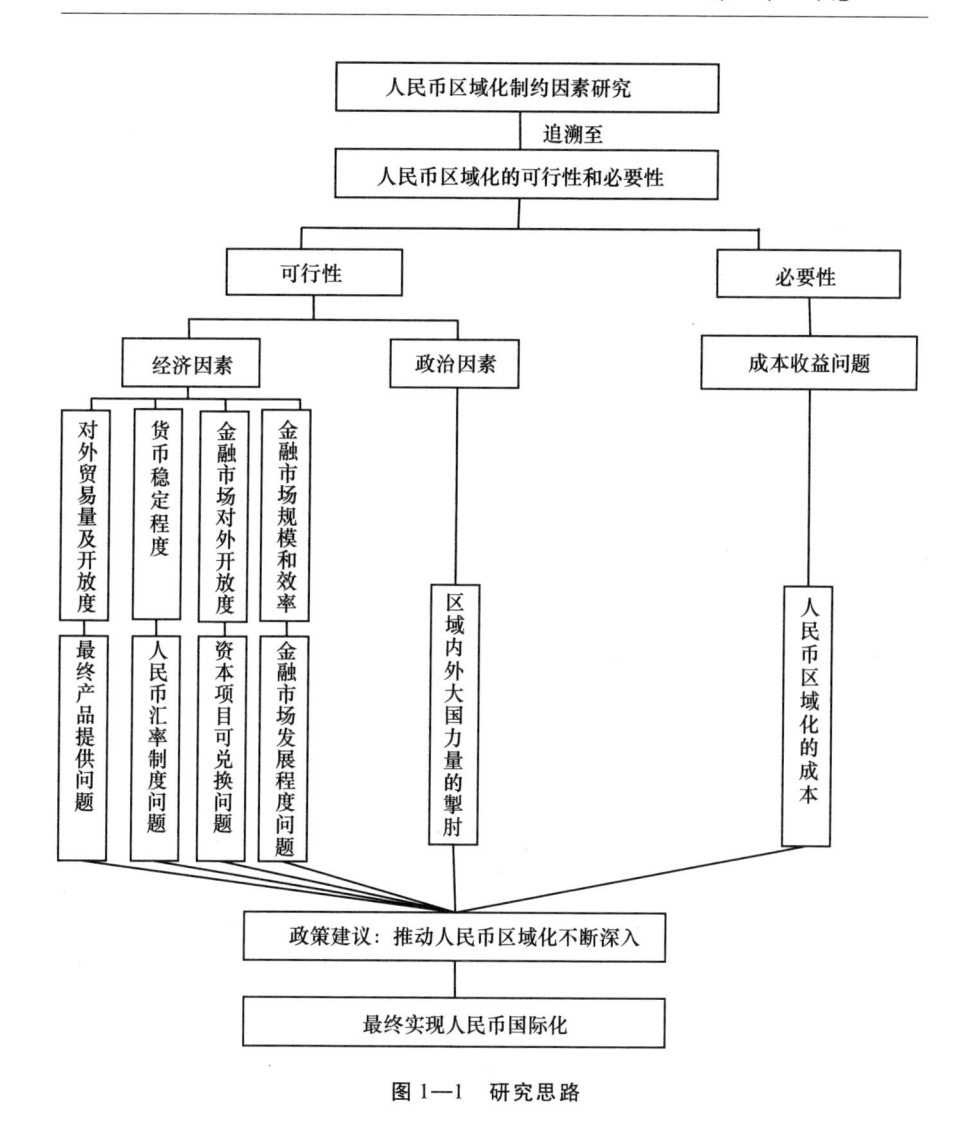

```
                    人民币区域化制约因素研究
                              │
                            追溯至
                              │
                  人民币区域化的可行性和必要性
                   ┌──────────┴──────────┐
                  可行性                必要性
          ┌────────┼────────┐              │
        经济因素  政治因素            成本收益问题
    ┌───┬─┴─┬───┐     │                   │
   对外 货币 金融 金融  区域内外          人民币
   贸易 稳定 市场 市场  大国力量          区域化
   量及 程度 对外 规模  的掣肘            的成本
   开放      开放 和效
   度        度   率
    │    │    │    │    │                  │
   最终 人民 资本 金融
   产品 币汇 项目 市场
   提供 率制 可兑 发展
   问题 度问 换问 程度
        题   题   问题
    └────┴────┴────┴────┬──────────────────┘
                        │
              政策建议：推动人民币区域化不断深入
                        │
                最终实现人民币国际化
```

图 1—1 研究思路

开放度、金融市场的规模和效率是影响货币区域化和国际化的经济因素，相应地本书提取的核心分析因素包括中国在东亚的最终产品提供问题、人民币汇率制度问题、资本项目可兑换问题、金融市场发展程度问题。特别需要指出的是，经济总量及其持续稳定发展也是影响货币区域化和国际化可行性的重要经济因素，但考虑到它是多个因素共同作用的结果，与随后分析的多种影响因素存在紧密的联系，所以并没有将经济总量单列分析。此外，大国因素特别是国际货币发行国的挑战是影响货币区域化和国际化可行性的政治因素，本书对应分析的是人民币区域化面临美国和日本的掣肘。从必要性看，人民币区域化的收益大于成本是人民币区域化的必要性，人民币区域化的收益是中国积极推进人民币区域化的重要动力，而人民币区域化的成本则是制约人民币深入区域化的重要因素，因此，成本问题是制约人民币区域化的另一个重要因素。本书旨在深入理解和分析人民币区域化的制约因素，并在中国经济金融改革的框架下和充分考虑中国经济发展实际时，提出相应政策建议推动人民币区域化不断深入，最终实现人民币国际化。

二 研究内容

第一章，界定相关概念、进行相关文献综述，并对本书的研究方法和创新之处等进行概括。

第二章，首先介绍推进人民币区域化的战略意义，接着基于定量和定性分析描述人民币区域化的现状并探讨制约人民币区域化不断深入的主要因素。

第三章，研究中国在东亚区域的最终产品市场提供者地位与人民币区域化问题。中国能否成为东亚区域重要最终产品市场提供者，是决定人民币能否成为东亚区域计价结算货币的市场条件。这一章首先分析了中国在东亚区域的最终产品市场提供的情况，其次，分析最终产品市场提供者地位与人民币成为区域关键货币的关系。最后，定量描述影响中国在东亚区域最终产品市场提供者地位进而影响人民币区域化进程的因素，并在此基础上提出相应的政策建议。

第四章，研究现行人民币汇率制度与人民币区域化问题。首先深入解读现行的事实人民币汇率制度，得出其有利的方面及存在的不足，并在分析人民币汇率制度选择与人民币区域化之间相互影响与制约关系的基础上，探寻现阶段汇率制度改革的方向。

第五章，研究人民币资本项目可兑换与人民币区域化问题。首先全面深入解读现行人民币资本项目可兑换的现状，其次从中窥探它对人民币区域化的制约，最后在考虑我国宏观经济环境现状的基础上给出原则上和具体举措上的建议。

第六章，研究中国金融市场发展程度与人民币区域化问题。首先，通过相关指标测算金融市场规模和金融市场效率，以该指标为基础描述中国金融市场发展的现状及其与货币国际化的一般关系,接着分析中国金融市场发展现状对人民币区域化的影响,并提出相应的政策建议。

第七章,研究人民币区域化过程面临的区域内外力量的掣肘,也就是美日因素的阻碍。本部分首先验证了人民币区域化进程中美日两国的掣肘,然后分析美日两国采取的阻碍性措施,最后针对美日的掣肘,提出关于中国如何应对的政策建议。

第八章,研究人民币区域化过程中可能承担的成本。本章总结国内外学者研究的关于货币区域化和国际化的主要成本后,主要分析人民币区域化对货币政策有效性和独立性的影响。另外还分析了其他成本,包括承担国际责任、人民币升值贬值风险、特里芬难题、货币区域化也可能使货币遭受更大的冲击。同时说明应该为人民币区域化创造什么样的环境,以减少人民币区域化带来的成本和不确定。

第四节 研究目标、方法和重难点

一 研究目标与研究方法

(一)研究目标

1. 探究人民币区域化存在问题的本质,在此基础上提出切实可行的推进人民币深入区域化的政策建议,从而有利于中国获得与经济地位相称的货币地位。

2. 通过对人民币深入区域化存在问题的分析,进一步发现中国经济结构存在的问题。

3. 寻求研究方法上的突破,主要运用了动态面板 GMM 估计法、Porbit 模型分析、动态演化博弈模型、卡尔曼动态滤波法等,解释人民币区域化存在的问题。

(二)研究方法

具体到本书每一章的研究方法如下:

1. 第三章"最终产品市场提供者地位与人民币区域化"。这部分分析运用动态面板 GMM 估计方法估计了影响人民币成为东亚区域最终产品市场提供者进而影响人民币区域化进程的因素,并揭示存在该问题的实质。

2. 第四章"人民币汇率制度与人民币区域化"。这部分一方面通过 Frankel and Wei(1994)相对静态方法和卡尔曼滤波动态方法分析人民币参考的篮子货币的系数；另一方面结合多元 Probit 模型探寻现阶段的汇率制度改革方向，使其既有利于人民币区域化的进一步深入，又与中国经济发展的实际相一致。

3. 第七章"人民币区域化面临美日掣肘"。考虑到国与国之间博弈的信息条件大都是不充分的，本部分研究首先基于动态演化博弈模型验证这种掣肘力量。然后，以此为重要基础，提出人民币区域化过程中，中国如何应对美日掣肘的政策建议。

4. 第八章"人民币区域化的成本"。本部分主要基于 Aizenman、Chinn and Ito（2010）的方法测算三元悖论指数并检验三元悖论是否成立，进一步以货币政策为因变量，检验汇率弹性和资本项目开放可能对货币政策有效性的影响。

二 拟突破的重点和难点

本书拟突破的重点和难点，主要表现在使用什么样的规范分析方法，以及各个部分中理论模型和计量模型的分析如何更好地解释人民币区域化存在的问题。具体而言：

1. 第三章的重点和难点是如何通过中国出口的产品结构，从本质上揭示影响人民币深入区域化的经济体制和经济结构问题，另外也缺乏有关描述中间产品和最终产品二者主要差异的系统理论。

2. 第五章的资本项目开放问题，因为资本项目开放本身就是一个有争议的问题，国内外的实证研究也难以得出一致的结论。对于一个没有普适原理的问题，如何准确地选取反映中国资本项目开放问题实际的变量是该部分分析的重点和难点。

3. 第七章从政治经济学的角度分析人民币区域化中可能面临的美日挑战，由于国与国之间博弈的隐蔽性，如何准确捕捉反映国际货币在位国对人民币国际化掣肘的措施，存在一定的难度。

第二章 人民币区域化概述

人民币区域化的战略意义是研究人民币区域化制约因素的出发点，同时人民币区域化的重大战略意义也要求我们将人民币区域化推向深层次。在明确人民币区域化重大战略意义的同时，进一步明晰人民币区域化的现状及存在的主要问题，是我们推进人民币区域化不断深入所必需的。

第一节 人民币区域化的战略意义

人民币诞生于1948年，诞生之初由于中国对外贸易处于初步发展阶段，再加上外汇受到管制，长期被限定在中国大陆范围之内。经过30多年高速的经济增长后，2010年，中国成为世界第二大经济体、世界上第一大商品出口国、第二大商品进口国，但人民币作为国际计价、结算和储备货币的比重却是微乎其微。为争取获得与中国经济地位相适应的人民币国际地位，人民币国际化必将是中国长期坚持的战略目标，而人民币区域化是人民币国际化的中短期目标和现实可行的阶段。

一 人民币区域化的前提条件：东亚区域内日益紧密的经贸联系

中国与东亚区域①日益紧密的经贸联系是人民币成为该区域关键计价、结算和储备货币的重要前提条件，也构成了人民币区域化战略意义的起点。中国与东亚区域的经贸联系主要包括进出口贸易和相互投资两个方面。

（一）进出口贸易方面

中国一直是亚洲区域或者说东亚区域经济体的重要贸易伙伴国，2008

---

① 东亚区域或东亚经济体如无特别说明，指的均是：中国香港、印度尼西亚、日本、韩国、马来西亚、菲律宾、新加坡、泰国，共8个经济体。

年金融危机后，在世界经济复苏放缓，外部经济贸易环境日趋复杂和不稳定的背景下，中国与亚洲国家和地区的经贸合作继续保持快速发展势头。2011年，中国与亚洲整体的进出口贸易额达1.9万亿美元，同比增长21.5%，占中国对外贸易总额的52.3%。而同期，中国与东亚区域的进出口总额为1.18万亿美元，占当期中国对外贸易总额的32.49%。此外，2011年中国的十大贸易伙伴中，除中国香港和中国台湾外，还有东亚区域的东盟（第3位）、日本（第4位）、韩国（第6位）。

从中国与东亚区域的进口贸易看，东亚经济体是中国重要的进口贸易伙伴。近年来，中国30%以上的商品进口都来自东亚地区，而且2006年中国超越美国成为该区域的第一大进口国。2008年金融危机后，从中国香港、日本、韩国、新加坡和菲律宾的进口占中国进口总额的比重呈现下降的趋势，相反，从印度尼西亚、马来西亚的进口占比则呈上升的趋势。总体而言，从东亚区域的进口占中国进口总额的比重较大，但受金融危机影响呈下降的趋势，由2005年的39.6%下降为2011年的31.63%（见表2—1），这主要应归因于中国与东亚区域之间的新"三角贸易"格局，也就是说中国从这些国家和地区的进口商品大部分是生产投入的中间产品，经过加工后再输往欧美地区。当金融危机和欧债危机持续影响欧美经济时，中国对美国的出口占比下降（见表2—2），中国从东亚区域进口中间产品也就减少了。

表2—1　　　　中国从东亚区域的进口占中国进口总额的比重（2005—2011年）　　　　单位:%

	2005年	2006年	2007年	2008年	2009年	2010年	2011年
中国香港	1.85	1.36	1.34	1.14	0.87	0.88	0.89
印度尼西亚	1.28	1.21	1.30	1.26	1.36	1.49	1.80
日本	15.21	14.62	14.01	13.30	13.02	12.66	11.16
韩国	11.64	11.34	10.85	9.90	10.20	9.91	9.33
马来西亚	3.04	2.98	3.00	2.83	3.22	3.61	3.56
菲律宾	1.95	2.23	2.42	1.72	1.19	1.16	1.03
新加坡	2.50	2.23	1.84	1.78	1.77	1.77	1.61
泰国	2.12	2.27	2.37	2.27	2.48	2.38	2.24
东亚总计	39.60	38.24	37.13	34.21	34.09	33.86	31.63
美国	7.39	7.49	7.27	7.20	7.73	7.36	7.06

注：这里的商品出口是指满足人们需求的产品，包括物品和服务。

资料来源：United Nations Commodity Trade Statistics Database（http://comtrade.un.org/db/），根据该数据库提供的数据整理计算。

从中国对东亚区域的出口贸易看,东亚区域也是中国商品的重要出口市场,由表2—2可知,中国商品的1/3以上输往东亚区域(2010年为32.8%,也是极为接近1/3的份额),其中中国香港和日本所占的份额最大。2008年金融危机后,中国内地对中国香港、印度尼西亚、菲律宾和泰国的出口额占出口总额的比重有所上升,对日本、韩国和新加坡的出口占比则有所下降。相比中国从东亚区域的进口贸易,出口贸易占比并没有受金融危机的影响而下降,反而呈上升的趋势,除2010年中国对东亚区域的出口占比较上一年有0.83%的微幅下调外。这说明因为欧美市场的波动,中国与东亚区域结成日益紧密的出口贸易关系。

表2—2　　中国对东亚区域的商品出口占中国商品出口总额的比重(2005—2011年)　　单位:%

	2005年	2006年	2007年	2008年	2009年	2010年	2011年
中国香港	16.34	16.03	15.12	13.33	13.83	13.84	14.12
印度尼西亚	1.10	0.98	1.04	1.20	1.23	1.39	1.54
日本	11.02	9.46	8.37	8.12	8.15	7.67	7.81
韩国	4.61	4.59	4.63	5.17	4.47	4.36	4.37
马来西亚	1.39	1.40	1.45	1.50	1.63	1.51	1.47
菲律宾	0.62	0.59	0.62	0.64	0.71	0.73	0.75
新加坡	2.18	2.39	2.45	2.26	2.50	2.05	1.87
泰国	1.03	1.01	0.99	1.09	1.11	1.25	1.35
东亚总计	38.28	36.44	34.66	33.31	33.63	32.80	33.28
美国	21.42	21.03	19.11	17.67	18.42	17.99	17.12

资料来源:同表2—1。

(二)相互投资方面

自20世纪90年代以来,东亚区域一直是中国外商直接投资的重要来源地。由表2—3可知,近年来中国香港是中国内地最重要的外商直接投资者,所占份额最大。其他东亚经济体,如日本、新加坡也是中国重要的外商直接投资来源国,虽然受金融危机影响,2007—2008年对华投资所占比重有所下降,但金融危机过后,反弹较快。特别是,2011年日本在对华投资中表现突出,是中国第三大外商直接投资国,占中国累计接受外商直接投资总额的 8%，仅次于中国香港（55.6%）和英属维尔京群岛（8.4%）。总体而言，东亚经济体是看好中国经济发展前景的。由于相对于短期资本投资，外商直接投资是属于长期稳定的资本流入，对一国解决就业问题、保持经济增长功不可没。因此，改革开放以来中国经济稳定快速的发展很大程度上得益于东亚国家的直接投资。

随着中国经济的发展和产业结构的升级，东亚区域也成为越来越受中国企业青睐的对外投资市场。2011年，中国企业对整个亚洲的非金融类投资流量达397亿美元，占中国对外非金融类投资流量的66.2%；其中对东盟国家非金融类投资总额达25亿美元，东盟成为中国第二大对外投资目的地，仅次于中国香港。此外，2011年中国对外投资前10位的目的地中，属于东亚区域的有排在第1位的中国香港（占中国对外直接投资总额的58.3%）和排在第7位的新加坡（占1.8%）。

表2—3　　　　　　中国累计实际使用的外商直接投资额（2006—2012年）　　　　单位：百万美元

	日本		新加坡		马来西亚		韩国		中国香港		菲律宾	
	金额	%	金额	%	金额	%	金额	%	金额	%	金额	%
2006年	336.4	6.3	269.4	5.1	33.8	0.6	400.7	7.5	1735.8	32.5	16.99	7.5
2007年	438.9	3.9	560.0	5.0	32.7	0.3	514.8	4.6	4169.1	37.2	10.28	4.6
2008年	275.7	3.7	354.9	4.7	16.6	0.2	261.6	3.8	3911.6	51.9	9.29	3.8
2009年	403.8	5.0	482.5	5.9	42.9	0.5	206.7	2.5	3955.5	48.7	13.03	2.5
2010年	499.4	5.0	612.3	6.1	14.5	0.1	156.7	1.6	6067.2	60.5	7.67	1.6
2011年	799.0	8.0	610.1	6.1	82.9	0.8	158.7	1.6	5554.5	55.6	14.63	1.6
2012年	1268.4	7.3	1050.5	6.0	99.1	0.6	257.5	1.0	5281.6	30.2	7.21	0.5

资料来源：CEIC数据库。

二　人民币区域化是人民币国际化的中短期战略目标

在明确中国与东亚区域紧密的经贸联系后，我们接着分析为什么要将人民币区域化作为人民币国际化的中短期战略目标。我们将主要从现阶段中国经济发展面临的主要问题、主要货币国际化历史经验以及尝试克服国际货币体系缺陷三个方面回答这一问题。

（一）人民币区域化有利于解决中国现阶段经济发展面临的货币金融瓶颈

经过30多年的经济高速增长，2010年中国GDP超过日本成为世界第二大经济体；但同时我们也必须看到，面临日益复杂的世界经济形势，以及受制于国内资源、环境的约束，中国经济将由高速增长转入平稳增长期，这是中国现阶段经济发展的两个重要方面。人民币区域化将是化解这两个方面面临问题的重要中短期战略。

虽然中国成为世界第二大经济体，在国际贸易中发挥着举足轻重的作用，但仍处于"经济大国，货币金融小国"的严重失衡境地。金融危机已经给我们敲响了警钟：对西方发达经济体金融服务网络的过度依赖，导致中国外汇储备存在较大的风险。如果金融市场扭曲滞后的局面一直持续下去，将会反过来阻碍中国实体经济的发展。因此，需要寻找一个切入点提高中国金融市场效率，而人民币区域化就是一个切实可行的突破口。此外，在经济高速发展之后，在国内外环境的制约下，经济的发展过渡到稳定增长期，此时更需努力为这种过渡创造一个有利的外部市场和高效的金融环境，而人民币区域化有助于创造这一有利条件。

（二）人民币区域化战略来自于主要货币国际化的历史经验

历史上，美国、英国、德国都在经济崛起后，适时地推行本币的国际化，强有力地支持了本国经济繁荣的进一步延续。虽然这些成功实现本国货币国际化的国家，走的并不都是货币区域化的道路，譬如美国就是在第二次世界大战后通过主导国际货币规则的制定确立了美元核心国际货币地位，但中国所处的环境决定了人民币区域化才是适合中国的货币国际化道路。中国经济发展的实际主要包括：经济转轨时期的经济结构不合理、金融市场发展的广度和深度不够（主要表现在直接融资与间接融资的不协调；直接融资所占份额少、机制也不健全；间接融资主要以银行贷款为主，而且这些银行主要以国家控股为主，多元化改制尚未完成）。由于中国经济发展中存在的这些问题难以在短期内解决，走直接的一步到位的货币国际化道路并不可行。因此，通过人民币区域化实现人民币国际化是现实可行的，而且区域化也将反过来促进中国经济结构和金融市场的进一步完善。

日元国际化失败的教训则为人民币国际化道路提供了重要参考。日元国际化经历了从直接国际化（国际货币的功能性国际化）到日元亚洲化的过程。自1983年日元国际化被确立为日本政府的重要战略目标以后，日本当局推动的都是单向的、直接的日元国际化战略。直到1997年亚洲金融危机爆发和1999年欧元诞生，日本当局才越来越意识到日元国际化必须根植于亚洲地区。其实，亚洲金融危机为日元国际化提供了良好的机遇，只可惜日本并没有扮演好一个地区负责任大国的角色，任由日元贬值，在构建亚洲危机救助机制时也只能屈服于美国。最终，日元未能实现亚洲化。从日元亚洲化失败的经验教训中，我们不难悟出：人民币国际化需根植于与本国经贸联系紧密的东亚区域。

（三）人民币区域化是克服现行美元体制缺陷的有益尝试

当前我们处在一个并不公平，也不合理的国际货币体系中，在该体制下各国实力的变化无法得到合理的反映，许多诉求得不到满足，危机救助机制的作用也极为有限。因此，我们需要改变现有的国际货币体系，但即使美元贬值、美国巨额财政和贸易赤字影响了美元的储备货币地位，人民币短期内也难以撼动由美元主导的国际货币体系（其实质就是美元体制），这是因为：第一，由美国经济和金融实力支撑的美元体制的循环机制还将在较长的一段时间内继续存在。依托于美国的综合实力和发达的金融市场，美国因巨额经常账户逆差流入东亚区域的美元，又以资本项目的顺差回流美国，贸易失衡问题得以轻易化解（见图2—1），在这一循环中，美国得到的是无风险的且能满足生活需求的各种实物商品，而东亚经济体得到的却是存在风险的信用货币。尽管在美元体制的循环中，美国和东亚经济体所处的地位极不平等，但由于其所依赖的前提并没有根本改变，这一循环短期内也不会断裂。第二，美元的惯性和网络外部性特点决定了美元的国际地位不会在短期内有实质性的变化。第一次世界大战前英国的GDP就已经低于美国，但英镑真正被美元取代则是在20世纪50年代后，这是国际货币惰性的反映。美元的网络外部性可从微观层面支撑美元的国际地位，犹如在一定区域内某种语言的使用范围越广，那么使用该种语言就越有利一样，现阶段使用美元这一被广泛接受的货币是更有利的。第三，正如蒙代尔所言，在整个货币史上，金融大国从来都是拒绝国际货币体系改革的。美国也不例外，对于任何挑战现有国际货币体系的行为美国都是保持高度警惕的。由此，在短期内难以撼动的国际货币体系中，通过区域货币合作并扩大人民币的作用，分散单一美元储备带来的风险，是为中国和周边区域争取更多话语权的重要方面，也是在美元体制下克服该体制缺陷的努力尝试。

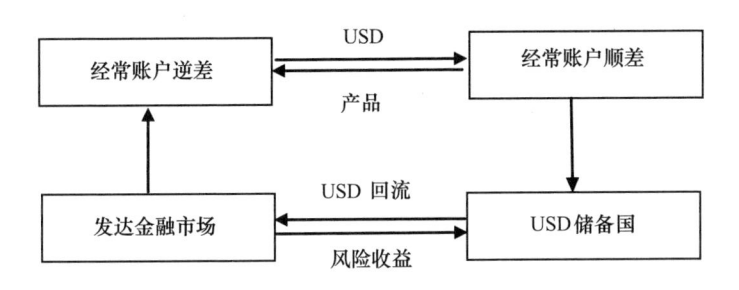

```
经常账户逆差  ←── USD ──→  经常账户顺差
      ↑          产品            ↓
      |                          |
  发达金融市场  ←── USD 回流 ──  USD 储备国
                  风险收益
```

图 2—1　美元体制的循环机制

三　人民币区域化的战略意义

人民币区域化最终达到的目标，对外主要体现在货币层面上，人民币成为区域内的计价货币、结算货币和储备货币；对内主要体现在实体经济层面，即人民币区域化进程中中国为适应货币区域化进行了制度改革和经济结构调整。人民币区域化的战略意义不仅体现在货币金融方面，更体现在实体经济方面。而且，人民币区域化的战略意义不仅体现在国内层面，也体现在区域层面和国际层面。因此，本书对人民币区域化战略意义的探讨，是基于国内、区域和国际三个层面并围绕人民币区域化的两层含义展开的。

（一）国内层面上，既有利于提高企业竞争力推进经济增长方式转变，也能倒逼国内金融体制改革

1. 基本收益：货币职能扩大，企业竞争力提升

第一，计价手段。人民币成为东亚区域内重要的计价货币，既可以降低中国企业货币错配的风险，也有利于企业取得更多的定价权。首先，当人民币成为区域内重要的计价货币时，企业相关的资产、负债和收支，因为没有货币错配，规避了汇率风险。当然，我们也应清楚地意识到，基于长远考虑，要想克服企业面临的汇率风险，还须保持人民币汇率的稳定。因为一旦人民币汇率产生较大的波动，将影响对方企业的最终消费，反过来影响中国企业的出口，中国企业规避的汇率风险只是转嫁到东亚区域，并最终折回来影响中国企业。其次，伴随着人民币成为区域内计价货币，中国企业也将在对外贸易中掌握更多的产品国际定价权。过去，中国企业的国际定价能力很弱，企业产品出口的定价权大部分掌握在国外企业手

中。但人民币成为区域贸易中的重要计价货币，意味着中国企业具有资金优势，也意味着中国制造的产品更具吸引力，这将在很大程度上提升中国企业的定价能力。当然，定价权的取得还需要不断优化中国产品的质量、提高产品的差异化程度以及增强本国产品的不可替代性，这也体现了经济发展方式转变的内在要求。

第二，结算手段。这里的结算手段是指国际贸易、投资和资金调拨等经济活动的货币收付行为。当人民币在区域中成为重要的结算手段时，一方面将增加中国企业的支付手段，原本中国与东亚区域的大部分贸易和投资只能使用美元进行结算，在人民币成为区域内的重要结算货币后，则可以更多地选用人民币进行结算，以便利中国企业的贸易，并分散其风险。另一方面有利于境内外人民币循环机制的形成，扩大人民币的影响力。进口贸易的人民币结算有利于形成境外人民币流通，出口贸易人民币的结算则有利于形成人民币的回流，虽然在人民币结算推广的初期，出现了进口贸易绝对占优的跛足现象，但随着跨境人民币结算的不断深入，进出口人民币结算的不平衡状况将不断改善，循环机制也就越来越完善。此外，为保证人民币结算主体有足够的支付能力，居民、非居民的融资渠道以及其他与人民币结算相关的配套设施（如银行运作、外汇管理等）也将得到不断的完善。

第三，储备手段。在信用货币时代，纸币本身并不是有价值的商品，但拥有法定货币发行权的政府只需以极低的成本生产纸币便可换得本国经济体的实际经济资源，这就产生了货币的国内铸币税收益。当货币发行的对象扩大到国外经济体时，以近乎零成本的纸币换得国外居民的实际资源和高额的收益，这就产生了货币的国际铸币税收益。当人民币成为区域内的储备货币时，中国取得的国际铸币税收益将越来越大。陈雨露等（2005）研究发现：如果2010年人民币在亚洲区域的17个国家和地区[①]实现国际化，那么到2020年中国可以获得的直接国际铸币税收益为7132亿美元。可观的国际铸币税收益自然是分析人民币区域化战略利益时不容小觑的。更为重要的是，当人民币成为区域内的官方储备货币时，人民币的国际地位将得到不断的提升。

---

① 这17个国家和地区是：缅甸、越南、泰国、蒙古国、俄罗斯、尼泊尔、巴基斯坦、朝鲜、孟加拉国、马来西亚、印度尼西亚、菲律宾、老挝、新加坡、韩国、柬埔寨、中国台湾。

2. 附加收益：倒逼国内金融体制改革

中国金融体制主要存在以下几个方面的问题。首先，尽管中国已成为国际贸易中最重要的参与者之一，也出现了不少跻身世界 500 强的大银行，但能与西方作为国际金融中介的银行相媲美的却几乎没有，这也折射出中国金融市场发展的广度和深度与西方国家相比还存在较大的差距。其次，金融体制存在扭曲性，比如，新中国成立后重点发展重工业时期，为解决外汇不足的问题，高估了人民币汇率。再者，为防止中国脆弱的金融体制受到外部冲击，人民币自由兑换的管制也较严。但随着中国融入国际经济、跻身市场经济进程的不断推进，经历 30 多年经济高速增长后，中国经济迈入向深入市场化转轨的困难时期，目前的金融体制无法满足经济转轨的需求。

人民币区域化对适当增加汇率弹性、放松人民币可自由兑换管制以及金融市场的广化和深化提出更高的要求，将形成满足中国经济转轨的倒逼机制，推动中国金融市场逐步向市场化和高效的方向改革。特别需要指出的是，人民币成为东亚区域内关键的计价、结算和储备货币后，因办理更多的结算业务、中间业务、债券交易等，中国金融机构的收益将不断增加。人民币成为区域内具有吸引力的关键货币，也意味着区域内各经济体对人民币是充满信心的。周边和东亚区域对人民币价值稳定的信心，将促成人民币的稳定需求，中国与东亚区域间的资本流动也将更加稳定，这就提高了中国金融机构缓冲外部冲击的能力，为倒逼中国金融市场广化和深化的改革创造了稳定而有利的外部环境。

3. 深远利益：推动经济发展方式转变

2008 年金融危机后，中国政府更明晰地确定了经济发展方式转变的方向，未来将更立足于由消费、投资和出口共同拉动的均衡型增长，同时提高经济增长的质量和效益。我们知道，经济发展方式的转变是系统性的工程，需要经历一个过程，而如上所提及的基本收益和附加收益都蕴含着加快中国经济发展方式转变的深远利益，主要表现在三个方面：一是人民币成为区域内计价货币的进程，对人民币汇率稳定、中国产品结构升级、产品差异化程度提出了更高的要求，而这与转变经济发展方式的需求是一致的。二是人民币区域化进程倒逼了中国金融体制的改革，随着金融市场广度和深度的不断发展，金融体系所服务的经济体的运行效率也将不断提高，这正是提高经济增长质量和效益，加快经济发展方式转变的重要手段。三是当人民币成为区域中重要的储备货币,在公共和私人部门发挥重要的储藏手段时,中国可以相应减少美元外汇储备,而持有更多的人民币,一部分的消费空间将被释放出来。这样一来有利于增加企业和居民的消费,进而有利于中国经济增长向由消费、投资和出口共同拉动的均衡型增长转变。

(二)区域层面上,有利于深化东亚区域经济一体化和东亚货币金融合作

通过巩固、加强与东亚区域的经贸联系,并借助于区域内的货币金融合作提高人民币在该区域的影响力,最终使人民币成为区域内的关键货币,是实现人民币区域化的重要途径。正是这一重要途径促进了东亚货币金融合作和区域经济一体化,具体而言:

首先,在人民币区域化进程中,当人民币汇率变得越来越有弹性以及中国与东亚区域的经贸联系变得日益紧密时,加强东亚区域在贸易和金融事务方面的合作就显得越来越迫切。其实,Shu(2009)早已研究发现,在 2005 年汇改后,人民币汇率对其他东亚经济体货币汇率的影响变大了。更何况人民币越来越多地被东亚经济体接受为计价、结算和储备货币,人民币与这些国家货币汇率间的联系就更为紧密了。据此,不难推测,人民币区域化的继续深入将有利于东亚区域经济一体化的不断推进,因为这是符合中国和其他东亚经济体共同利益的。

其次,人民币区域化进程离不开区域货币合作,而区域货币金融合作的各种方式,如区域债券市场、货币互换以及区域外汇储备库等,则为促进东亚区域经济一体化提供实实在在的区域货币合作平台。区域债券的发展在增加流动性的前提下为该区域提供了投资和融资的便利;货币互换以及区域外汇储备库的建立作为危机救助手段弥补了国际货币基金组织(IMF)在这方面的欠缺,也弱化了美元因素在东亚区域的影响。东亚在吸取亚洲金融危机和 2008 年金融危机教训后,期望能有一种新的力量打破原有的格局、弱化美国因素,应运而生的人民币区域化就可以担当此任。因此,在人民币区域化进程中积极主动地推进区域货币合作,将在强化和巩固区域货币合作机制的基础上,深化东亚区域一体化。

(三)国际层面上,有利于缓解全球经济不平衡并推进国际储备货币体系改革

虽说 20 世纪 70 年代布雷顿森林体系崩溃之后,国际货币体系进入了

一个无体系的时代，但其实质还是美元体制。当然，美元体制在布雷顿森林体系中对世界经济稳定和增长的积极作用是值得肯定的，但进入70年代后，美元体制的缺陷不断暴露，主要体现在由国际收支调节缺失引起的全球经济失衡以及由单一主权货币主导的国际储备货币体系产生的不利影响，人民币区域化和国际化则有利于缓解全球经济不平衡并推进国际储备货币体系的改革。

第一，人民币区域化有利于缓解全球经济失衡的状况。因为作为一国主权货币的美元是最主要的国际货币，美国通过国际收支逆差的方式向世界输送美元，满足美国和其他国家的需求，但美国贸易收支逆差得不到有效调节。当人民币成为国际货币后，这一状况将得到改善。此外，因为美元是国际贸易中最主要的标价货币，美国进口时使用美元购买以美元标价的商品，此时汇率调节对美国进口的影响不大。换言之，美国出现巨额贸易逆差时，美元贬值对美国进口需求的影响也不大。当人民币实现区域化和国际化，并改变以美元为中心的国际货币体系，促成一个反映经济力量多元化的货币结构时，国际调节机制缺失造成的全球经济失衡状况将得到不断改善。

第二，人民币区域化和国际化有利于推进国际储备货币体系的改革。2008年金融危机的始末集中体现了由单一主权信用货币主导的国际储备货币体系的缺陷。其一，储备货币发行国基于本国宏观经济稳定的货币政策目标容易对其他国家产生负面影响。为应对2001年互联网泡沫破灭和"9·11事件"造成的冲击，美联储时任主席格林斯潘开启了美国有史以来最低的基准利率周期，而且时间跨度较长（2001年年中到2004年年末，见图2—2），最终风险不断累积，酿成了2008年的金融危机。其二，金融危机爆发后，在美元主导的国际储备货币体系中，美国一方面维持着低利率政策，由图2—2可知，2008年金融危机爆发后美国始终保持着极低的联邦基金利率，其中2011年年底出现了0.04%的历史新低；另一方面实行4轮量化宽松的货币政策，使得美元在全球泛滥，全球进入了货币超发的时代。我们不难发现，在现有的美元体制下，东亚区域深受其害，珍贵的实物资源和资产都在无形中被侵蚀了，因为对于东亚区域整体而言，美国是其最大的消费品市场，美元是其最重要的外汇储备。如果人民币成为东亚区域的重要储备货币，就是多元化储备货币体系在该地区的践行，意味着中国要在该区域承担起一个负责任大国的角色。当作为美国最重要贸易逆差来源的东亚经济体,其外汇储备实现多元化后,受美国错误宏观政策的负面影响将减弱,也可在一定程度上形成对美元滥发的约束。可见,人民币区域化推动了储备货币的多元化,在一定程度上克服了美元体制的缺陷,从实质意义上推进了由单一主权国家主导的储备货币体系的改革。

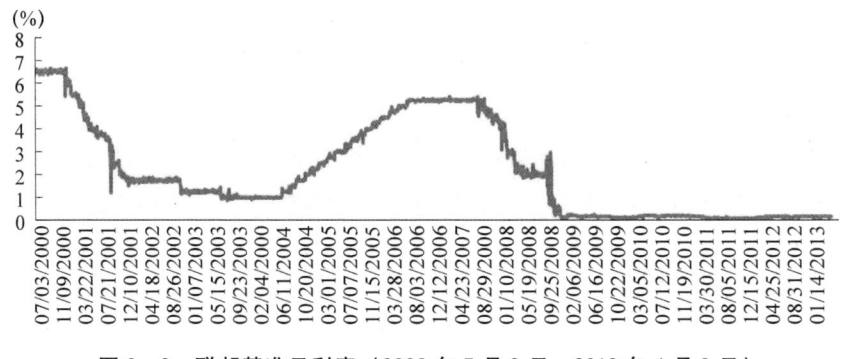

图2—2 联邦基准日利率（2000年7月3日—2013年4月9日）

资料来源：Federal Reserve Bank of New York.

第二节 人民币区域化推进的现状

人民币在计价结算和储备方面发挥越来越重要的作用,首先得益于中国经济持续稳定的发展。如上所述,东亚区域与中国之间存在紧密的经济联系,而中国经济持续稳定地增长进一步增强了中国与东亚区域的经济联系,人民币在东亚区域自然越来越受欢迎。其次人民币在区域内发挥越来越重要作用得益于中国政府和货币当局对人民币区域化的推动。一方面鉴于经济崛起对人民币国际化的要求,中国人民银行积极鼓励跨境贸易人民币结算。另一方面为顺利推进资本转移型经济的崛起,也适当放松了资本项目下的人民币交易。在这些因素的作用下,人民币区域化已经取得了一定的成绩,主要表现为：第一,跨境贸易的人民币结算发展较快。第二,人民币可以与美元之外的一些货币直接交易。第三,香港离岸人民币金融市场发展较快,同时上海自贸区和上海金融中心建设得到不断推进,离岸金融市场和在岸金融市场的桥梁被逐步架起,这些都为人民币国际化注入新的活力。第四,通过货币互换和促成人民币成为官方储备货币,人民币的官方使用越来越便利。同时我们也看到，虽然人民币区域化取得了一定的成绩，但仍存在诸多问题。

一 跨境人民币计价结算方面

为便利跨境贸易和投资中的人民币结算并减少国际金融危机对中国经济的影响，2009年中国启动了跨境人民币结算。至今，跨境人民币贸易结算已经经历了三个阶段。第一，启动阶段。2009年7月，我国跨境贸易的人民币结算试点开始启动，经济发达、进出口贸易量大的上海、广州、深圳、东莞、珠海等地的365家企业成为首批试点。选择作为试点的境外贸易对象国和地区是东盟和中国香港、中国澳门，选择的依据是这些国家（地区）与中国的进出口贸易量大、对中国经济和文化认同度高。第二，扩大阶段。由于跨境贸易人民币结算试点启动以来发展顺利，人民币结算普遍受到境内外企业和银行的欢迎。为了进一步便利市场经济主体使用人民币进行贸易投资等方面的相关结算，我国不断扩大人民币结算的试点范围。2010年6月，跨境贸易人民币结算进入扩大阶段，试点由如上提及的5个城市扩大到包括北京、天津、内蒙古、辽宁、上海、江苏、浙江等20个省（自治区、直辖市）；贸易的对象国和地区也不仅限于东盟和中国香港、中国澳门，而是扩大至全世界范围；可用人民币结算的范围也不仅包括贸易，还包括其他经常项目的人民币结算。第三，全面实行阶段。跨境人民币结算经历启动阶段、扩大阶段后，进入了全面实行阶段。2011年8月，在扩大阶段的基础上，一方面将跨境人民币结算的业务范围进一步扩大，另一方面将跨境贸易人民币结算的试点范围由20个省、市和自治区扩大至全国。也就是说，2011年8月后，中国的任何一家符合条件的企业对任何一个国家（地区）的跨境贸易都可以用人民币进行结算。

中国人民银行发布《中国货币政策执行报告》的数据显示，跨境人民币贸易和投资结算自2009年启动以来取得快速发展。2010年银行办理的跨境贸易人民币结算业务总额达5063.4亿元；截至2010年年末，所有试点办理人民币跨境投融资交易总金额达701.7亿元。2011年我国银行办理的人民币贸易结算总额为2.08万亿元，跨境投资的人民币结算总额为1108.7亿元（包括中国对外直接投资和外商对中国的直接投资）。2012年我国银行累计办理的人民币贸易结算总额为2.94万亿元，较2010

年同期增加了 0.86 万亿元，跨境投资的人民币结算总额，较 2010 年的同期增加了 1731.5 亿元。进入 2013 年以来，人民币贸易结算同样保持在较高水平（如图 2—3 所示）。

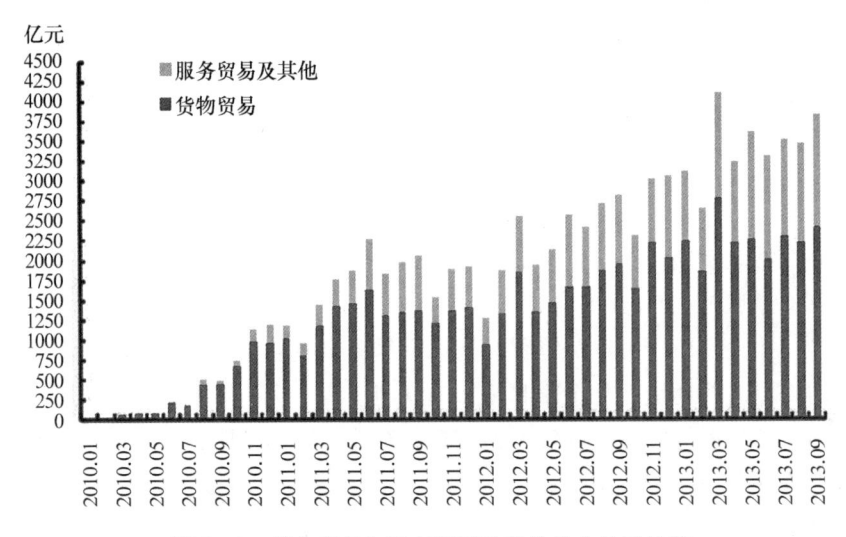

图 2—3　货物贸易和服务贸易及其他的人民币结算

资料来源：中国人民银行的《中国货币政策执行报告》。

虽然跨境贸易人民币结算取得了一定的成绩，但仍存在两个主要问题。第一，以货物贸易结算为主。在中国的进出口贸易结构中，货物贸易占据绝对的优势，在跨境人民币结算的贸易中也是以货物贸易为主。2010 年和 2011 年跨境贸易的人民币结算中，分别有 86.5%、75.1% 是货物贸易。当然，货物贸易所占比重呈现下降的趋势。第二，人民币结算的跛足现象。一方面是进出口贸易中人民币结算的跛足现象，进口贸易的人民币结算远远大于出口贸易的人民币结算：2010 年跨境货物贸易人民币结算的总量中，进口的人民币结算比例为 92%，而出口的人民币结算比例仅为 8%。2011 年这种失衡状况有所改善，但不平衡的现象仍较严重：进口的人民币结算占比 78%，而出口的人民币结算比例则为 22%。原因主要有以下几点：一是中国企业在进口方面拥有较强的定价权（对于中国进口企业来说，在买方市场中具有优势，可以主导结算货币的选择）。二是境外对人民币升值的预期。三是中国产品的质量差异化性小、可替代弹性小，并不利于中国企业的议价能力，也不利于中国出口企业在结算货币选择时的协商能力。另一方面,人民币结算的跛足现象则出现在国际投资领域,也就是说外商直接投资的人民币结算大于中国对外直接投资的人民币结算。

二 人民币与其他货币直接交易

中国推动人民币在跨境贸易中发挥重要的计价结算作用,除了推动人民币跨境贸易结算试点外,还包括积极促进人民币与其他货币的直接交易。2013年4月9日,在中国人民银行的授权下,银行间外汇市场人民币可与澳元直接交易。经中国人民银行授权,自2012年6月1日起,中国外汇交易中心开始推进人民币对日元直接交易人民币(主要针对的是银行间外汇市场)。2013年10月,在第五次中英经济财金对话中,中英两国为加强彼此的金融联系,达成了人民币与英镑直接交易的协议。此外,考虑到新加坡是除中国香港外第二重要的离岸金融市场,中国也正在探讨人民币与新加坡元的直接交易。可见,中国政府正在寻求和推动人民币与美元外的其他货币进行直接兑换。

人民币与澳元、日元、英镑在银行间外汇市场的直接交易,以及不久的将来人民币可能与新加坡元实现直接兑换,对于通过发挥人民币在中国与这些国家贸易中计价结算作用来说意义深远。人民币与这些国际货币可以直接交易意味着人民币对这些货币的中间汇率不再是借助美元进行换算[1],而是由银行间外汇市场国际货币做市商的报价决定的。[2] 其结果一方面将在一定程度上降低两国企业交易中可能涉及的汇率风险,有利于激发中国与澳大利亚、日本、英国等之间的贸易和投资,从而增大与这些国家贸易中的人民币结算份额;另一方面实现人民币对这些国际货币直接交易后,美元作为中间货币在相关贸易结算中发挥的作用将受到削减,一定程度上减弱美元作为国际货币体系核心的作用,这正是人民币区域化和国际化中发挥人民币在贸易结算中的作用所必需的。当然,我们也必须清楚地意识到现在人民币与主要国际货币的直接交易规模还很小,直接交易的便利作用还不明显。

---

[1] 按照日本方面的测算,中日贸易中人民币结算所占的比重不到1%,大部分是以美元结算,因此,省去了用美元套算的环节,其在降低风险方面的影响是相当大的。

[2] 即中国外汇交易中心于每日银行间外汇市场开盘前向银行间外汇市场人民币对日元直接交易做市商询价,并将直接交易做市商报价平均,得到当日人民币对日元汇率中间价。

三 人民币香港离岸市场及与其连接桥梁方面

中国政府推动人民币区域化的一个重要途径便是借助香港发达的国际金融市场发展离岸人民币业务，同时作为连接香港离岸人民币市场的在岸人民币市场也能得到进一步推进。

1. 香港离岸人民币市场

香港作为中国离岸人民币市场的试验田始于 2004 年，当时中国开始尝试通过香港离岸金融市场，逐步实现资本项目和金融自由化，而香港离岸金融市场的发展又始于允许香港发展人民币离岸市场的各种安排。具体的措施包括：第一，允许个人每日可以在香港兑换 2000 元人民币；第二，允许相关产业可以涉及与人民币相关的服务。2008 年金融危机后，为配合人民币走出去的步伐，中国政府和货币当局更是加大了对香港作为离岸金融市场的支持，2009 年 9 月 28 日，中国政府在香港发行 60 亿元人民币计价的国债，这有利于香港离岸人民币业务的发展和人民币在香港地区的流通。而且，这也在某种程度上为内地的企业在香港发行人民币债券提供重要的定价参照，为企业在离岸市场发行债券铺平了道路。2011 年更是将这种支持上升为国家宏观规划的高度，譬如，"十二五"规划纲要就明确指出要进一步促进香港发展离岸人民币业务。

离岸人民币试验的一个里程碑是在香港发行以人民币标价的债券，也即所谓的"点心"（Dim Sum）债券（指的是以人民币标价，并在香港发行的债券）。虽然早在 2007 年 7 月中国国家开发银行就发行了第一支"点心"债券，但直到 2010 年才有外国机构发行"点心"债券。2010 年 8 月和 11 月麦当劳（McDonald's）和卡特彼勒（Caterpillar）分别发行了以人民币标价的债券，随后 2011 年 1 月，世界银行也发行"点心"债券。发行"点心"债券有利于打通流动性充裕的人民币在国外流通的渠道，如果"点心"债券形成一定的规模，既便利国外对人民币的需求，也有利于缓解国内通货膨胀。中国政府和货币当局对香港离岸金融市场发展的支持，再加上金融危机后，与发达经济体相比，中国较好的经济表现，香港离岸人民币业务取得较快的发展。如表 2—4 所示，在香港的人民币客户存款、人民币贸易结算交易、人民币债券发行量和人民币银行贷款等都稳定快速增长。

表2—4　　　香港离岸人民币业务主要数据（2010—2012年）　　单位：亿元、家

年份	人民币客户存款	人民币存款证	总计	经香港银行处理的人民币贸易结算交易	人民币债券发行量	未偿还债券	香港人民币清算平台参加行数
2012	6030	1173	7202	26325	1122	2372	204
2011	5885	731	6616	19149	1079	1467	187
2010	3149	68	3217	3692	358	558	153

资料来源：香港金融管理局。

虽然香港离岸人民币业务发展较快，但发展背后也存在不少问题。类似于人民币贸易结算试点存在的问题，香港离岸人民币业务的发展很大一部分是由人民币升值引起的，而且人民币对香港本地经济体而言也具有较大的吸引力，因为在联系汇率制度下港币与美元挂钩，人民币相对美元升值也就意味着人民币相对于港元升值，此时持有更多的人民币是极为有利的。因为人民币升值不可能一直持续，随着人民币区域化的不断深入，我们如何保持人民币的吸引力也是需要迫切面对的问题。

2. 离岸和在岸人民币市场桥梁的架起——上海自由贸易区的金融安排

中国政府在2008年年末正式启动并推动人民币国际化政策，随着人民币区域化和国际化的不断推进，香港离岸人民币市场取得较快的发展，相比之下在岸人民币市场的发展相对缓慢。在岸人民币市场需要进一步发展，同时人民币区域化和国际化需要架起离岸人民币市场和在岸人民币市场的桥梁，这在很大程度上催生了上海自贸区试点的金融安排。2013年8月22日上海自贸区在国务院的批准下，正式成立，它是建立上海自由贸易区抓住新一轮自由贸易协议的机遇（在某种程度上是应对以美国主导的TPP），更是建设开放型经济的"试验田"，而且其核心是金融开放的"试验田"。特别是2013年12月2日中国人民银行出台了金融支持上海自贸区建设的意见，推进自贸区以账户分类管理的方式改革资本金融账户，也谨慎推动自贸区的利率市场化，这些作为金融支持上海自贸区发展的核心，也是人民币区域化和国际化在上海自贸区的试验。

虽然建设上海自贸区走出了人民币区域化和国际化所需的建设上海金融中心的重要一步，但上海自贸区能否走出全国可复制、可转移的模式，自贸区的形式最终能否在国内更大的范围内推广开来，其道路是漫长的，其成功与否也还需要接受进一步的检验。

四 人民币作为区域储备货币方面

2008年金融危机发生后,中国与其周边国家(地区)签订货币互换协议出现了高峰期,这主要是因为金融危机中,很多国家(地区)都意识到了过度依赖美元是不可取,它们需要在危机中拥有很多的流动性。中国也是借此机会,与周边国家(地区)和周边外的国家(地区)签订货币互换协议。这不仅缓解了危机中货币互换协议国对货币流动性的迫切需求,也在很大程度上扩大了人民币在这些国家(地区)的流动性便利,有利于增强人民币在这些国家的吸引力,而且加大中国与其他国家(地区)的货币互换在很大程度上也是从政府层面推动人民币区域化和国际化。2008年金融危机后,中国人民银行陆续与韩国、中国香港、马来西亚等八个经济体的货币当局签署了双边本币互换协议。与人民币缔结货币互换的国家(地区)不仅包括东亚区域内的国家(地区),也包括东亚区域外的其他亚洲国家(地区),如哈萨克斯坦、乌兹别克斯坦、巴基斯坦、土耳其、阿联酋等,同时还包括亚洲之外的国家(地区),如澳大利亚、新西兰、俄罗斯、乌克兰、冰岛等(见表2—5)。此外,在中国周边国家中,已经有柬埔寨、菲律宾、尼泊尔、泰国、马来西亚等国将人民币作为官方储备货币或央行可自由兑换货币之一。当然,货币互换协议是应危机救助产生的,缺乏稳固的扩大人民币影响力的机制;虽已有周边国家将人民币或人民币资产作为储备货币,但其所占份额是极小的。

表2—5　　中国人民银行与其他国家和地区中央银行签订了货币互换协议(2008—2013年)

时期	对象	内容(互换规模)
2013年3月	新加坡	扩大2倍至3000亿元人民币/600亿新加坡元
2012年6月	乌克兰	150亿元人民币/190亿格里夫纳
2012年3月	澳大利亚	2000亿元人民币/300亿澳大利亚元
2012年3月	蒙古国	100亿元人民币/2万亿图格里特
2012年2月	土耳其	100亿元人民币/30亿土耳其里拉
2012年2月	马来西亚	1800亿元人民币/900亿林吉特
2012年1月	阿联酋	350亿元人民币/200亿迪拉姆
2011年12月	巴基斯坦	100亿元人民币/1400亿卢比
2011年12月	泰国	700亿元人民币/3200亿泰铢

续表

时期	对象	内容（互换规模）
2011年11月	中国香港	4000亿元人民币/4900亿港币
2011年10月	韩国	3600亿元人民币/64万亿韩元
2011年6月	哈萨克斯坦	70亿元人民币的双边本币互换协议
2011年5月	蒙古国	50亿元人民币的双边本币互换协议
2011年4月	乌兹别克斯坦	金额为7亿元人民币的双边本币互换协议
2011年4月	新西兰	250亿元人民币的双边本币互换协议
2010年7月	新加坡	1500亿元人民币/约300亿新加坡元
2010年6月	冰岛	35亿元人民币
2009年4月	阿根廷	700亿元人民币/380亿阿根廷比索
2009年3月	印度尼西亚	1000亿元人民币/175万亿印尼卢比
2009年3月	白俄罗斯	200亿元人民币/8万亿白俄罗斯卢布
2009年2月	马来西亚	800亿元人民币/400亿林吉特
2008年12月	中国香港	2000亿元人民币/2270亿港元

资料来源：根据中国人民银行官方网站提供的资料整理。

五 人民币区域化或国际化现状——基于定量分析视角

在中国经济稳定发展等市场因素的推动下，再加上中国政府和货币当局在贸易中货币计价结算、金融中心建设以及储备货币等方面推进人民币区域化和国际化，人民币区域化和国际化的成果如何，我们可以从人民币国际化指数和国际货币地位测度这两个定量指标窥见一斑。

（一）人民币国际化指数

在中国人民大学国际货币研究所编写的《人民币国际化报告》中，测算了人民币和主要国际货币的国际化指数。货币国际化指数主要是从国际货币职能的视角出发，综合国际货币各项职能的全球占比，描述人民币国际化程度的指标，其中人民币国际化指数为 RII（Renminbi International Index，RII），$RII_t = \dfrac{\sum_{j=1}^{j=5} X_{jt} w_j}{\sum_{j=1}^{j=5} w_j}$，其中 X_{jt}：第 j 个变量在第 t 期的值；w_j：第 j 个变量的权数。如表2—6所示，自2010年第一季度以来，人民币国际化指数稳步增加。当然，与美元、欧元、日元和英镑等国际货币的国际化指数相比，人民币国际化指数与之存在较大的差距。

表 2—6　人民币和主要国际货币的国际化指数 (2010—2011 年)

	2010q1	2010q2	2010q3	2010q4	2011q1	2011q2	2011q3	2011q4
人民币	0.02	0.04	0.10	0.23	0.26	0.40	0.43	0.45
美元	52.79	53.02	54.16	53.37	51.81	53.00	53.76	54.18
欧元	26.95	26.57	25.19	25.60	27.27	26.27	24.86	24.86
日元	3.59	3.80	4.00	4.31	3.86	4.03	4.58	4.56
英镑	4.46	4.46	4.34	4.24	4.73	4.21	4.34	3.87

资料来源：中国人民大学国际货币研究所主编：《人民币国际化报告》，中国人民大学出版社 2012 年版，第 9—13 页。

(二) 国际货币地位测度

Thimann Christian (2008) 讨论了 8 个发达经济体、14 个发展中经济体的货币国际化角色。他测度货币国际化程度的指标，是基于给定货币的金融市场所处的发展阶段、15 个规模指标 (size indicator) 和 16 个结构指标 (structural indicator) 形成的，其中，规模指标和结构指标与所考察国家的金融市场相关，因此，规模指标主要包括资产、工具和交易额，而且规模指标主要考察的四大市场是债务证券市场、股本证券市场、利率衍生品市场以及外汇市场；结构指标则主要集中在管理质量和管制放松两个方面。

从 Thimann Christian (2008) 的测算中 (如表 2—7)，我们不难发现，与发达经济相比，人民币在国际金融市场上发挥的作用还很小；与考察的发展中国家 (地区) 相比，人民币总体国际地位稍高于这些国家 (地区)，但资本开放度和结构测度指数都小于这些发展中国家 (地区)，只是得益于中国巨大的经济规模，规模测度上的人民币国际地位高于这些国家 (地区)。

表 2—7　基于规模和结构指标的国际货币地位测度 (2006 年)

	国际地位测度	调整后的国际地位测度	规模测度 (美元=100)	结构测度 (美元=100)	资本开放度
发达经济体货币	88.8	93.5	NA	96.2	99.6
美元	38.7	41.2	100	100.0	100
欧元	27.0	27.7	66.8	104.2	96.6
日元	8.6	9.2	25.3	89.5	100.0
英镑	7.1	7.5	18.8	96.0	100.0

续表

	国际地位测度	调整后的国际地位测度	规模测度（美元=100）	结构测度（美元=100）	资本开放度
发展中国家（地区）货币	11.2	6.5	NA	70.5	45.6
新加坡元	1.5	1.6	4.3	96.4	100.0
港元	1.4	1.4	4.5	87.8	100.0
韩元	1.3	0.5	4.3	81.5	39.0
人民币	1.3	0.2	8.6	38.4	15.2
印度卢比	0.8	0.1	2.8	70.1	15.2
马来西亚林吉特	0.3	0.1	1.3	70.4	39.0
印尼卢比	0.3	0.2	1.0	78.1	68.5
泰铢	0.3	0.1	1.1	59.3	39.0

注：测算指数的发展中国家货币还有墨西哥比索、巴西雷亚尔、土耳其里拉、俄罗斯卢布、南非兰特、阿根廷比索。而发达国家货币还包括加拿大元、瑞士法郎、澳大利亚元、新西兰元。

资料来源：Thimann, C., Global Roles of Currencies International Finance, 2008, 11 (3): 211 - 245.

综上所述，虽然人民币在跨境贸易结算中的比重不断提高，但人民币国际化还处于初级阶段，仍然存在较多问题。第一，人民币的贸易结算还存在较多的问题。要实现人民币成为国际货币的目标，只是作为贸易结算货币是远远不够的，还要看它能否作为大宗商品的计价结算货币、能否成为主要的储备货币。第二，人民币香港离岸市场和上海金融中心建设的未来道路还面临诸多不确定性。第三，货币互换和少部分周边国家将人民币作为本国中央银行的储备货币，并不能从本质上解决人民币作为区域中储备货币的问题。此外，从人民币国际化指数和 Thimann Christian (2008) 对人民币国际化程度的测度中，我们也不难发现，人民币在区域和国际上的影响力还很有限，人民币国际化任重而道远。

在人民币国际化存在种种问题的背景下，进行人民币国际化要有新思路，具体而言，需要指明两点：第一，从目前人民币国际化的现状看，实现人民币国际化首先是要扫除制约人民币区域化和国际化的因素，在明确这些问题的解决方案后，人民币国际化的路径才会进一步明朗。第二，当前学者们对国际化实现的路径看法不一，存在较多的争论。关于推进人民币区域化的具体路径又是研究人民币区域化和国际化的另一个重要课题，本书主要集中讨论的是在现有的金融改革框架下，化解人民币区域化面临的迫切难题。

本章小结

东亚区域与中国在进出口贸易和投资方面联系极为紧密，在东亚区域推行人民币计价结算和储备具有扎实的经济基础，再加上当前我国经济发展面临货币金融瓶颈，此外，主要货币国际化的历史经验以及努力克服现行美元体制缺陷的尝试，这些都向我们指明：人民币区域化是实现人民币国际化的中短期目标，也是更加务实的目标。现阶段推行人民币区域化具有国内、区域和国际三个方面的重要战略意义：国内层面上，既有利于提高企业竞争力，推进经济增长方式转变，也能倒逼国内金融体制改革；区域层面上，有利于深化东亚区域经济一体化和东亚货币金融合作；国际层面上，有利于缓解全球经济不平衡并推进国际储备货币体系的改革。

人民币区域化具有如此重要的战略意义，要求我们将人民币区域化战略推向深入。然而，从当前人民币区域化的现状看，虽然在跨境人民币贸易结算、香港离岸金融市场发展及其与在岸金融市场的衔接以及官方外汇储备方面取得了一定的成绩，但无论是进一步分析取得成绩背后存在的问题，还是定量测算人民币国际化指数，都得出同一个结论，即人民币区域化尚未取得大的突破，我们需要进一步探究人民币区域化的制约因素，推动人民币区域化走向深入。

第三章 最终产品市场提供者地位与人民币区域化

2006年以来中国一直是东亚区域最大的产品进口国，或者说是东亚区域最大的产品市场提供者，但在中国的进口产品中70%以上是中间产品，最终产品所占的比重还不足4%。市场提供结构上的严重失衡是制约人民币区域化的重要因素。李晓（2009）指出中国能否成为区域内的最终产品市场提供者是人民币能否成为区域结算货币的重要基本条件。鉴于此，本章尝试基于中国最终产品市场提供地位的视角分析人民币区域化所受的制约。

第一节 最终产品市场提供影响人民币计价结算地位的背景

基于中国最终产品市场提供地位的视角分析人民币区域化所受的制约，是一个较新的视角，因此，综述相关文献的研究并发现基于最终产品市场提供视角的必要性，成为研究最终产品市场提供影响人民币区域化的重要背景。

一 最终产品市场提供者地位影响计价结算货币选择的国内外研究

目前，极少文献从一国的最终产品市场提供者地位出发，研究一国货币计价结算地位的影响因素。国外学者对影响计价结算货币选择的研究主要分为两类：第一类主要研究贸易计价结算货币选择的一般性影响因素。Grassman（1973）从贸易的角度分析了国际贸易中影响各国对计价货币选择的因素，他认为20世纪70年代以来，随着国际分工的进一步深化，国际贸易的结构成为影响国际贸易结算货币选择的重要因素。除了贸易结构的影响外，Bacchetta and Wincoop（2002）的研究发现出口国的市场份额和生产产品的差异程度对能否以其货币计价结算的作用最大，国家的大小和实际工资同期性的影响次之。Donnenfeld and Haug（2003）则从 Donnenfeld and Zilcha（1991）构建的模型出发，基于加拿大进口的数据检验了贸易计价结算货币的最优选择，认为使用进口国货币结算的比例与汇率风险成正比（从进口国的角度），国家的规模也在很大程度上决定计价结算货币的选择。Auboin（2012）也认为交易的金额、国家的规模及汇率制度在很大程度上影响结算货币的选择。第二类分析影响计价结算货币选择因素的文献则具体到某个经济体，特别是日本，主要分析了日元不能成为区域主导性计价结算货币的原因。Ito et al.（2010a、2010b）研究发现日本与东亚国家的贸易较少以日元结算的主要原因有：第一，随着企业内部贸易不断增加，日本倾向于将货币风险集中于公司的总部，允许子公司用当地货币结算，所以出现了日本企业进口时大多以进口对象国货币结算的现象。第二，将生产基地进行海外转移的日本企业，其最终目标市场在欧美，所以更多地选择以美元结算。可见，在 Ito et al. 看来，最终产品市场的提供地位是影响计价结算货币选择的重要因素。

以上研究对应的是成熟发达经济体，分析得出的影响因素并不完全适用于中国，中国有其特殊情形，如金融体系并不发达、存在资本管制和资本项目自由兑换的限制、出口总额远大于进口总额等。因此，首先从贸易的角度，尤其是中国作为市场提供者的视角，分析影响人民币作为计价结算货币的因素是重要基础。近年来，人民币的计价结算货币地位与中国在东亚区域市场提供情况的关系开始引起国内学者的重视。在日本企划厅1988年首次提出东亚市场提供者的概念之后，1995年国内学者李晓也提出中国作为东亚市场提供者的问题，认为中国有潜力成为东亚区域经济增长的火车头和主要市场提供者。曹红辉（2006）对人民币区域化的难点进行了总结，认为中国还不能作为东亚区域的"市场提供者"是阻碍中国进行人民币区域化的主要因素。而后李晓、付竞卉（2010）从理论与实证两个方面研究了中国在东亚区域的市场提供者地位与人民币区域化之间的关系，认为中国正扮演着东亚市场提供者的角色，且在中国经济的稳定发展和人民币升值的预期条件下，中国作为东亚地区市场提供者的地位将会得到不断提升。但事实上，自2006年中国成为东亚区域最大进口国以来，人民币在东亚区域的贸易结算地位并没有发生相应的改变，这说明进口规模的大小和人民币的结算地位没有直接的必然联系，可见，单从中国的市场提供者这一贸易总额的角度分析人民币的区域化问题是不充分的，还需要去发现结构上的问题。

正如 Grasman（1973）和 Ito（2010a）的研究所表明的，贸易结构是影响一国货币计价结算地位的重要因素。因此，从贸易结构的角度去分析人民币在区域中的计价结算地位更能捕捉问题的实质，也更有意义。这是因为：一方面，贸易结构在反映经济体间经济贸易联系紧密度问题上更准确、全面。譬如，人民币在东亚区域中贸易和储备的地位，不仅与中国能否成为东亚区域最大的市场提供者有关，更重要的是与中国能否成为最终产品市场提供者相关。因此需要进一步对产品进行分类，从分类中析出最终产品以反映内在的经济联系。近来，东亚区域的最终产品市场提供问题也引起国际学者的广泛关注，立足于最终产品市场研究问题的方法开始出现。如，Gaulier et, al.（2007）从最终产品市场提供者在区域经济增长中的引擎作用的角度出发，认为由于亚洲的最终产品市场在区域外部，使得中国在世界经济中崭露头角，虽加强了亚洲内部生产过程，但未能成为区域内贸易的自动增长引擎。Eichengreen et al.（2007）也区分了生产资料、中间产品及最终消费品，通过 1997—2003 年的数据分析了中国经济增长对东亚国家出口的影响，当中国从东亚发达经济体进口资本品或者从其他东亚出口商进口能源和原材料时，中国进口的需求弹性较大（中国 GDP 对进口需求的弹性），中国经济增长对这些经济体产生正向作用；相反地，对低收入以及资源相对贫乏的东亚经济体进口的弹性较小，中国的经济增长会对这些经济体产生负向影响。李晓（2009）将人民币区域化战略与最终市场提供联系在一起，认为中国能否成为区域内最终产品市场提供者是人民币能否成为区域内关键货币的重要基本条件。本章研究正是在国内外研究的基础上，立足于最终产品的视角分析人民币区域化可能受到的制约并提出相应对策。

二 选择从最终产品市场视角分析人民币计价结算货币地位的必要性

无论是基于市场选择行为的视角还是货币职能的角度，货币国际化的第一步都是成为国际贸易的计价结算货币。一国能否在世界贸易中占据绝对重要的份额则直接影响该国货币的国际接受程度。20 世纪 70 年代以前美国就是以稳定快速的贸易增长在世界贸易中占据最重要的地位。进一步地，Branson（1980）①研究发现从第一次世界大战到第二次世界大战，美国除军火贸易出现巨大顺差外，最终产品的贸易也都是顺差。2010年中国成为世界上GDP排名第二的国家，2009年以来中国货物的出口贸易总额位列世界第一，进口贸易额也位居世界前列，但人民币的国际地位与进出口贸易的地位相去甚远。或许有学者会认为中国只是贸易出口大国是不够的，因为按照Grassman定律，发展中国家与发达国家的贸易主要是以发达国家的货币计价和结算，而且出口商本身议价能力较弱，因此中国还需要成为进口大国，需要成为市场提供者。但我们研究发现，2006年中国就成为东亚区域最大的市场提供者，因为2006年中国从东亚区域进口的总额首次超过了美国，成为东亚区域的最大进口国。但这并没有改变人民币在东亚区域进口贸易中的计价结算货币地位，美元仍以绝对的优势作为该区域最主要的结算货币。出现这一现象的原因除美元的国际货币地位、选择计价结算货币的历史惯性等因素外，还因为东亚区域的最终产品市场在美国，而不在中国。因此，本书试图通过分析中国作为东亚区域最终产品市场地位的影响因素，并就如何提高中国在东亚区域的最终产品供应地位提出相应的对策建议，这是展开以计价结算货币为起点的人民币国际化的关键。

第二节 中国的最终产品市场提供地位及其与人民币区域化的关系

立足最终产品市场视角分析中国在东亚的最终产品市场提供地位对人民币区域化的制约，首先必须了解中国与东亚区域总体的贸易情况和具体的贸易结构，同时也需进一步了解东亚经济体贸易中计价结算货币选择的总体情况。在此基础上，分析当前中国最终产品提供地位对人民币在区域中计价结算货币地位的具体制约。

---

① Branson, W. H., Giersch, H. and Peterson, P. G., Trends in United States International Trade and Investment since World War Ⅱ, The American economy in transition, University of Chicago Press, 1980: 183 – 274.

一 中国在东亚的市场提供情况

中国在东亚的市场提供情况是中国与东亚经济联系的重要基础，而且仅分析中国在东亚总体上的市场提供情况是不够的，还必须探究产品市场提供的结构，特别是最终产品市场提供情况。

（一）中国在东亚的产品市场提供地位

日本企划厅在1988年提出日本应成为东亚的最大市场提供者的规划，从而出现了"东亚市场提供者"这一概念。对联合国贸发会Comtrade数据库提供的数据整理可知，中国从东亚区域的进口逐年递增，2006年中国从东亚区域的进口总额为3026.6亿美元，超过美国的2524.1亿美元，首次成为东亚区域第一大进口国，而且自2006年以来，中国从东亚区域的商品进口总额一直超过美国（如图3—1所示）。

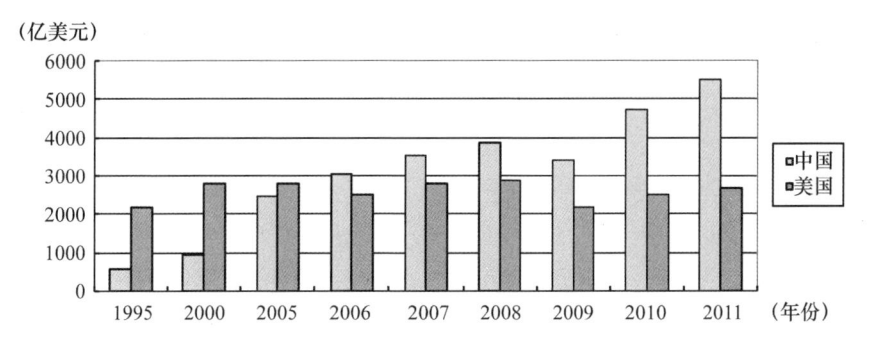

图3—1 中国和美国分别从东亚区域进口的商品总额（1995—2011年）
注：这里统计的是所有商品（all commodities），包括商品和服务。
资料来源：联合国贸发会COMTRADE数据库。

相对于中国从东亚区域的大量进口，中国出口至该区域的数额较少，产生了较大的贸易逆差。中国对全球的贸易顺差是当前中国对外贸易的重要特点，中国是世界上最重要的贸易顺差国。唯独东亚区域是中国最大的贸易逆差来源地。其中，日本、韩国、马来西亚、菲律宾、泰国都是中国重要的贸易逆差国（如表3—1所示）。

表 3—1　中国与东亚地区的贸易情况（1995 年，2000 年，2005—2012 年）

单位：10 亿美元

	1995 年	2000 年	2005 年	2006 年	2007 年	2008 年	2009 年	2010 年	2011 年	2012 年
进口额	48.4	84.0	236.2	291.9	344.2	374.4	334.1	460.4	535.9	497.7
出口额	37.5	39.5	132.1	153.2	182.0	211.9	184.2	230.4	280.9	311.1
贸易余额	-10.9	-44.5	-104.1	-138.6	-162.2	-162.6	-149.9	-230.0	-255.1	-186.6

注：香港是中国的特别行政区，中国内地是其经济的重要依托，是香港经济发展所需物资重要的后盾，因此，中国对香港出口的特别大，在反映中国对东亚贸易逆差问题时并不把香港包括进去。

资料来源：同图 3—1。

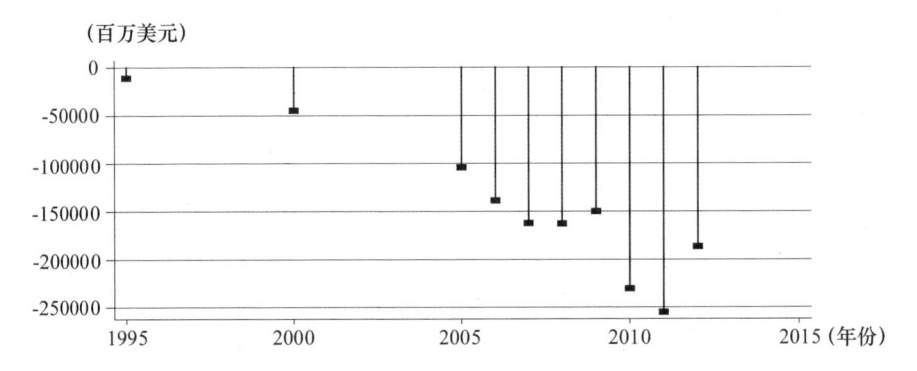

图 3—2　中国与东亚贸易收支余额（1995 年，2000 年，2005—2012 年）

（二）中国作为东亚区域最终产品市场提供者概况

虽然近年来中国对外贸易总体上一直保持着贸易顺差，但在与东亚区域的贸易中，中国却是处于逆差国地位，大量的逆差主要是由于大量的中间品进口。对联合国贸发会 Comtrade 数据库提供的数据进行整理计算发现，中国成为东亚区域第一大进口国主要归结为大量中间产品进口，2006 年，中国从东亚的产品进口总额中，中间产品所占的比重为 73.03%，而最终产品所占的比重仅为 3.22%。其实，自 1995 年以来，中国进口总额中最终产品和中间产品所占的比重虽有所波动，但中间产品一直占 70% 以上（见表 3—2）。由表 3—3 可以进一步看出，2005 年和 2011 年中国从东亚区域进口贸易额排在前 5 位的产品也都是中间产品（除 2011 年 BEC 编码为 41 的产品划为资本品外）。因此，从这个意义上看，说中国是东亚最大的中间产品进口国更为确切。

表3—2 中国从东亚区域进口结构(1995—2011年) 单位：10亿美元,%

	1995年	2000年	2005年	2006年	2007年	2008年	2009年	2010年	2011年
中国进口总额	57.0	93.5	248.5	302.7	355.1	387.4	342.8	472.7	551.4
最终产品总额	3.6	3.9	79.8	9.7	11.7	12.3	12.0	15.6	18.8
中间产品总额	41.4	72.9	190.5	221.0	260.6	273.5	247.9	335.6	388.7
最终产品所占比重	6.39	4.17	3.21	3.22	3.29	3.17	3.51	3.30	3.41
中间产品所占比重	72.52	77.95	76.67	73.03	73.40	70.60	72.29	71.00	70.49

注释：联合国贸发会根据BEC标准将所有产品划分为最终产品、中间产品、资本品、未特别说明的工业供给、燃料和润滑剂、食品和饮料及其他产品，共7大类。其中中间产品和最终产品是最大的两个类别。中间产品包括8种：111 初级的食品和饮料产业用料、121 经加工的食品和饮料产业用料、21 未特别说明的初级的工业用品、22 未特别说明的经加工的工业用品、31 初级燃料和润滑剂、322 经加工的燃料和润滑剂（不同于车用汽油）、42 生产资料的零件和配件（除运输设备外）、53 交通设备的零件和配件；最终产品（或说是消费品）包括：112 用于家庭消费的初级食品和饮料、122 用于家庭消费经加工的食品和饮料、522 非工业用的交通设备、61 未特别说明的耐用消费品、62 未特别说明的半耐用消费品、63 未特别说明的非耐用消费品。

资料来源：根据联合国贸发会Comtrade数据库提供的数据整理计算。

表3—3 中国从东亚区域进口的前5种产品（2005年和2011年） 单位：百万美元

2011年			2005年		
BEC编码	商品描述	贸易额	BEC编码	商品描述	贸易额
42	生产资料的零件和配件（除运输设备外）	169663	42	生产资料的零件和配件（除运输设备外）	93080
22	未特别说明的经加工的工业用品	143440	22	未特别说明的经加工的工业用品	76641
41	生产资料（除运输设备外）	105911	41	生产资料（除运输设备外）	53249
21	未特别说明的初级的工业用品	30751	53	交通设备的零件和配件	8601
32	经加工的燃料和润滑剂	22750	32	经加工的燃料和润滑剂	7587

资料来源：同表3—2。

从中国与其他作为东亚区域①最终产品市场提供者的主要国家的对比来看，中国作为东亚区域的最终产品市场提供者的地位与区域外的美国存在较大的差距，与区域内的日本也有一定的距离。如表3—2所示，全球金融危机发生时，美国从东亚区域进口的最终产品有所下降，但2009年之后，又有所回升，美国依然是东亚区域最大的最终产品市场提供者。与中国同属于东亚区域内国家的日本，在2006年之前，日本从东亚区域进口的最终产品数额在不断减少，使中国与其在东亚区域最终产品市场提供方面的差距不断缩小。2006年之后，日本与中国相似，从东亚区域的最终产品进口保持着稳定增长的态势。

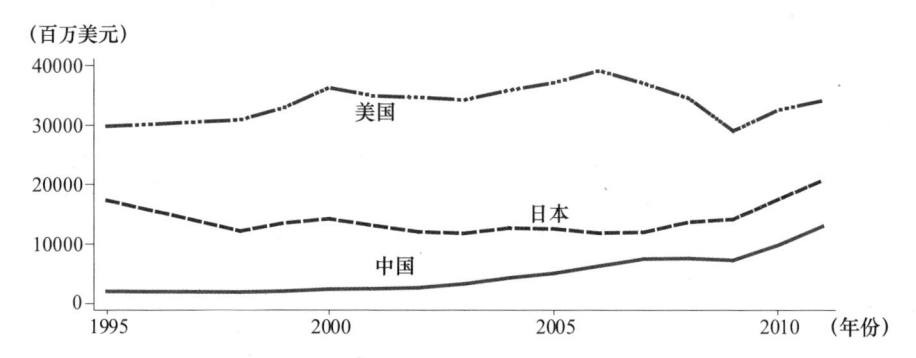

图3—3 中美日从东亚区域的最终产品进口情况（1995年，2000年，2005—2012年）

注：中国从东亚区域的进口指的是从其他东亚经济体的进口；日本从东亚经济体的进口指的是从除日本外的东亚经济体的进口。

资料来源：通过联合国贸发会Comtrade数据库整理得出。

可见，最终产品市场提供问题是影响人民币成为东亚区域内计价结算货币选择的主要市场因素，这是未来人民币区域化以及最终走向国际化面临的重大挑战。而最终产品市场提供的问题又主要表现在两个方面：一是中国从东亚区域的进口产品中，中间产品占绝对主导地位，最终产品只占很小的份额；第二，因为中国在为东亚区域提供最终产品市场方面与日本、美国还存在较大的差距，因此，中国要成为东亚区域最大的最终市场提供者还将面临美国和日本的挑战。可见，探讨中国作为东亚区域最终产

---

① 为便于对比，这里的东亚区域仅包括中国香港、韩国、印度尼西亚、马来西亚、菲律宾、新加坡、泰国。

品市场提供者的影响因素并提出既符合中国经济实际又有利于提高中国在东亚区域市场提供者地位的对策，有利于解决人民币成为区域内关键计价结算货币面临的问题，进而有利于人民币区域化。

二　东亚经济体进出口贸易中的主要计价结算货币

从现有的统计数据看，日本、韩国、印度尼西亚、泰国等在国际贸易中的计价结算货币以美元为主导且波动幅度较小，欧元、日元和英镑也占有一定的比例，本国货币也是它们会考虑的计价结算货币，人民币在计价结算货币中所占的比重则是微小的，在东亚经济体统计的计价结算货币中极少将人民币统计在列。

具体而言，在泰国的出口贸易中以美元结算为主导，2001—2008年美元在其出口贸易结算中所占的比重均在80%以上，但比重有所下降，欧元、英镑和泰铢有所上升；在进口贸易中美元所占的比重在80%左右，且呈上升的趋势，欧元、泰铢有所波动，英镑有所下降，人民币在泰国进出口贸易结算中所占的比例极小，并没有呈现在统计数据中（见表3—4）。

表3—4　　　泰国进出口贸易中的结算货币占比（2001—2008年）　　　单位:%

年份	出口						进口					
	美元	日元	欧元	英镑	泰铢	其他	美元	日元	欧元	英镑	泰铢	其他
2001	86	6	2	0	4	2	78	10	4	1	4	4
2002	85	6	3	0	4	2	77	10	5	0	4	3
2003	84	6	3	0	5	2	76	11	4	0	6	3
2004	82	7	3	0	6	2	76	12	5	0	5	3
2005	82	6	3	0	7	2	78	11	4	0	5	3
2006	82	6	3	0	7	2	79	10	4	0	5	3
2007	81	6	3	1	7	3	80	9	4	0	4	3
2008	81	6	3	1	7	3	81	9	4	0	4	2

资料来源：Bank of Thailand.

在日本的进口贸易结算货币中美元占主导，但自20世纪80年代以来美元所占比重有所下降，日元结算则比例有所增加；在日本的出口贸易结算货币中也是美元占主导，日元结算所占比重有所增加（见表3—5），这一方面与日本推动日元国际化战略分不开，另一方面是因为日元本身也是主要的国际货币之一，为促成日本的贸易伙伴选择日元结算创造条件。

表3—5　　　　日本进出口贸易中日元和美元结算比重的对比　　　　单位：%

年份	出口贸易		进口贸易	
	日元	美元	日元	美元
1980	28.9	66.3	2.4	93.1
1988	34.3	53.2	13.3	78.5
1992—1996	35.9	53.1	20.5	72.2
2002—2004	40.1	47.5	23.8	69.5

资料来源：Ito et al., Determinants of Currency Invoicing in Japanese Exports: A Firm Level Analysis, RIETI Discussion Paper Series, No. 10-E-034, 2006.

虽然韩国是东亚区域内经济实力较强的国家，在选择其对外贸易结算货币时，与泰国相似，美元也是占绝对主导地位，美元比重基本都在80%以上，而且自2006年以来呈上升的趋势（见表3—6）。此外，日元结算的比重有所下降，欧元结算的比重有所上升，韩元结算大部分年份仅占0.1%，人民币结算的比重小于韩元结算比重，极为微弱。

表3—6　　　　韩国进出口贸易中的主要结算货币占比　　　　单位：%

结算货币	1996年	2000年	2002年	2004年	2006年	2007年	2008年
美元	84.9	82.7	83.8	82	78.1	83.3	84.6
日元	8	8.7	8.5	9.2	6.9	7	6.6
欧元	NA	1.9	5.6	6.8	7	7.8	7
韩元	NA	NA	0.1	0.1	0.2	0.2	0.1

资料来源：Rhee, G.J., The Recent Experience of the Korean Economy with Currency Internationalisation, BIS Papers, 2011: 233.

可见，在东亚区域的进出口贸易中，不管贸易伙伴国是美国还是其他国家，东亚经济体大都选择第三方货币即美元作为主要的计价结算货币。除日本外的其他东亚经济体，其对外贸易结算货币中美元都占有绝对的主导地位，日本因为推广日元国际化加大本币结算（进口贸易中进口商具有较强的议价能力），因此与其他国家的本币结算相比，日元占比较大，当然，美元还是日本主要的结算货币。

三 现有最终产品市场提供地位对人民币成为关键计价结算货币的制约

由上一节的分析，我们看到了这样的现象：中国是东亚区域最大的市场提供者，但还不是最大的最终产品市场提供者，且与美国和日本的最终产品市场提供地位存在较大的差距。与此同时，人民币在东亚贸易中的计价结算货币地位仍极为薄弱。虽然2009年中国推行跨境贸易人民币结算后，人民币结算比例有了一定的提高，但作为计价货币的比重几乎没有多大变化。发现这一现象后，我们不禁会问贸易结构上的差异或者说薄弱的最终市场提供地位是如何制约人民币在区域中的地位的。因此，本节将从对外部市场的依赖性、替代弹性和中国企业的议价能力三个方面分析薄弱的最终产品市场提供地位对人民币成为关键计价结算货币地位的制约。

（一）加剧对外部市场的依赖性，不利于提升人民币的计价结算货币地位

中国与东亚进口贸易结构的失衡或者说过度依赖中间产品进口，反映了中国与东亚经济体间实质性的联系不够强，东亚经济体整体对外市场依赖较大。再加上与东亚经贸密切联系经济体的货币是国际货币体系的中心货币，东亚经济体当然更愿意选择经济贸易联系紧密国家的货币进行结算，人民币在区域内的影响将因此受影响。薄弱的最终产品市场提供地位是问题的一种现象，我们正是通过这个现象去探寻隐藏的问题实质。

第一，新"三角贸易"结构决定了东亚区域整体较强的外部市场依赖性。"新三角贸易"格局是这样形成的：第二次世界大战后，日本承接了美国的劳动密集型产业并推动其经济贸易不断发展，20世纪60年代末，日本经济发展起来后，将不占优势的产业转移到"亚洲四小龙"（NIEs），70年代末和80年代初 NIEs 发展起来后，再将劳动密集型产业转移到东盟和中国的南部沿海地区。随着国际经济与国际贸易的进一步融合，再加上中国抓住了经济贸易全球化的机遇，对外贸易取得稳步快速的发展，到2009年开始，中国货物出口总额名列世界第一，在这一贸易模式中，中国主要从东亚国家进口中间产品（这也就是为什么东亚成为中国最大的贸易逆差国的重要原因），加工组装成最终产品后再销往美国和

欧洲。从东亚经济体到中国再到欧美,构成一种新的"三角贸易"模式。从其形成和发展的特点可以看出,中国与其他东亚经济体之间的贸易主要还是产业间贸易,也就是垂直的产业贸易形式,产业内贸易所占的份额较少。可见东亚经济体之间存在较强的产业分工,但是产业间分工的链条是不完整的,产业链条的最后一环是在区域外的,也就是说产业分工最终的制成品还是输往区域外。进一步地,与欧盟内部贸易结构的对比分析也可以看出,与欧盟内部产业内贸易发挥着重要作用不同,东亚经济体集中于产业间贸易。如表3—7所示,东亚经济体间单向的产业间贸易在三种贸易总量中所占的比重几乎是欧盟的2倍,而水平产业内贸易和垂直产业内贸易与欧盟存在较大的差距,尤其是水平产业内贸易与欧盟存在巨大差距。而且产业间的贸易大部分在欧盟内部消化和循环,不存在对外部市场的过度依赖问题。中国与东亚经济体之间这种看似联系紧密的贸易联系,由于处于贸易中心地位和最具市场潜力的中国,并不能为东亚经济体提供最终产品市场,使得整个东亚整体的贸易还是依赖外部市场的。再加上,美元是国际货币体系的核心,美国又是其经济贸易发展的实质依托者,包括中国在内的东亚经济体在进出口贸易中当然更愿意选择美元进行结算。

表3—7　东亚和欧盟产业间贸易和产业内贸易情况的对比 (1996—2000年)

(%)

年份	欧盟			东亚		
	产业间单向贸易	垂直产业内贸易	水平产业内贸易	产业间单向贸易	垂直产业内贸易	水平产业内贸易
1996	34	37.5	28.5	78.7	16.6	1
1997	35	38.9	26.1	76.1	17.8	6.1
1998	33.5	40	26.5	75	20	5.1
1999	33.2	40.6	26.2	70.3	24.6	5.1
2000	34.1	40	25.8	68.3	23.7	7.6

注:Fukao等统计的欧盟国家有德国、比利时、丹麦、法国、希腊、爱尔兰、意大利、卢森堡、瑞士、荷兰、葡萄牙、西班牙、英国;统计的东亚国家和地区包括中国、印度尼西亚、马来西亚、泰国、菲律宾、中国香港、韩国、新加坡。

资料来源:Fukao, K., Ishido, H. and Ito, K. "Vertical Intra‐Industry Trade and Foreign Direct Investment in East Asia", *Journal of the Japanese and International Economies*, 2003, 17 (4): 468–506.

第二，东亚经济体与中国实质的经济联系紧密度弱于与美国的另一个重要表现是，即使在中国的进口贸易中，也有很大一部分需求来自于在中国投资的外资企业。由表3—8呈现的数据，我们不难发现，自2006年到2010年，在中国进口贸易总额中由外资需求创造的部分都在50%以上，特别是2006年时高达59.7%。具体到贸易方式，在作为最主要贸易方式的进料加工贸易中，外资企业进口额占所有企业进口总额的比重最大。在中国进料加工贸易中，外资企业所占的比重都在90%以上；来料加工装配贸易中外资企业占所有企业的一半以上，而且还呈现逐年扩大的趋势。

可见，外资（包括中外合作、中外合资以及外商独资三种形式）在中国对外贸易中发挥着重要作用，说明中国经济对外部的依赖是双重的，既包括出口市场对区域外的依赖，也包括因外商创造国内进口需求产生的对外依赖。一旦外部市场发生变化，由外商引起的东亚经济体的进口需求将大幅减少，意味着中国对东亚区域的需求也将骤减。中国经济极易受到外部经济波动的冲击，从这方面看，一国经济受制于外部经济，其货币的稳定性和可兑换性在其他国家看来必是具有很大风险的，若将该货币视为计价结算货币，或者作为储备货币对这些国家来说都是不利的，这必将大大削弱人民币作为计价结算货币的吸引力。

表3—8　　　　中国进口总额中外资企业创造的部分
及所占的比重（2006—2010年）　　　　　单位：千美元

贸易方式	年份	外资	所有	占比
进料加工贸易	2006	231098	247643	93.3
	2007	257966	279261	92.4
	2008	265288	288210	92.0
	2009	227089	246341	92.2
	2010	288205	318107	90.6
来料加工装配贸易	2006	43266	73830	58.6
	2007	52105	89216	58.4
	2008	53086	90165	58.9
	2009	43705	75949	57.5
	2010	62172	99374	62.6

续表

贸易方式	年份	外资	所有	占比
总值	2006	472491	791462	59.7
	2007	559793	955950	58.6
	2008	619429	1132562	54.7
	2009	545405	1005925	54.2
	2010	738386	1 396 244	52.9

注：外资包括中外合作、中外合资以及外商独资。
资料来源：2006—2010年《中国海关统计年鉴》。

(二) 扩大需求弹性的差异影响人民币的计价结算地位

从联合国贸发会按 BEC 标准对中间产品和最终产品的划分可知，中间产品是由一些初级产品、初加工的产品和零配件等组成的；最终产品则是消费者可以直接用于消费的商品。从中国进口需求的角度看，中国对中间产品的进口需求较为灵活，在外部市场环境受到冲击后，中国对中间产品的进口需求也将发生较大变化，说明相对于最终产品而言，中国在东亚的中间产品市场提供地位还不够稳固，也不占优。具体而言，中间产品作为一种生产资料，或者生产最终产品的投入，对中间产品的需求与企业利润直接相关，最终产品则更多与消费者的需求直接相关。企业为实现利润最大化，对中间产品的需求调整存在较大的灵活性，而与最终产品相关的消费者需求总体上与消费者的消费习惯、消费者收入和消费者偏好等相关，这些影响因素与企业利润最大化相比，其需求弹性的变化要小得多。Ueki (2011)[①] 研究也发现中间产品贸易受外部冲击的影响较大：2008年金融危机后的2009年中间产品的对外贸易总额下降了23%，最终产品下降了14%。从东亚经济体出口需求的角度看中间产品和最终产品的替代弹性，决定了作为中间产品进口国的东亚反而具有较强的议价能力。由于中间产品是投入的生产要素，大部分产品的生产都是有特定的要素投入，这些投入品的生产往往与地区的资源禀赋相关；相似消费品则可以从不同的国家和地区进口，同一类别消费品也可以从不同的国家和地区进口。换言之，可供消费者消费的不同最终产品之间都有较强的替代弹性。对比中

---

① Ueki, Yasushi, Intermediate Goods Trade in East Asia, Intermediate Goods Trade in East Asia: Economic Deepening Through FTAs/EPAs, BRC Research Report 5, 2011.

间产品和最终产品的替代弹性后,我们发现中间产品之间的替代弹性较最终产品之间的替代弹性小。这也是为什么在生产函数模型中往往假定生产要素的替代弹性都较低,特别是使用较多的投入—产出生产函数,它的生产要素的替代弹性就被设定为 0。东亚作为中国中间产品最大的进口区域,由于其出口产品的替代弹性小,拥有更多的主动权,可以自主地决定计价结算的货币。如果中国从东亚区域大量进口中间产品的同时,也大量进口最终产品,那么东亚出口最终产品时就会面临更大的竞争,中国在贸易分工中就拥有了较大的自主权和主动性,进而使人民币在贸易中拥有更高的计价结算地位。

(三)影响本国核心技术的自主研发,不利于提高中国企业的议价能力

Chang and Katayama (1992)[①] 认为最终产品的贸易能否为企业带来利润最关键的问题在于它的质量,而最终产品的质量又与生产过程中使用的差异性中间产品密切相关。可见,技术往往蕴含在中间产品中。而目前中国大量进口中间产品,将中间产品简单加工成最终产品后,再出口到欧美国家。在这一过程中,一方面因为中国对中间产品的加工还属于简单的加工,处于"微笑曲线"中的低端,缺乏核心产品和技术的自主研发和创造;另一方面,即使这些加工的企业也有很大一部分是外资企业,真正属于中国本土的企业并不多。从东亚经济体的角度看,作为它们重要贸易伙伴的中国企业很多都不具有核心技术竞争力,而且还表现出对东亚区域特别是韩国和日本零部件的依赖。在中国企业与东亚企业的进出口贸易中,因为不具有核心技术优势,中国企业自然也就难以获得强有力的议价能力,这不利于中国在与东亚地区的贸易中以人民币计价的推广。

其实,中国过度依赖从东亚进口中间产品,而最终产品的进口较少,特别是相对于美国和日本而言,中国还不能成为东亚重要的最终产品市场,这些问题的实质很大程度上表现为中国企业议价能力低。S. A. Page (1981) 研究发现中间产品的出口将在世界范围内面临出口商的争夺,因此,中间产品的出口国往往在与进口商的谈判中具有更强的议价能力。此外,由于中间产品相对于最终产品替代弹性较小,过度依赖进口中间产品

---

① Chang, W. W. and Katayama, S., Recent Developments in The Theory of Trade with Imperfect Competition, Kobe Economics and Business Review, 37th Annual Report, 1992: 69 – 107.

难以提高企业的议价能力。再者，过多进口中间产品容易使进口国产生中国企业缺乏核心技术竞争力的判断，从而影响中国政府和企业在进口产品时的议价能力。

原本在买方市场时代，进口方具有较强的议价能力，因此在选择用哪种货币计价结算问题上进口方更具有话语权。目前东亚是中国主要的贸易逆差国，但从两国的贸易结构可以看出，中国对东亚中间产品进口存在过多的依赖，再加上如上所述的几个问题削弱了中国企业的议价能力。人民币区域化必须正视薄弱的最终产品市场提供地位这一问题。

可见，不能作为最终产品市场提供者只是一个表象问题，它实则由经济联系紧密度、中间产品和最终产品的弹性特点以及核心技术自主研发问题决定着，只是依靠大量从某一区域进口中间产品并不能建立本国货币的良好信誉和作为计价结算货币的吸引力。如果中国过度依赖从东亚进口中间产品的情况没有改变，东亚整体区域内和区域外贸易中的美元结算乃至对美元体制的依赖也难以改变。20世纪80年代中期，日元国际化的教训就是一个例证。日本当时四分之三的进口都是非制成品，在贸易的货币结算方面没有更多的主动权，本质上日元国际化并没有取得突破性进展。

第三节　影响中国市场提供者地位的因素及中国的对策

中国与东亚经济体紧密的经济联系背后隐藏着严重的贸易结构问题，即中国从东亚区域进口中间产品和最终产品的严重失衡，它是制约人民币成为关键计价结算货币地位的重要因素。再加上，在中国经济结构转型的背景下，需要改变中国过度依赖从东亚经济体进口中间产品的境况，在进口中间产品的同时也多进口最终产品。为此，在本书中，我们试图以最终产品为视角分析中国在东亚区域最终产品市场提供者地位的影响因素，并借此探讨影响人民币成为东亚区域贸易关键计价结算货币的根本所在。在本书中，我们采用的分析思路与方法有别于以往的研究。首先，在分析思路上，本书将东亚区域作为一个整体构造面板数据进行动态分析，而不是分别以东亚各个经济体建立时间序列的静态分析。其次，分析方法上有两个方面的不同：一是以2006年中国成为东亚区域第一大进口国为界线，将时间划分为1998—2005年、2006—2011年两个阶段，建立面板数据进行对比分析；二是建立基于 Murray and Ginman（1976）的模型，并运用动态面板 GMM 方法以增加模型的自由度，避免解释变量的内生性问题。

一　中国作为东亚区域最终产品市场提供者的影响因素分析

（一）理论模型的构建

最终使用这些模型研究影响最终产品需求问题，是因为 Murray and Ginman（1976）的研究中假定存在无限的供给弹性，如果企业不能进行充分地生产，那么企业会调整生产的产量，而不是产品的价格。从结构上看，这一假定更适用于描述最终产品的进口。鉴于此，本书主要参考了 Murray and Ginman（1976）的进口模型，再加上凯恩斯主义经济学在阐述国际收支平衡问题时，定义进口函数为 M＝f（y，e）。考虑汇率波动是影响贸易中结算货币选择的重要因素，亚洲金融危机后，东亚区域内各个国家对汇率稳定性的要求都提高了，汇率成为影响东亚区域内经济决策的重要因素。因此，我们将人民币与东亚其他区域间的汇率波动因素也纳入模型。

本书将应用 Murray and Ginman（1976）提出的需求模型来分析中国从东亚区域进口最终产品的影响因素。该模型的具体形式为 $Q = \beta_0 y^{\beta_1} p^{\beta_2} e^{\mu}$。其中，Q：进口的数量；y：实际 GNP；P：价格指数，为进口价格（进口品以国内货币计价）指数与国内价格指数的比；β_0：截距项，β_1、β_2 分别表示收入和价格的弹性系数。

基于 Murray and Ginman（1976）模型基础上的进口模型可以表示为：

$$IM = \beta_0 y^{\beta_1} (p_{cn}/p_{ea})^{\beta_2} e^{v\beta_3} e^{\eta} e^{\mu} \tag{3—1}$$

因为模型（3—1）是非线性的，对它的两边取自然对数得：

$$LnIM_{it} = \beta_0 + \beta_1 \ln gnp + \beta_2 \ln(prate_{it}) + \beta_3 v + \eta_i + \mu_{it} \tag{3—2}$$

如前所述，为避免动态面板估计中解释变量的内生性问题，并更好地解决过度识别问题，我们在模型（3—2）的基础上进一步引入因变量的滞后一期并将其线性化，具体形式如下：

$$\ln IM_{it} = \beta_0 + \beta_1 \ln IM_{it-1} + \beta_2 \ln gnp_{it} + \beta_3 \ln prate_{it} + \beta_4 v_{it} + \eta_i + \mu_{it} \tag{3—3}$$

其中，$E(v_i) = E(u_{it}) = E(v_i \times u_{it}) = 0$，i＝1，2，…，8；　t＝1998，1999，…，2011。

IM_{it}：与 Murray and Ginman（1976）模型中因变量代表的是进口总额不同，这里的 IM 是从进口总额中析出的一部分，代表的是从 i 国 t 期最终产品的进口额；

GNP_{it}：代表中国国民生产总值。中国 GNP 数据来自世界银行的"国际金融发展数据库（Global Financial Development Database）"，用 y 表示 GNP。

V_{it}：代表两国汇率波动率，即 $V_{it} = \dfrac{RATE_{it} - RATE_{it-1}}{RATE_{it-1}} \times 100$，$RATE_{it}$ 表示汇率的波动率。

$prate_{it}$：是 p_{cn} 和 p_{ea} 的比值。因为本书研究的是进口最终消费品，因此分别以国内消费品价格指数和东亚区域国家的国内消费品指数（1997年为基期）表示 p_{cn} 和 p_{ea}。

η_i：横截面序列的误差项。因为采用的时间序列较短，选择时间固定效应。

μ_{it}：是随机扰动项，因为影响进口的因素不仅包括如上所述的解释变量，还有一些其他因素（如一个国家对进口限额的规定、不确定性因素等）。为此，我们在方程中包含一个随机项，称为残差，它反映模型无法解释的部分。

（二）动态面板广义矩估计方法

基于动态面板数据的模型的估计存有技术上的难度，因为模型中的因变量也是解释变量之一，容易导致解释变量与随机扰动项相关，或者说解释变量具有内生性。为避免估计参数的非一致性，Arellano and Bond（1991）首先提出了 GMM（Generalized Method Moment）估计，而后 Bover（1995）和 Blundell（1998）进一步发展了 GMM，克服了 GMM 由于样本信息遗漏造成的有效性缺失。此外，GMM 估计还适用于过度识别的估计（Sargan Test 用于检验过度识别问题）。因此，GMM 是一种更为广泛的估计方法，最小二乘估计（OLS）、最大似然估计（MLE）其实都是 GMM 估计的特例。

GMM 估计的核心思想是引入差分，并寻找最适合的样本矩条件，再通过最小化所构造的差别函数得到参数估计值。此外，它是在工具变量的基础上选择相应的矩条件方程，而对模型进行一阶差分的目的在于得到工具变量。在这一思想的指导下，首先将模型（3—3）写成矩阵且为表述方便令 lnIM = y，x =（$lnIM_{it-1}$，$lngdp_{it}$，$ln\,prate_{it}$，v_{it}）'，具体形式如下：

$$y_{it} = \beta_0 + \beta_1 y_{it-1} + \beta' x_{it}^* + \eta_i + \mu_{it} = \delta' x_{it} + \eta_i + \mu_{it} \quad (3\text{—}4)$$

其中，$\ln x_{it} = (y_{i(t-1)}, x'^*_{it})'$ 是 $k \times 1$ 解释变量（k 为模型参数的个数）。假设 v_{it} 无序列相关，而 x^*_{it} 与个体效应 η_i 存在相关，则对于 $s < t$，$E(x^*_{it}\mu_{is}) \neq 0$，否则 $E(x^*_{it}\mu_{is}) = 0$。此时最优工具变量矩阵为：$Z_i = diag(y_{i1}, \cdots, y_{is}, x'^*_{i1}, \cdots, x'^*_{i(s+1)})$，$s = 1, \cdots, T-2$。为进一步消去 η_i，对模型（3—4）进行一阶差分得，$\bar{y}_{it} = \delta'\bar{X}_{it} + \bar{\mu}_{it}$ 或者写成矩阵形式 $\bar{y} = \bar{X}\delta + \bar{v}$，$i = 1, \cdots N; t = 3, \cdots, T$。由此可得总体矩条件、样本矩条件并最小化差别函数。总体矩条件：$E(Z'\bar{v}) = E(Z'(\bar{y} - \bar{X}\delta)) = 0$；样本矩条件：$\hat{m}(\delta) = N^{-1}Z'\bar{v}$；GMM 估计量 $\min\hat{\delta} = \arg\min_{\delta}\hat{m}(\delta)'A_N\hat{m}(\delta)$，由 FOC 解得 GMM 估计量 $\hat{\delta} = (\bar{X}ZA_NZ'\bar{X})^{-1}\bar{X}ZA_NZ'\bar{y}$。

（三）数据来源及说明

本书选取的指标包括中国从东亚地区进口的最终产品（消费品）、中国国内生产总值、中国与这个国家汇率的变动情况、中国消费者物价指数与东亚国家消费者物价指数之比（以 1997 年为基期），它们的总体描述见表 3—9。数据均来自 International Financial Statistics（IFS）、Comtrade 数据库以及 CEIC 数据库。时间跨度为 1998—2005 年、2006—2011 年两个时间段，横截面数据包含的国家（地区）及相应编码分别是：344—中国香港，360—印度尼西亚，392—日本，410—韩国，458—马来西亚，608—菲律宾，702—新加坡，764—泰国，共计 8 个。[1]

表 3—9　　　　　　　　　　数据总体描述

	1998—2005 年					2006—2011 年				
variable	Obs	Mean	Std. Dev.	Min	Max	variable	Obs	Mean	Std. Dev.	Min	Max
year	64	2001	2.3	1998	2005	year	48	2008	1.7	2006.0	2011.0
country	64	504.8	154.3	344	764	country	48	504.8	154.7	344.0	764.0
im	64	592.3	593	54.1	2818	im	48	1668	1446	259.8	5767.6
gdp	64	1474	409.8	1003	2241	gdp	48	4827.	1526	2708	7310
v	64	-0.3	2.0	-14.6	2.8	v	48	0.0	0.1	-0.1	0.3
prate	64	-0.4	10.9	-69.1	15.9	prate	48	0.4	3.6	-19.1	9.0

---

[1] 这里东亚区域国家或地区所对应的编码是由 Comtrade database 提供的。

(四) 计量方法与检验结果

本书以中国从东亚区域进口的最终产品情况作为切入点。在分析方法上,考虑到动态模型可以增加模型的自由度、降低解释变量之间的多重共线性程度以及近年来应用广泛的动态广义矩估计 (GMM) 可以有效解决模型的内生性问题,采用动态面板的广义矩估计。遵照 Two-Step GMM 方法,选取各解释变量的部分已知值作为 GMM 工具变量,并分别通过残差自相关检验及 Sargan 检验验证 GMM 检验和工具变量的有效性。此外,为分析中国成为东亚区域最大进口国前后 (以 2006 年为界) 中国从东亚区域最终产品进口的影响因素的变化,以 2006 年为界划分为 1998—2005 年、2006—2011 年两个阶段进行分析。对模型 (3—3) 进行 Two-Step GMM 估计的结算见表 3—10。

表 3—10　　　　　　　模型 (3—3) 估计的结果

解释变量	1998—2005 年	2006—2011 年
_cons	-1.6684 (-0.349)	-.72798 (-0.33)
$\ln IM_{it-1}$	.7996*** (3.51)	-.79707** (2.33)
V_{it}	-.0579*** (-3.51)	-1.240023** (-2.48)
$\ln prate_{it}$	5.4262*** (5.03)	5.9541*** (4.05)
$Lngnp_{it}$	1.09 (0.276)	.5460** (2.28)
Number of instruments	43	31
Wald chi2 (4)	591.30	152.65
一阶残差自相关检验	-1.6892*	-1.5223*
二阶残差自相关检验	-1.8945*	0.63754
Sargan	3.292589	4.477685

备注:

1. *** 表示在 1% 的置信水平下是显著的;** 表示在 5% 的置信水平下是显著的;* 表示在 10% 的置信水平下是显著的。

2. 残差自相关的假设是:Sargan 检验的原假设是:过度识别限制是有效的,即工具变量有效。

3. 小括号内是估计系数的 t 统计值;中括号内是检验统计量的自由度。

对模型（3—3）两个不同时间段的残差进行自相关检验和 Sargan 检验均表明 Two-step GMM 检验是有效的。首先，在残差自相关检验方面，Arellano Bond 的 AR（1）和 AR（2）自相关检验的原假设分别是残差序列不存在一阶序列相关和二阶序列相关。残差自相关的检验结果显示，模型的残差序列存在着显著的一阶自相关，二阶不相关只存在于 2006—2011 年时期，这符合 GMM 估计的前提要求。其次，在 Sargan 检验方面，Sargan 检验用于判别并选取合适的工具变量，其原假设是：过度识别限制是有效的，即工具变量有效。两期的 Sargan 检验结果均表明工具变量是有效的。

从经济意义层面看，将模型（3—3）在 1998—2005 年和 2006—2011 年两个时间段的估计结果进行对比分析发现，主要有两个共同点：第一，人民币与东亚区域其他货币的汇率波动率在两个时间段都有显著的影响。这说明汇率波动率越大，中国进口的最终产品越少。因为中国从东亚区域进口的最终产品并非不可替代，当汇率波动增加了进口企业的风险时，从东亚区域进口的最终产品也将相应减少。第二，不管是在哪个时间段，中国国内价格指数与国外价格指数的比例对中国进口最终产品的影响都是正向显著的。这主要是因为中国从东亚区域进口的最终产品主要是 BEC 编号分别为 62、61 的半耐用消费品和耐用消费品（见表 3—3），耐用消费品的价格需求弹性较大，价格敏感性强，对进口需求的影响较为明显。不同时间段估计结果的差异主要表现在以下两个方面：第一，滞后一期的最终产品进口对当期最终产品进口的影响在 1998—2005 时间段表现为显著，但在 2006—2011 时间段则表现为不显著。这一结论说明影响从东亚最终产品进口的因素受前一期进口量的影响并不稳定，进一步说明现有微弱的最终产品份额并不会对未来的最终产品进口形成稳固的制约关系。第二，中国国民生产总值对两期的影响也有所差异。2006 年以前中国国民生产总值对中国进口最终产品的影响是不显著的，2006 年以后这种影响变成显著的。出现这一现象主要是因为虽然 2006 年中国成为东亚区域第一大进口国且自 2006 年以来经济总量取得了突破性的进展，但是中国的人均消费占 GNP 的比重却不断下降。从对 CEIC 提供的数据整理可知，2005 年中国人均消费占 GNP 的比重约为 39%，此后均呈下降趋势，到 2011 年下降至约 34%，使得国民生产总值的增加与消费水平的提高并不吻合，国民生产总值不能显著反映最终产品进口的变化。

综上所述，对最终产品市场提供者影响因素的实证分析可以得出主要两点结论：一是平衡中国从东亚区域的进口结构，增加最终产品的进口，受到人民币汇率稳定性和消费者价格指数对比正向显著的影响；二是同时受到中国前一期的最终产品进口额和当期中国国民生产总值的影响并不稳定。

二 关于改善中国进口结构特别是增加从东亚区域最终产品进口的政策建议

由这两点主要结论的政策含义以及上一节关于过度依赖中间产品进口对人民币计价结算地位和议价能力影响的分析，我们可以基于宏观和微观的视角得出关于改善中国进口结构的政策建议。

（一）宏观视角

第一，考虑到汇率波动状况将直接影响中国在东亚区域的最终产品市场提供者地位，进而影响人民币能否成为区域结算货币，保持人民币汇率不至于过快大幅波动是极为关键的。区域内汇率稳定应该通过哪种方式实现，是通过钉住区域外货币还是通过区域内的货币合作和协调实现呢？1997年的亚洲金融危机以及时隔11年之后的全球性金融危机，都为东亚区域内汇率的稳定指明了方向：逐步摆脱"美元陷阱"，寻求区域内的汇率稳定机制才能从根本上实现区域内汇率稳定。因此，人民币区域化进程中，中国应该更多地寻求区域内货币协调与合作实现汇率稳定。

第二，中国经济的总量会影响中国从东亚区域最终产品的进口，但这种影响是不稳定的，也不是绝对的。这说明只关注经济总量是不够的，还需要关注经济增长的结构及可持续性。提高中国消费水平占经济总量的比重不仅关系中国在东亚区域最终产品市场地位的发挥，也是目前我国面临的最主要的经济问题之一。因此，对中国而言，需要建立一个更加平衡的经济增长模式，特别是由国内消费引领的经济增长方式。换言之，未来的经济发展方向应该更关注经济结构上的平衡，而不仅仅是经济总量的提高。

第三，考虑到与最终产品相比，过度依赖从某一区域进口中间产品可能存在的问题。一是，由于中间产品并不具有最终定价权，而中国从东亚区域进口的主要是中间产品，可能致使中国企业难以在对外贸易中获得有利的货币议价权。二是，三角贸易结构下的中间产品进口并不代表中国的实际需求。加工组装贸易是中国与东亚区域贸易的主要形式，而在这种贸易形式下，外资是重要的推动力量。可见，一方面中国仅发挥世界工厂的作用是远远不够的，必须推动加工贸易结构的升级，不断汲取外资带来的先进管理技术和管理经验，逐步降低对外资的过度依赖并创造本土企业的产品供给。另一方面必须加强东亚区域内的FTA，促进贸易和投资在区域内部循环消化，从而减弱对区域外部市场的依赖。

因此，在宏观角度上，从根本上说人民币汇率的稳定性、加工贸易的格局、经济增长的结构特别是由消费引领的经济增长结构，还有加强东亚区域内部的FTA等是现阶段直接影响我国作为东亚区域最终产品市场提供者地位的内在因素，并从根本上影响人民币在东亚区域的计价结算地位。人民币汇率能否实现稳定、加工贸易能否摆脱对外资的过度依赖、经济增长能否实现结构上的平衡、东亚区域内能否实现自由贸易和投资等都将在很大程度上决定中国的最终产品市场提供者地位能否提升、人民币能否超越美元和日元成为区域内的计价结算货币。同时也决定中国能否减少对区域外的过度依赖并建立与东亚经济体真正的内在联系，使其放心使用人民币。特别需要指出的是，这些因素同样也影响目前中国经济的可持续增长。因此，中国成为东亚区域最终产品市场提供者面临的问题与中国宏观经济所需关注的问题是一致的，二者相辅相成。当这些制约因素得到有效的引导，最终产品市场提供者的地位得到不断提升时，人民币成为东亚区域内具有竞争力的结算货币也就水到渠成了。

(二) 微观视角

在微观政策层面，增强中国企业的议价能力和减少对外部市场的依赖除均衡中国从东亚区域的进口外，进口的这些中间产品最好是能经过更细化和差异化的生产，制造出更具"异质性"的产品。这是因为如果本国企业的产品具有与别国产品差异化的特征，拥有独具特色的产品，可替代性较弱，那么该国在贸易的计价结算货币选择方面就有较强的主动性。譬如，德国出口时产品定价权地位的取得，正是因为德国谨小慎微的民主性特点决定了其生产的商品具有较强的"异质性"，并因此使其产品的替代性较弱；日本经济和产业研究所对其12家出口企业和227家上市公司的调研结果也表明，只有那些具有"异质性"的日本产品和服务，在全球贸易中才能获得计价（定价）的长期效果。如果中国企业出口至欧美外部市场的产品具有较强的异质性，中国对外部市场的依赖性就会减弱，同时议价能力也会增强。此外，我们必须引导企业更多地关注人民币汇率的变动，而不只是关注美元汇率的变动。这也就是间接指导企业更多地使用人民币进行计价结算的重要方面。

本章小结

中国在东亚的产品市场提供和最终产品市场提供的严重失衡，是以计价结算货币为起点的人民币区域化必须要处理好的问题。因此本章基于最终产品市场提供视角分析人民币区域化的制约因素。首先，通过中国在东亚的产品市场提供结构我们可以看到中国从东亚进口的大部分产品是中间产品，最终产品进口只占极少部分。与此同时，东亚贸易的计价结算货币中，美元占有绝对主导的地位，欧元、英镑、日元也占有一定的比例，人民币所占比重微乎其微，极少统计在列。至此，我们自然会想到：中国在中间产品市场提供与最终产品市场提供上的失衡，对人民币计价结算会形成怎样的制约呢？接着，本章从对外部市场的依赖性、中间产品和最终产品替代弹性的特点以及中国企业的议价能力三个方面，分析中国在产品市场提供问题上的失衡对人民币区域化的制约。紧接着，以最终产品为视角运用动态面板 GMM 方法分析中国作为东亚区域最终产品市场提供者的影响因素，并借此探讨影响人民币成为东亚区域贸易计价结算货币的根本所在。实证分析得出了两点主要结论：一是平衡中国从东亚区域的进口结构，增加最终产品的进口，受到人民币汇率稳定性和消费者价格指数对比正向显著的影响；二是同时受到中国前一期的最终产品进口额和当期中国国民生产总值的影响并不稳定。最后，由实证分析这两点主要结论的政策含义以及关于过度依赖中间产品进口对人民币计价结算地位和议价能力影响的分析，得出宏观和微观的视角上关于改善中国进口结构的政策建议。宏观上，人民币汇率能否实现稳定、加工贸易能否摆脱对外资的过度依赖、经济增长能否实现结构上的平衡、东亚区域内能否实现自由贸易和投资等都将在很大程度上决定中国的最终产品市场提供者地位能否提升、人民币能否超越美元和日元成为区域内的计价结算货币。微观上，一方面是通过更细化和差异化的生产，制造出更具"异质性"的产品，增强中国企业的议价能力；另一方面则是引导企业更多关注人民币汇率变化。

第四章 人民币汇率制度与人民币区域化

第一节 人民币事实汇率制度：来自篮子货币权重的经验分析

人民币汇率作为人民币的对外价格，其形成机制对人民币成为区域内的关键货币，特别是作为区域中官方重要储备货币的影响是直接的。本章针对目前存在较多争论的现行事实汇率制度进行经验检验、辩证分析，并探讨现行事实汇率制度对人民币区域化的影响，同时在此基础上，基于汇率所依托的宏观经济环境也即内生汇率制度视角提出有利于人民币区域化走得更远的长短期政策建议。

一 人民币汇率制度的演变

人民币汇率制度发展到现在并不是直接由某个政策决定的，它是经过了几个历史阶段的演变才形成现在的汇率制度。纵观历史我们可以发现，人民币汇率制度在相当长的一段时期内是被严重扭曲的，人民币汇率制度改革面临较大压力。特别是当中国的贸易顺差额越来越大，国际收支严重失衡时，逼迫人民币汇率形成机制市场化改革的压力也越来越大。于是2005年7月21日，中国进行了汇率制度的改革。梳理人民币汇率制度的历史沿革，可以进一步明晰人民币汇率形成机制市场化改革所承载的历史环境，也是接下来分析篮子货币权重变化的重要依据。

1. 计划经济时代（1949—1980年）

新中国成立之后，为减少对工业制造品进口的过度依赖，中国确立了发展本国工业特别是重工业的战略目标，并推行了进口替代战略，也就是发展那些产品需要大量进口的产业，从而替代这些产品的进口。由于推进重工业发展和进口替代战略需要进口大量机械设备，为配合这一进程，中国政府人为地高估了人民币汇率,以便于以同样的人民币兑换更多的外币,用于购买发展重工业所需要的机器设备。1952 年,由于朝鲜战争,中美之间的进出口贸易停滞,人民币对美元的汇价进入非公开公布阶段,央行内部定的汇率是 2.4618 人民币/美元,1955 年到 1971 年布雷顿森林体系崩溃前一直保持着这个内部汇率。[①] 1971 年布雷顿森林体系崩溃后,由于美元贬值,人民币对美元的汇率调整为 2.2673。可见,这一时期形成的人民币汇率的基础是被人为扭曲的。

2. 人民币汇率市场化初探阶段(1981—1993 年)

改革开放后,经济的进一步发展需要释放更多的市场因素,人为扭曲的汇率形成机制必须改变;致力于发展对外贸易也需要汇率形成机制朝着市场化方面改革。于是,这一时期在汇率改革方面的重要举措就是将汇率推向市场化。一方面,面对由于特殊历史背景而过高估计的人民币汇率,促使其贬值。1981 年、1982 年和 1984 年人民币汇率都实现了多次贬值。其实由图 4—1 可知,1981 年开始一直到 1994 年人民币都处于贬值周期。正是在人民币不断贬值的过程中,官方汇率与内部调剂汇率的差距不断缩小。另一方面,总体而言,在人民币汇率形成机制方面,经过中国原经贸部和一些学者的测算,发现出口换汇成本[②]是形成这一时期人民币汇率的重要参照(姜波克,2001)。

3. 汇率双轨制合并后到汇改前(1994—2005 年)

由于 1981 年中国政府开始推行"内部调剂汇率",再加上官方的汇率制度,当时存在两种汇率。调剂市场的汇率按照行政区域划分,在外汇资源无法充分流动时,各个地方的调剂汇率是不同的。在十四届三中全会改革汇率制度的基调下,为最终解决不同调剂市场汇率的问题,中国政府促进了汇率并轨。1994 年 1 月 1 日,官方汇率和调剂市场的汇率(official and swap market rates)得到了统一。在汇率统一之后的 1 年半时间里,人民币汇率调整为 8.3(1995 年 6 月),直到 2005 年中国汇改前的人民币汇率都是保持在 8.28 的水平上下窄幅波动(见图 4—1)。实际操作上,汇率并轨后人民币汇率波动的重要基础是银行结售汇和银行间外汇市场上形

[①] 吴晓灵:《中国外汇管理》,中国金融出版社 2001 年版。
[②] 出口换汇成本也即换回 1 美元的外汇需支付多少人民币的成本,具体计算式 = 以人民币计价的商品总成本(加上一定的利润)/出口这些商品带的美元总收入。

成的汇率。

4. 管理浮动汇率制度改革阶段（2005年至今）

自20世纪90年代以来（1991年除外），由于人民币保持着与美元的稳定汇率，中国国际收支一直保持着双顺差。因此，人民币汇率制度改革面临着很大的外部压力。2005年7月21日，中国进行汇率制度改革，形成以市场供求为基础的，参考一篮子货币进行调节的有管理的浮动汇率制度。再加上实际操作中银行结售汇汇率和银行间外汇市场汇率仍是形成人民币汇率的重要参照，此时人民币汇率弹性较大。2008年金融危机发生后，面临全球经济下滑的负面影响，考虑到汇率波动可能加剧经济的进一步恶化，中国停止了汇率的市场化改革内容，加强了人民币汇率的钉住制度，人民币汇率水平保持在6.83的水平。2010年6月19日，由于经济好转，中国才又开始推进汇率市场化改革的进程，并决定加大人民币汇率浮动的弹性，这是扩大货币政策弹性的重要步骤，也有利于提高出口产业的创新能力。但国内外学者对于汇改后人民币汇率制度的实质存在较大的争议。

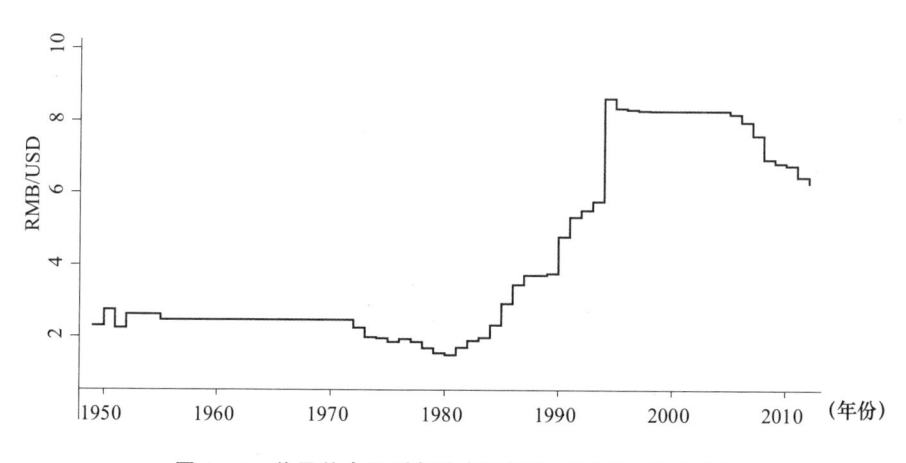

图 4—1 美元兑人民币年均名义汇率（1949—2012年）
资料来源：IFS数据库。

二 人民币篮子货币权重——基于经验分析的测算

作为一个不断成长的大经济体，中国2005年7月的汇率制度改革聚焦了国内外学者的目光，关于汇改后人民币事实汇率制度的研究是其中的聚光点。探寻真实的人民币汇率制度具有重要意义。一方面在很大程度上它是未来汇率形成机制改革的重要参照和依据；另一方面它是修正人们对汇率改革成果预期的重要举措，如果经济主体形成官方宣称的汇率制度与事实的汇率制度相背的预期，并采取应对措施，人民币汇率形成机制改革的进程将因此而受阻。目前，国内外学者对于事实上的人民币汇率制度存在较大争论，实证分析得出的结论也不同，这种争论集中在汇改后的人民币汇率调整是参考一篮子货币还是仍严格钉住美元。Shah, Zeileis and Patnaik (2005) 以及 Ogawa and Sakane (2006) 采用了 Frankel and Wei (1994) 的方法估算了 2005 年 7 月 21 日以后人民币汇率调整中参考一篮子货币的情况，认为汇改后人民币还是高度钉住美元的。Eichengreen (2007) 采用权重推断模型对人民币汇率篮子进行估计也得出了类似的结论。宿玉海、于海燕 (2007) 验证自汇改以来人民币参考一篮子货币是很弱的。但也有不少学者认为人民币汇率制度已由钉住美元过渡到了真正参考一篮子货币。Frankel and Wei (2007) 检验了自 2005 年 7 月以来人民币汇率制度的本质，认为人民币汇率在 2005 年之前是钉住美元的，2005 年以后在弹性方面有一个适度的小幅增加；徐剑刚等 (2007) 通过 Chows 检验的结果表明，自 2006 年 2 月起人民币汇率制度已发生结构性变化，子样本回归表明，人民币汇率制度已由钉住美元有序地过渡到了参考一篮子货币；贾男等 (2010) 研究发现目前的人民币汇率形成机制已经具有相当的市场化程度了。周阳、唐齐鸣 (2011) 在估计篮子货币的权重和人民币汇率弹性时，发现市场供求在人民币汇率决定中发挥了基础性的作用，实证的结果进一步确认了人民币汇率弹性和相对灵活性不断增强。

对人民币事实汇率制度进行经验分析得出的结论不同，主要原因在于：选择的时间序列不同，且总体上时间序列较短；选择的篮子货币不同，有的研究选取了所有的篮子货币，有的则只是选取了主要的篮子货币；使用的检验方法也存在差异等。为最大限度地捕捉现行汇率制度的真实信息，本书主要进行了三个方面的改进：一是运用 Frankel and Wei 的方法时，考虑到时间序列中高频金融数据的必要性，一方面将时间范围扩大至 2013 年 5 月，将汇改后经历的走停弹性汇率制度时期都囊括在内。另一方面没有将整个时间跨度分成多个时间系列，而是对比了 2005 年 7 月 21 日汇改后直至金融危机发生时 (以 2008 年 9 月 15 日雷曼兄弟申请破产保护为标志) 以及 2008 年 9 月 16 日至 2013 年 5 月 13 日这两个时间段。二是考虑参考的所有篮子货币。三是运用卡尔曼滤波方法更精确估计篮子货币权重的时变情况，并在 Frankel 等人研究的基础上，进一步推导得出人民币相对于美元的汇率受篮子中其他货币相对于美元汇率的影响情况。

（一）人民币参考的篮子货币权重的结构变化——基于 Frankel and Wei 的方法

循着 Frankel and Wei（1994）建立的以瑞士法郎为基准货币的 OLS 估计的思路，Frankel and Wei（2007）从实证角度评估了汇改后人民币的实际汇率制度，通过对 2005 年 7 月到 2006 年年末为样本的实证分析发现，2006 年上半年韩元、林吉特、卢比和泰铢这些周边国家货币在人民币篮子货币中具有一定的权重，当然权重很小。若将时间序列拓延至 2007 年，Frankel and Wei（2008）发现在大部分时间里，人民币汇率还是钉住美元的。Frankel（2009）发现在 2005—2008 年，若只考察四种主要货币，美元所占的权重多少被分散到欧元、韩元、日元这三种货币中，若考察篮子货币中的所有 11 种货币时，发现马来西亚林吉特是仅次于美元的第二重要篮子货币。金融危机后，中国暂停了人民币汇率制度市场化改革的步伐，实行固定汇率制，这在一定程度上影响了人民币汇率制度改革的进程。因此，本书首先借鉴 Frankel and Wei（1994）的方法，以 2008 年 9 月金融危机为界分析 2005 年 7 月 21 日—2008 年 9 月 15 日、2008 年 9 月 16 日—2013 年 5 月 13 日两个不同时间段人民币钉住的一篮子货币的权重及变化情况。具体而言，我们可通过构建模型（4—1）来分析人民币钉住的篮子货币权重的情况。

$$\Delta \log RMB_t/SFR_t = a + \alpha \Delta \log USD_t/SFR_t + \beta_1 \Delta \log EUR_t/SFR_t + \beta_2 \Delta \log JPY_t/SFR_t + \beta_3 \cdots \quad (4—1)$$

表 4—1　模型（4—1）的估计结果（2005 年 7 月 21 日—2013 年 5 月 13 日）

货币	2005 年 7 月 21 日—2008 年 9 月 15 日	2008 年 9 月 16 日—2013 年 5 月 13 日
	系数	系数
USD	0.9003***	0.6960***
	(85.4)	(36.01)
EUR	0.0028***	0.1284***
	(0.44)	(3.86)

续表

货币	2005年7月21日—2008年9月15日 系数	2008年9月16日—2013年5月13日 系数
JPY	0.0057	-0.0421***
	(1.22)	(-3.53)
KRW	-0.0005***	-0.0001
	(-3.89)	(-1.1)
AUD	0.0316***	-0.0238**
	(5.46)	(-2.46)
CAD	-0.0441***	0.0208**
	(-5.91)	(2.32)
MYR	-0.0034	0.0445***
	(-0.29)	(3.28)
RUB	-0.0330***	0.1145***
	(-6.76)	(3.96)
SGD	0.1020***	0.1913***
	(6.4)	(7.28)
THB	0.0352***	0.0155**
	(3.05)	(2.29)
GBP	0.0002	-0.2081***
	(0.04)	(-17.71)
_cons	0.00004	-0.0001
	(-0.7)	(-0.94)

注：USD、EUR、JPY、KRW、AUD、CAD、MYR、RUB、SGD、THB、GBP分别表示美元、欧元、日元、韩元、澳元、加元、马来西亚林吉特、印度卢比、新元、泰铢、英镑。之所以选择瑞士法郎作为人民币和篮子货币中各种货币兑换汇率的基准货币，是因为瑞士法郎是一种中立国家的货币，既不是欧元区中的货币，也没有与哪个国家的货币存在钉住关系。

模型的估计结果如表4—1所示，根据估计结果可得出如下结论：

第一，从统计意义上看，2008年金融危机前，在人民币参考的篮子货币中显著影响人民币汇率的货币有美元、欧元、韩元、澳元、加元、卢比、新加坡元、泰铢，而对人民币汇率影响不显著的则是日元、林吉特和英镑；2008年金融危机后，除韩元外的其他10种篮子货币对人民币汇率调整的影响都是显著的。从系数变化情况看，对比2008年金融危机前后的情况，不难发现美元在人民币钉住的篮子货币中的权重明显减少，欧元所占的权重明显增加，印度卢比的权重也显著增加。

第二，从计量分析的经济意义上看，我们不难得出这样的结论：第一，在中国2005年宣布实行参考一篮子货币进行调节的管理浮动汇率制度后，特别是在2008年金融危机调整后，11种货币中对人民币汇率调整构成显著影响的货币越来越多，人民币的汇率制度向着管理浮动汇率制度的方向不断完善。第二，人民币与亚洲区域的其他主要货币联系越来越紧密。2008年金融危机后，日元与马来西亚林吉特由危机前对人民币汇率影响不显著变为显著。这是中国更加立足于区域经济和人民币区域化战略的重要表现。

（二）人民币参考的篮子货币权重的时变情况——基于卡尔曼滤波法

以上分析只是对比了金融危机前后两个时间段篮子货币所占权重的变化，但人民币所钉住的篮子货币所占的权重是动态变化的，而且前后期的权重之间密切相关。为更准确地捕捉人民币汇率参考的篮子货币权重的变化，我们运用卡尔曼滤波法[①]来描述篮子货币权重的时变情况。卡尔曼滤波是用于估算时变系数的一种常用方法，它是在给定初始值之后，通过不断的迭代，计算出后一期的值。运用卡尔曼滤波的回归方程，形式上与最小二乘法的不同之处在于，它存在用于描述系数变化的状态方程，具体形式如下：

量测方程：
$$\Delta \log RMB_t / SFR_t = a_0 + a_1 \Delta \log USD_t / SFR_t \\ + a_2 \Delta \log EUR_t / SFR_t \\ + \cdots a_{11} \Delta \log GBP_t / SFR_t + \eta_t \quad (4\text{—}2)$$

状态方程：
$$a_{1,t} = a_{1,t-1} + \xi_{1,t} \quad (4\text{—}3a)$$
$$a_{2,t} = a_{2,t-1} + \xi_{2,t} \quad (4\text{—}3b)$$
$$\cdots$$
$$a_{11,t} = a_{11,t-1} + \xi_{11,t} \quad (4\text{—}3c)$$

其中，$\xi_{i,t} \sim N(0,1) \quad i = 1, 2, \cdots, 11$

[①] 卡尔曼滤波计算方法依赖于扰动项和初如状态向量服从正态分布的假设。如果假设误差只是朝着某个方向，这样所有的误差就会被积累下来，滤波器就会失去其应有的效果。

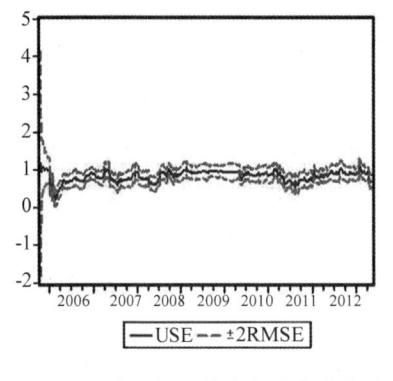

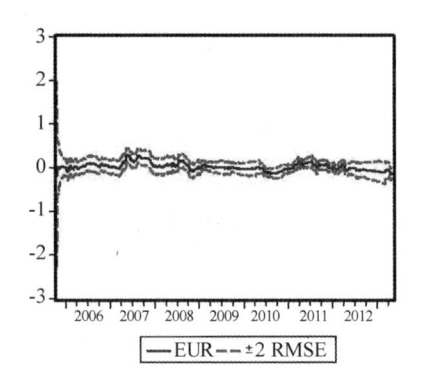

图 4—2 美元权重的卡尔曼滤波估计　　图 4—3 欧元权重的卡尔曼滤波估计

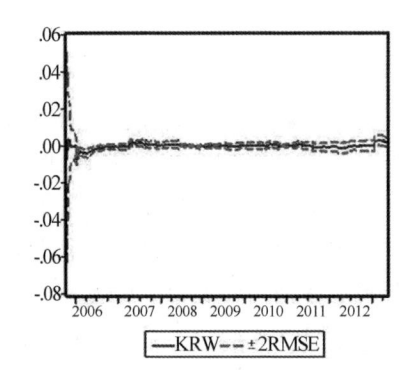

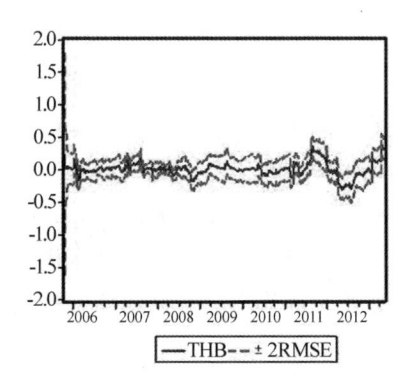

图 4—4 韩元权重的卡尔曼滤波估计　　图 4—5 泰铢权重的卡尔曼滤波估计

注：第一，考察的时间序列为 2005 年 7 月 21 日—2013 年 5 月 13 日。第二，实线表示的是系数（篮子货币的权重）的估计，虚线表示的是系数估计值标准差的正负值。第三，因为在 11 种篮子货币中，只有美元、欧元、韩元和泰铢对人民币汇率的影响是显著的，因此，限于篇幅，本书只是罗列了这 4 种货币权重的时变情况。

由图 4—2 可见，2005 年人民币汇改后，美元在篮子货币中所占的权重有较大幅度的下调；2006 年后又开始回升，随后至 2008 年美元权重在所考察的时间轴上起伏波动都较大；2008—2010 年美元权重极为稳定，调整波动幅度很小；自 2010 年 6 月，中国货币当局恢复人民币汇率的市场化改革以来，美元权重波动幅度虽不太大，但波动较为频繁，且呈下降的趋势；2005 年汇改后，欧元微幅上升；2008 年金融危机发生，欧元权重变化较小，体现在欧元系数较为稳定，没有明显上升的趋势（见图 4—3）。2010

年在中国恢复人民币汇率市场化改革以来,欧元权重波动上升且逐渐趋缓;虽然韩元和泰铢所占的权重较小,但其微幅上升的趋势较明显(见图4—4和图4—5)。由卡尔曼滤波的动态估计得出的篮子货币的变化情况更加支持了基于Frankel and Wei的方法得出的结论,同时也说明了人民币篮子货币权重的变化一定程度上反映了中国汇率政策的变化。

(三) RMB/USD汇率受篮子中其他货币汇率影响研究

以上两种不同方法对人民币钉住的篮子货币权重的分析,都表明美元是最重要的参考货币,它所占的权重最大,但它的权重在金融危机后波动较频繁,其重要性多少被篮子中的其他货币摊薄。美元权重与其他篮子货币权重之间此起彼伏的关系不禁让我们想到:作为人民币汇率制度核心部分的美元兑人民币汇率,它的变化是否会受到其他篮子货币相对于美元汇率变化的影响呢?我们试着从人民币汇率调整参考一篮子货币的模型(4—1)推导和验证这一问题是否成立。

模型(4—1)也可以进一步写成

$$\log RMB_{t+s} - \log USD_t = a + \sum w_i [\log X_{i,t+s} - \log X_{i,t}] + u_i \quad (4-4)$$

$$\Delta \log RMB_t = a + \sum w_i \Delta \log X_{i,t} = a + \alpha \Delta \log USD_t + \beta_1 \Delta \log EUR_t$$
$$+ \beta_2 \Delta \log JPY_t + \beta_3 \cdots subject to \alpha + \beta_1 + \beta_2$$
$$+ \cdots + \beta_{10} = 1 \quad (4-5)$$

其中,X表示篮子货币中的各种货币,即篮子货币中的11种货币。

考虑约束条件的方程(4—2)可进一步写成:

$$\Delta \log RMB_t/USD_t = a + \beta_1 [\Delta \log EUR_t/\log USD_t] + \beta_2 [\Delta \log JPY_t/USD_t]$$
$$+ \cdots + u_t \quad (4-6)$$

其中,RMB_t/USD_t表示的是美元兑人民币的汇率,EUR_t/USD_t表示的是美元兑欧元的汇率,其他货币相对于美元的汇率以此类推。

从模型(4—4)到模型(4—6)的推导证明了篮子货币中美元兑人民币的汇率受到美元兑其他篮子货币汇率的影响。这种影响体现在对模型(4—6)的检验上,其结果如表4—2所示。在1%的显著水平下,美元兑欧元、日元、韩元、澳元、英镑汇率的变动会影响美元兑人民币汇率的变动。在5%的显著水平下,印度卢比和美元兑新加坡元汇率的变动会影响美元兑人民币的汇率。也就是说人民币汇率的变化会受美元兑篮子中其他货币汇率变化的影响。换言之,只要美元兑中国主要贸易伙伴国货币的汇率变动了,将会传导到美元兑人民币的汇率变化上。这也就意味着在美元钉住篮子货币的框架下,美元兑人民币的汇率也会受其他外部因素的影响,从而使人民币汇率的弹性进一步增强。这进一步印证了中国实行参考一篮子货币进行调节的管理浮动汇率制度已经取得了实质性的进展。

表4—2 模型(4—6)实证检验的结果(2005年7月21日—2013年5月13日)

货币	EUR	JPY	KRW	AUD	CAD	MYR	RUB	THB	GBP	SDG
Coef.	-0.069	0.0440	0.0754	-0.0705	0.0294	0.0439	0.0292	0.0115	0.0951	-0.1130
T值	-3.19	3.25	4.51	-3.98	1.08	1.77	2.33	0.43	4.59	-2.44
Pro.	0.001	0.001	0.000	0.000	0.281	0.078	0.02	0.665	0.000	0.015

三 对现行人民币事实汇率制度的认识

我们应该辩证地认识现行的人民币事实汇率制度,一方面看到人民币汇率形成机制产生的有利变化,另一方面也要看到现行人民币汇率形成机制的缺陷。

(一)人民币汇率形成机制的有利变化

基于Frankel and Wei和卡尔曼滤波法对篮子货币权重进行的实证检验以及对美元兑人民币汇率波动的分析,我们主要做出了如下几点判断。首先,人民币汇率并没有在汇改后随即转为参考一篮子货币进行调节的管理浮动汇率制度,经过金融危机的调整,人民币的汇率制度转为参考一篮子货币的管理浮动汇率特征越来越明显,从美元兑人民币汇率受美元兑篮子中其他货币汇率的影响,也进一步印证了这一点。其次,美元所占权重的变化一定程度上反映了人民币汇率制度在政策上的变化,官方公布的汇率制度与市场反映出来的汇率并未偏离太远。最后,人民币汇率与亚洲区域其他国家货币之间的关系越来越紧密,人民币汇率调整受其影响越来越大,这也是中国经济越来越立足于它所依托的经济体和人民币区域化战略的重要体现。从人民币汇率制度历史演变看,人民币汇率制度向市场化方向的不断调整也是有目共睹的。因此,我们不能以人民币汇率制度仍为钉住美元的汇率制度来概括现行的人民币汇率制度,并因此急于不断增强人民币汇率的弹性。我们应该辩证地去看待人民币汇率制度结构上的变化,特别是在2005年7月人民币汇改后的结构调整,在此基础上逐渐推进人民币汇率制度弹性改革。

(二) 人民币汇率形成机制的缺陷

总体来说，理论上和实际操作中人民币汇率形成机制都存在不少问题。

第一，从理论上看，虽说影响一国汇率的因素是多种多样的，但还找不到明确地决定人民币汇率的主要基础。

第二，从人民币汇率实际形成过程看，它的重要参照标准是银行结售汇和银行间外汇市场上的汇率水平，但自1994年外汇体制改革至今通过银行结售汇和银行外汇市场形成的汇率与市场化的汇率形成机制存在较大差距。首先，对于银行结售汇（个人和银行间）而言，企业通过贸易或者投资所得到的外汇必须卖给银行，在1996年实现经常项目完全自由兑换以来，企业在经常项目下特别是贸易方面的用汇较为自由，但非经常项目下的用汇还是受到严格的管制。目前，个人持汇和用汇的额度虽然有一定的提高，但基本还是受到较多管制的，尚未实现"藏汇于民"。可见，带有强制性质的银行结售汇率制和市场化的汇率形成机制之间还存在较大的偏差，企业、个人和其他的市场参与者还不能按照意愿自由进行结售汇，以此为基础的参照汇率也难以实现完全市场化。其次，对于银行间外汇市场（银行和银行间）而言，它是由一些满足国家外汇管理局要求并受批的境内外金融机构，通过中国外汇交易中心进行的人民币与外币间的买卖和交易场所。它有两个主要特点。一是国家对进入银行外汇市场的金融机构实行严格的会员制，设定较高的门槛，仅限于少数金融机构可以进入；二是这些外汇银行持有的外汇必须在央行规定的范围内。可见，银行间外汇市场也难以真实地反映金融机构的外汇供需情况。

第三，缺乏与东亚区域经济体的汇率协调，虽然货币金融危机发生时都唤起了东亚区域化货币合作的动力，但这种实用主义并没有促成东亚区域内汇率协调机制的建立。

虽然经验检验的结果表明人民币汇率形成机制已经向着市场化的方向推进，同时我们也看到在实际操作中，作为人民币汇率制度现实基础的银行结售汇制度和银行间外汇市场，也存在较多的问题和缺陷，如果这些问题没有根本改变，真正市场化的汇率形成机制也就难以达成。

第二节　现行人民币汇率制度对人民币区域化的影响

由第一节的分析可知人民币汇率形成机制的市场化正在逐步形成，人民币汇率参考一篮子货币的特征越来越明显以及客观上人民币保持与美元汇率的相对稳定，这些都有利于人民币区域化。但不可否认的是，人民币汇率形成机制还存在诸多缺陷，这将在很大程度上制约人民币区域化的不断深入。

一　现行人民币汇率制度对人民币区域化的积极作用

现行人民币汇率制度对人民币区域化的积极作用主要表现在两个方面：一是人民币汇率与亚洲其他国家货币间的关系越来越紧密，有利于提升人民币对东亚经济体的影响力；二是主要参照美元调整汇率也有利于发挥人民币在区域中的作用。

（一）人民币汇率与亚洲其他国家货币间的联系越来越紧密，有利于提升人民币的吸引力

从上一节对现行事实人民币汇率制度不同时间段的分析可知，2008年亚洲金融危机后，日元和马来西亚林吉特由危机前对人民币汇率影响不显著转化为显著；对现行事实人民币汇率制度的卡尔曼滤波分析可知，除美元和欧元外，韩元和泰铢也呈微幅上升的趋势。这是人民币汇率参考一篮子货币的特征越来越明显的表现，也说明了人民币汇率与东亚区域内其他国家货币间的联系越来越紧密。此外，Frankel and Wei 和卡尔曼滤波分析的结果都表明东亚其他国家汇率的变化对人民币汇率的影响是同向的。进一步地看，这些货币在某种程度上影响人民币汇率的东亚国家都是中国重要的贸易伙伴国，在中国进出总额中占有较大的比重（由表 2—1 和表 2—2 可知）。当前，在资本自由流动受限的情况下，金融和资本项目对人民币汇率形成的影响很小，人民币汇率大多是应经常项目的变化而变化，这就在很大程度上解释了为何现行的事实人民币汇率受到东亚区域其他国家的影响，虽然这种影响还较小，但在某种程度上这是中国与东亚经济联系越来越紧密的重要体现。

作为与中国经济贸易联系较为紧密的东亚经济体，持有人民币的意愿在很大程度上取决于人民币汇率的稳定性。基于东亚经济体的视角，人民

币汇率的稳定性直接表现为两个方面：第一是人民币对东亚其他国家货币的汇率稳定；第二是基于人民币名义有效汇率和实际有效汇率衡量的人民币汇率波动较过去有所降低。从人民币对其他东亚国家货币的汇率稳定性看，如上一节所表明的，因为有些东亚经济体货币的汇率对人民币汇率的影响是正向，当这些国家的汇率变化时，它将在某种程度上作用于人民币汇率使其按照往本币汇率变化的相同方向发展，最终表现出东亚主要经济体货币对人民币汇率的稳定。从人民币名义有效汇率和实际有效汇率的稳定性看，由图4—6可知，总体而言，除2008年金融危机时人民币实际有效汇率（REER）和名义有效汇率（NEER）波动较大外，2005年汇改后它们没有出现较大的波动，而且这两种汇率的波动也没有呈现扩大的趋势。因为实际有效汇率和名义有效汇率测算的是中国与其贸易伙伴国双边汇率的几何加权平均数，是人民币相对于更多货币的汇率，所以人民币实际有效汇率和名义有效汇率的波动较小，是总体人民币汇率相对稳定的重要体现。

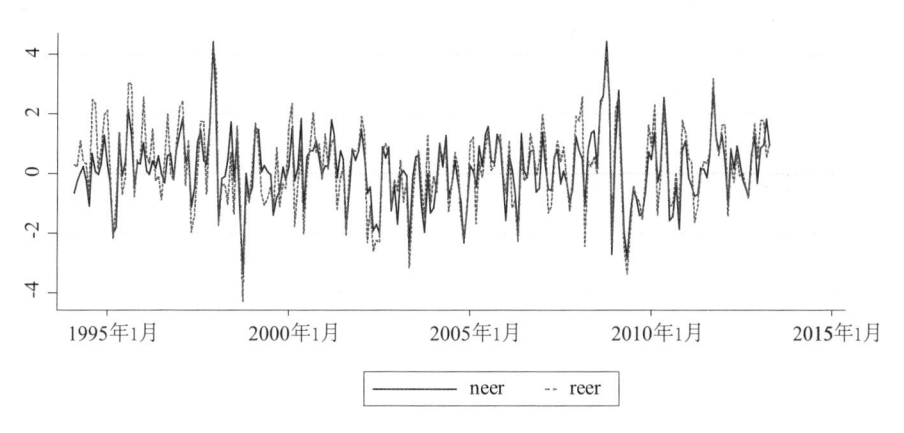

图4—6 人民币名义有效汇率和实际有效汇率波动情况（1994年1月—2013年9月）

注：人民币名义有效汇率是一种指数（这里以2005年为基期），测算的是中国与贸易伙伴双边汇率的几何加权平均，权重是贸易伙伴国与中国的贸易份额占中国对外贸易总额的比例。人民币实际有效汇率则是剔除通货膨胀影响后的名义有效汇率。

资料来源：BIS，http://www.bis.org/statistics/eer/。

人民币汇率的相对稳定主要通过四个方面增强人民币在区域内的吸引力：一是因为一般而言，非国际货币发行国对国际货币的汇率稳定性提出较高的要求,所以人民币汇率总体越稳定,在东亚其他经济体看来,人民币就越有潜质成为区域关键货币或者主要国际货币;二是稳定的汇率有利于促进以人民币为载体的贸易和投资;三是在中国金融市场不够发达和金融风险规避工具不够丰富的条件下,稳定的汇率则有利于维护东亚其他经济体所持人民币或人民币资产的金融安全;四是人民币与东亚之外其他国家货币汇率的相对稳定,为人民币在东亚和这些国家间的贸易和投资创造了良好的条件。

(二) 主要参照美元调整汇率也有利于发挥人民币在区域中的作用

在考察现行人民币事实汇率制度后,我们发现虽然美元在人民币汇率调整所参考的篮子货币中所占的权重有所下降,但美元仍是最重要的参考货币。这有利于发挥人民币在区域中的积极作用。因为在当前的国际货币体系中,美元仍是该体系的主导,中国和东亚区域内的主要经济体仍生活在该体制下,不管是对于中国还是东亚经济体,美元都还是最具吸引力的货币,所以以美元(而不是其他货币)作为调整人民币汇率的重要参照可以增强东亚其他经济体持有人民币的动力。虽然说1998年亚洲金融危机发生不久,泰国和印度尼西亚纷纷转向放弃钉住美元的汇率制度,但出于"浮动恐惧"和"原罪"以及考虑到国内不健全的金融体系和市场环境,当然最重要的是它们意识到所处的是以美元为主导的国际货币体系,这些国家又转向了钉住美元的汇率制度,现阶段美元还是东亚其他经济体主要的结算和储备货币。当它们持有人民币或人民币资产时,人民币汇率调整以美元为主要参照有利于保持它们收益的稳定。可见,人民币汇率的调整主要参照美元从而形成对美元相对稳定的汇率正是东亚经济体所要求的。

中国、东亚区域和美国的"三角贸易"模式决定了人民币汇率稳定将带动东亚区域持有人民币的兴趣。由"新三角贸易结构"可知,东亚区域大部分中间产品和资本品出口到中国,再由中国加工后将最终产品出口到美国。在这一"三角贸易"中,由于属于加工制造者的中国从东亚区域进口时需支付美元或者人民币,如果其货币保持与美元汇率的稳定,则对于东亚区域经济体而言支付美元和支付人民币的差异较小,人民币对于该区域才更有吸引力。

总体而言,现行的汇率形成机制是适应渐进人民币区域化或国际化的,也是适应现行宏观经济环境的。但随着中国经济实力的不断增强,从长期来看，人民币国际化要想进一步深入，现行的汇率形成机制是不适应的，长期内只有深化人民币汇率形成机制的市场化才能满足宏观经济的进一步发展，人民币区域化和国际化才能走得更远。

二 现行人民币汇率制度对人民币区域化的制约作用

对现行人民币汇率制度向市场化方向的调整，我们得出了有利于人民币区域化的积极方面；但人民币汇率市场化形成机制的主要缺陷以及缺乏人民币与东亚其他货币的汇率协调机制，再加上改变现行国际货币体系是困难的，实质性地"脱美元化"也将是漫长的历程。概括起来，人民币的脱美元化虽然取得了一定的进展和成绩，也对人民币区域化产生了积极影响，但现行的人民币汇率制度仍然在以下几个方面制约着人民币区域化。

（一）人民币汇率市场化形成机制的主要缺陷制约人民币区域化

因为一国汇率本质上是货币的对外价格，既然是价格就有其内在的价值，而形成内在价值的机制是否通畅、是自由的还是受管制的，这些都会在很大程度上影响其他国家对人民币的需求。当前人民币汇率的市场化形成机制还存在较多问题，这不利于形成反映市场需求内在价值的汇率，进而影响人民币的对外价格，并最终影响周边区域对人民币的需求，尤其会影响周边区域将人民币作为储备货币的需求。

具体而言，人民币汇率形成的基础在理论上和实际操作中存在的问题和缺陷，不利于人民币区域化的进一步深化，这种制约作用具体体现在以下几个方面：一是理论上还难以找到哪一种或者哪几种汇率理论来正确解释人民币汇率的形成机制。如果一国货币要成为其他经济体接受的货币，该货币的对外价格是如何形成的问题不明晰，会影响该货币的对外价值和对外影响力。二是在实际操作中，作为人民币汇率形成基础的外汇市场的两个层次，即银行结售汇（个人和银行）和银行间外汇市场（银行与银行间），还存在较多非市场因素的干预。在银行结售汇市场，个人、企业和金融机构等无法根据供求情况和自己的意愿决定售买与否；在银行间外汇市场，由于银行持有外汇受限及对准入会员的金融机构进入银行间外汇市场设置高门槛，这些都使银行间外汇市场的汇率难以真实地反映银行间外汇市场的外汇供求情况。

由此还难以形成市场化的人民币汇率，这容易使周边区域对人民币汇率的变化心存疑虑。或许有些人会说为什么即使人民币汇率市场化形成机制存在诸多问题，但2009年后的人民币国际化进程依然很快。其实之前人民币较为稳定的升值和资本项目自由化的放宽在一定程度上掩盖了人民币汇率形成机制存在的缺陷。由于人民币升值和资本项目的开放不可能长期持续，当它们进入平稳期时，人民币汇率形成机制的矛盾就会凸显出来。人民币汇率制度作为确保其他经济体对人民币需求得以满足的"制度保障"，它在反映市场供求状况和真实价值上存在缺陷，阻碍了人民币在区域内和国际市场上的普遍接受性。

（二）缺乏与东亚其他货币的汇率协调机制不利于人民币被东亚区域广为接受

由对现行事实汇率制度的分析可知，在遇到危机（包括亚洲金融危机和国际金融危机）时，人民币汇率总是侧重于保持与美元汇率的稳定，回归钉住美元的汇率制度，这与危机中的许多东亚国家不同，它们往往会选择让本国货币贬值。虽然危机中中国保持人民币对美元汇率的稳定，没有选择竞争性贬值，为中国赢得了负责任大国的荣誉，但实际上中国选择不贬值也有自己的考量：人民币贬值可能引起竞争性贬值，进而使东亚经济体宏观经济基本面受损，中国与东亚区域的进出口贸易可能因此遭受更大的损失（余永定，1999b）；中国的出口贸易、外资和加工贸易所占的比重较大，如果人民币贬值，美元相对升值，中国进口消费品和中间产品的成本将上升，这对中国也是不利的（胡祖六，1998）。此外，危机中保持人民币与美元汇率的稳定很大程度上反映了人民币汇率与东亚经济体货币汇率协调机制的不健全，中国在区域汇率协调中发挥的作用还不明显，东亚区域内不具有独立的区域汇率稳定机制。虽然经济金融危机中，保持人民币与美元的稳定是在当前国际货币体系下合理的选择，但在这种情况下，要使东亚区域其他经济体主动维持与人民币汇率的稳定则具有很大的难度。目前人民币对美元汇率相对稳定，东亚区域的其他经济体（除日本外）也出于"浮动恐惧"和"原罪"保持与美元汇率稳定，人民币与东亚其他经济体货币的汇率也实现了间接的稳定，这是一种"无意间的巧合"。虽然这种巧合使人民币与东亚区域其他经济体货币汇率的稳定效果不错，但深入的人民币区域化离不开中国在区域汇率协调中发挥主要作用，也离不开建立人民币与东亚区域其他国家货币之间的汇率稳定机制，使核心汇率保持在有利于中国与东亚经济体的经济发展水平上。因此，现行的人民币汇率安排若保持不变将不利于人民币区域化的进一步深化。

第三节 完善人民币汇率形成机制的中短期和长期建议

现行汇率制度对人民币区域化的影响具有有利方面，也有不利方面。中短期内，难以直接从是否有利于人民币区域化的角度确立人民币汇率制度。考虑到汇率制度所内生的宏观经济环境也是影响人民币区域化进程的关键。因此，中期的汇率选择是基于它所依托的经济环境展开的，从内生汇率制度的角度探究人民币汇率制度的选择是合理的。

一 中短期视角的建议——基于多元有序 Probit 模型的分析

从汇率制度所依存的经济环境去寻找中国在中短期应该采用什么汇率制度的答案，其根本在于汇率制度的内生性，它是由经济系统中的重要变量决定的，即取决于一国一系列的经济、金融、政治乃至地理因素等。Edwards（1996）较早提出了汇率制度内生性的假说，随后 Poirson（2001），Hagen and Zhou（2002），Levy Yeyati, Sturzenegge and Reggio（2004），丁一兵（2004），梅冬州、龚六堂（2011）都基于实证的视角分析了内生汇率制度的影响因素（见表4—3）。概而言之，这些文献中所涉及的影响内生汇率制度的因素大都可归结为宏观经济的四个主要方面，即经济增长、物价稳定情况、充分就业情况和对外经济情况。这就为我们从实证角度分析中国内生汇率制度的选择提供了另一个思路。

表4—3 从实证视角分析内生汇率制度决定因素的文献概览

	状态变量（核心变量）	控制变量	对象国
Edwards (1996)	政治稳定性、出口增长率波动性、实际汇率波动性、开放度、往期的平均实际GDP增长率、平均通货膨胀、资本管制指标、国人信贷增长率、人均GDP		63个国家 1980—1992年
Poirson (2001)	通胀、出口使用的外汇储备、制造业增加值占比、贸易条件、改革的次数、GDP	与重要贸易伙伴的贸易额占比、外币存款、国际资本开放度（dummy variable）、负的GDP增长率（dummy variabel）	1990—1998年93个经济体的汇率制度选择

续表

	状态变量（核心变量）	控制变量	对象国
Hagen and Zhou（2002）	贸易集中度（商品和地理位置）、经济开放度、经济发展水平、经济规模、金融发展水平、抵御实际冲击能力、央行的信誉		20世纪90年代后欧洲和独联体25个国家
Levy Yeyati, Sturzenegge and Reggio（2003）	经济规模、开放度（包括贸易和资本）、贸易地理集中度、投资波动率、外债指标、政治波动		后布雷顿森林体系时期（1974—1999）的工业化国家和工业化国家，共183个
丁一兵（2004）	贸易开放度、实际GDP、FDI/GDP、通胀率、人均实际GDP、金融发展指标、资本项目开放情况		2002年139个发展中国家及转轨经济国家（截面数据）
梅冬州，龚六堂（2011）	股市市值/GDP 外币资产的比例 预算赤字/GDP	外汇储备/GDP、金融开放程度、国家规模的对数、人均实际GDP、通货膨胀、贸易开放程度、外债总额/GDP、贸易集中度、实际经济增长率	新兴市场经济国家（根据新兴市场国家分类的25个国家）

资料来源：根据已有的文献整理。

截至目前，基于汇率内生性角度研究人民币汇率制度选择的文献还较少。齐琦部（2004）认为中国应该选择什么样的汇率制度取决于它所处的经济和金融环境，他在对比多种汇率制度的优劣后，得出有管理的浮动汇率制度适合中国的结论。只是他对不同汇率制度的对比研究缺乏经验的检验。姚斌（2006）在新开放宏观经济框架下对我国中短期汇率制度选择进行定性和定量分析，研究发现加大人民币浮动的空间有利于提高中国居民的整体福利水平，但他只考虑了内生汇率制度的其中一方面，也未能正面回答何种汇率制度最适合中国。周阳等（2012）在借鉴Eichengreen，Rose and Wyplose（1996）和Jeisman（2005）提出的汇率压力指数基础上，对比了中国和主要发达国家、金砖国家的货币弹性后，提出增强人民币汇率弹性的建议。但我们认为人民币汇率弹性是否增强，不是通过与其他国家的汇率弹性比较后得出的，而是应该从中国宏观经济发展的需求出发，探讨真正符合中国需求的和能够促进中国经济金融发展稳定的汇率制度。虽然国内有少数的几位学者从汇率内生性角度对中国汇率制度进行分析，但其方法还有诸多需要完善之处。譬如，学者杨雪峰（2008）、白雪飞等（2009）从汇率内生性的角度对中国汇率制度的选择进行实证分析，但他们设定的计量模型中的被解释变量只包括固定汇率和浮动汇率两种，这还无法全面刻画中国所经历的汇率制度，即使是并轨后的汇率制度。此外，他们文章中设定的内生变量很少，也没有区分核心变量和控制变量，这就难以准确、全面地刻画汇率制度选择所受的影响。

（一）多元有序 Probit 模型

Probit 模型常用于描述被解释变量是离散型变量的情况。在实际经济活动中经济体常常面临两个以上的选择，而且这些选择方案存在一定程度上的递进关系或者具有一定的顺序，这时就可以应用多元有序 Probit 模型对相关问题进行分析。多元有序 Probit 模型的较早使用出现在 Zavoina 和 McElvery（1975）等人的研究中。由于该模型可以解决的问题是极为普遍的。因此，自提出以来，多元有序 Porbit 模型即得到广泛的应用。该模型的一般形式可表示如下：

$$y_i^* = \beta_0 + \beta_1 x_{1i} + \beta_2 x_{2i} + \beta_3 x_{3i} + \xi_i \xi \sim N(0, \sigma_\xi) \quad (4-7)$$

写成向量的形式则为 $Y = X_i \beta + \xi_i$ （4—8）

其中，y_i^* 是潜变量（latent variable），它的值无法通过直接观察得到，但可以通过与其他可观察变量建立数学模型，并进行相关推导得到。令 y 表示汇率制度的类型，它的值越大说明汇率制度的选择越趋近于浮动汇率制度，值越小则越趋近于固定汇率制度。假定存在切点 $k1$、$k2$、$k3$ 的条件下，y 和 y_i^* 的关系可以表示如下：

$y = 1 \quad if \ y^* < k1$

$y = 2 \quad if \ k1 \leq y^* < k2$

$y = 3 \quad if \ k2 \leq y^* < k3$

由 y 和 y_i^* 的关系，可以推知 y_i：

$\Pr(y_i = 1) = \Pr(y_i^* \leq k1) = \Pr(X_i\beta + \xi_i \leq k1) = \Pr(\xi_i \leq k1 - X_i\beta) = \Phi(k1 - X_i\beta)$

$\Pr(y_i = 2) = \Phi(X_i\beta - k1) - \Phi(X_i\beta - k2)$

$\Pr(y_i = 3) = \Phi(X_i\beta - k2) - \Phi(X_i\beta - k3)$

$\Phi(\cdot)$ 表示一般正态分布的累计分布函数，因为 $\xi \sim N(0, \sigma_\xi)$，所以 $\Pr(\xi_i \leq k1 - X_i\beta) = \Phi(k1 - X_i\beta)$。可见，不同于一般最小二乘估计法，多

元有序 probit 模型中的被解释变量说明的是概率问题。

(二) 实证分析过程

1. 变量的设定和说明

(1) 被解释变量——汇率制度的类别 (ERR)

对汇率的标准分类可以追溯至 1997 年之前，当时，IMF 每年公布的汇率安排和汇率限制的报告中都罗列了不同的汇率制度类型，当然这是一种人为的划分方法，主要将汇率制度分为固定汇率制和其他；随后，汇率制度又被分成三种类型和四种类型，而分为四类的汇率制度在 20 世纪 80 年代和 90 年代则极为盛行，这四类主要包括：钉住、有限浮动、弹性浮动和自由浮动。总体来看，1997 年前汇率制度的官方分类大都是基于片面的信息，1997 年后的分类体系虽然得到较大的改善，但仍主要是基于官方汇报的情况，难以反映事实上的汇率制度。由于"害怕浮动"和"原罪"① 的存在，有些国家虽然官方宣布转向了浮动汇率制，但为了规避汇率风险，实际上还是钉住某种货币。[Calvo and Reinhardt（1999，2000），Hausman，Panizza and Stein（2000）以及 Levy Yeyati and Sturzenegger（1999）]。为考察一国事实上的汇率安排情况，Levy - Yeyati and Sturzenegger（2003，2005），Reinhart and Rogoff（2004），Courdert and Dubert（2004），Dubas，Lee and Mark（2005）都从汇率变动的实际情况研究了主要国家的事实汇率制度。黄薇、任若恩（2010）在这些事实汇率制度研究的基础上，利用 K - means 聚类方法②作为基础分类手段，以双边汇率为核心，考察了包括中国在内的 97 个国家的事实汇率制度。考虑到黄薇和任若恩的研究是在总结各种事实汇率制度研究的基础上进行的；使用的是反映客观汇率变动方式和调整手段的聚类分析法；此外，分析的时间段与本书尝试研究的时间段最为接近。因此，在借鉴黄薇、任若恩（2010）研究的基础上，本书对 1994 年后中国的汇率制度划分如下：1994 年第一季度—1997 年第四季度为有限弹性汇率制,③ 1998 第一季度—2005 年第四季度为钉住汇率制，2005 第一季度—2010 年第一季度则为有

---

① 原罪表示的是这样的状况，金融市场内在的脆弱性以及不能用本币进行国际借贷造成的货币不对称性。

② 聚类分析是数据挖掘的重要研究领域，是数据划分处理或分组的重要手段和方法。

③ 有限弹性汇率制来自 Reinhart and Rogoff（2004）的汇率自然分类，是一种比管理浮动汇率受到更多约束的汇率制度，主要是指 ±2% 波动范围内的爬行带。

限弹性汇率制。因为受2008年金融危机影响而暂停弹性汇率制度改革,于2010年第二季度开始推进汇率市场化改革和加大人民币汇率弹性的改革,所以将2010年第二季度到2012年第四季度的汇率制度设定为管理浮动汇率制。

(2) 解释变量的设定

总的来看,实证分析中使用的变量主要分为核心变量和控制变量两大类。第一类,核心变量(状态变量)。由于我国测算失业状况的系统尚不完备,因此,本书并没有把就业情况纳入解释变量考虑的范围。具体而言,本书实证分析中的状态变量包括经济增长(rgdp)、物价稳定(cpi)、贸易开放度(open)。同时,考虑到汇率需要以具有一定广度和深度的金融市场为载体,而且中国金融市场发展的状况也是增强汇率弹性的瓶颈,所以加入股票市场占GDP的比重(stock),总额占GDP的比重(loan)以分别反映我国金融市场的直接融资和间接融资情况。第二类,控制变量。主要包括外汇储备占GDP比重的自然对数(reserve)、人均GDP自然对数(gdppc)、实际接受的外商直接总额(fdi)和实际汇率的波动率(reer)。这些都是会对汇率制度选择形成扰动的因素,因此将其纳入控制变量考虑。

2. 数据来源及相关说明

在样本时间段的选择上,因为本书分析的是1994年中国汇率制度双轨合并以后的情况,因此,使用的时间序列是1994年第一季度到2012年第四季度的季度数据。各变量的数据来自于CEIC数据库、RESSET金融研究数据库、IMF的《国际金融统计》(International Financial Statistics,IFS)、Penn World Table 7.1以及网站www.oanda.com/currency/historical-rates/。

因为除GDP和人均GDP外的大部分原始序列都是月度数据,实证分析前本书首先通过STATA 11.0对相关数据进行处理,将其转化为季度数据,如果是累计型的数列就不再进行累加,统计其季末的数据。此外,考虑到分析中使用的数据是季度数据,也就是说我们的观测值可能会显示出季度的循环波动,从而无法正确反映经济的客观规律,因此,在计量分析之前首先对季度数据进行季节调整,以剔除季度序列中的季节变动要素。具体的季节调整方法则为移动加权平均方法,即季节调整因子在不同的年份是相同,这不同于美国商务部人口普查局所使用的X11方法。

3. 多元有序 Probit 模型分析结果

为全面了解影响中国内生汇率决定因素对汇率制度选择的影响,我们首先将模型(4—7)具体化为如下的一个多元线性回归模型,形式具体如下:

$$ERR = \beta_0 + \beta_1 \text{rgdp} + \beta_2 \text{open} + \beta_3 \text{lncpi} + \beta_4 \text{lnstock} + \beta_5 \text{lnload} + \beta_6 \text{lnreserve} + \beta_7 \text{lnfdi} + \beta_8 \text{lngdppc} + \beta_9 \text{rreer} + \beta_{10} \text{ci} + \xi_i \quad (4\text{—}9)$$

表4—4　　　　模型(3)多元有序 Probit 估计和边际效应

	Oprobit 估计		解释变量的边际效应 (P>z)		
ERR	Coef.	P>z	(-1)	(-2)	(-3)
rgdp	-0.2926	0.426	0.741	0.641	0.923
open	-8.0507	0.052	0.733	0.733	0.922
lncpi	33.9759	0.000	0.749	0.649	0.923
lnstock	0.0262	0.952	0.771	0.751	0.925
lnloan	1.6338	0.030	0.733	0.703	0.922
lnreserve	1.5169	0.103	0.727	0.721	0.922
lnfdi	3.9884	0.396	0.832	0.632	0.929
lngdppc	-0.2926	0.426	0.733	0.723	0.922
rreer	-8.0507	0.052	0.788	0.718	0.926
/cut1	186.8486	50.1717			
/cut2	190.6134	50.8191			
Number of obs 75	LR chi2 (10)		113.33		
Loglikelihood	-23.3111	Pseudo R2 (准 R2)	0.7085		

注:1. 不同于 OLS,oprobit 模型中变量的系数并非代表边际效应,而代表的是一种对数概率比(odd ratio)。比如,rgdp 的系数为 0.9521 代表的是:预测可知 gdp 的增长率变化 1 单位,倾向于选择浮动汇率制度的概率将会是倾向于选择固定汇率制的 0.9521 倍。2. cut1、cut2 为切点的估计值,可以用于预测选择不同汇率制度的概率。

由表4—4显示的估计结果可知,一方面,oprobit 估计的结果显示,中国经济的开放度和金融信贷总额占 GDP 的比重是影响内生汇率制度选择的重要状态变量。另一方面,解释变量的边际效应估计的结果显示,在三种汇率制度选择下各个变量对汇率制度选择的影响都不显著。三种汇率制度选择虽然都不显著,但从不显著程度的对比来看,有限弹性汇率制不显著的程度最小,最接近由内生性因素决定的汇率制度选择。

为进一步考察哪个状态变量的影响更稳定,我们试着进一步对模型进行稳健性检验。在 lnreserve、lnfdi、lngdppc 这三个主要控制变量中,分别先后控制住 lnreserve、lnfdi、lngdppc 这三个控制变量进行回归,我们得出的结论如表 4—5 所示,在这三次变化中,核心变量——贷款所占 GDP 的比重始终是显著的,换言之,变量 lnloan 通过稳健性检验。

表 4—5　　　　　　　模型 (3) 的稳健性检验结果

	方程 1	方程 2	方程 3
rgdp	-0.2926	-0.2639	-0.2493
	(-0.8)	-0.69	(-0.69)
open	-8.0507*	-6.2465**	-4.1018
	(-1.94)	(-2.13)	(-1.09)
lncpi	33.9759***	18.9577**	31.3669***
	(4.19)	(2.25)	(4.17)
lnstock	0.0262	0.8039	0.1256
	(0.06)	(1.55)	(0.29)
lnloan	1.63**	4.2830***	2.7841**
	(2.16)	(4.16)	(2.32)
lnreserve	1.5169		
	(1.63)		
lnfdi		0.5717***	
		(2.94)	
lngdppc			-0.4522
			(-0.5)
lnreer	3.9884	-1.5556	2.8717
	(0.85)	(-0.28)	(0.59)
/cut1	186.8486	100.4401	174.8685
/cut2	190.6134	104.6626	178.3737
Pseudo R2	0.521	0.5867	0.505

注:方程 1、方程 2、方程 3 表示分别表示控制住 lnreserve、lnfdi、lngdppc,对模型 (4—9) 进行回归的情况。

(三) 结论及中短期启示性建议

第一，那些影响中国汇率制度选择的内生变量，其系数有正也有负，再基于 oprobit 模型的构造特征，我们可以推知，最适合中国的汇率制度是"中间的汇率制度"，也就是有限弹性汇率制度和管理浮动汇率制度。虽然发展中国家频频发生金融货币危机使越来越多的学者认为，在资本加速流动的条件下，中间的汇率制度不利于金融和经济的稳定，是不可持久的，只有浮动汇率制度和固定汇率制度才可以长期维持。但我们并不能就此认为人民币汇率制度要么选择固定汇率要么选择浮动汇率。从中国经济发展实际出发的研究结论表明中间汇率制度也是适用于中国的。而且，进一步借助多元有序 Probit 模型中变量的边际效应分析，我们发现，有限弹性汇率制是最适应现有经济系统的汇率制度。

第二，对多元有序 Probit 模型变量的边际效应分析可知，中国的汇率制度选择受其内生变量的影响较小。换言之，汇率变化的市场决定作用较小，这就再次揭示了汇率市场化改革的必要性。特别需要说明的是汇率形成机制市场化的根本不在于不断增大人民币汇率浮动的空间，而在于由市场因素的需要决定汇率制度的安排。

第三，稳健性检验的结果表明，通胀率和贷款总额占 GDP 的比重始终是显著的，它对中国汇率制度选择的影响是稳定且是正向的，由此我们可以得到两个方面的政策含义。其一，汇率波动越大（这里使用的是直接标价法，汇率水平上升，说明人民币贬值），通货膨胀水平也会越高。在购买力平价的条件下，货币对外贬值，最终会传导到对内贬值，即通货膨胀。中国作为转轨中的经济体，保持物价水平的稳定是未来很长一段时间内中国必须坚持的政策，因此增加汇率制度的弹性还需从长计议。其二，意味着更加浮动的汇率制度需要建立在金融体系不断完善、金融市场发展的深度和广度不断强化的基础上。在 M2/GDP 值较高的条件下，中国金融体系可视为具有一定的深度，但并不广。这是因为，以银行为主的金融市场以及以市场为基础的金融工具还不发达。具体而言，这种不发达主要表现在以下几个方面：国有银行仍然是金融市场的主体，国有银行不完全基于商业标准将大量的资金贷给国有银行，这一过程产生的不良贷款又需要政府解决,从而形成严重"金融依赖三角"① 问题。化解中国金融市场发展中面临的问题需要长期布局,人民币汇率制度浮动的过程也应该是一个渐进的过程。

二 长期视角的建议

虽然就目前整个中国宏观经济形势来看,有限弹性汇率制度是适用于中短期中国汇率制度选择的,但考虑到长期内汇率制度选择所依托的宏观经济变量在长期内的变化,譬如,金融的不断深化将为选择更加有弹性的汇率制度创造条件。同时也考虑到虽然东亚经济体的汇率安排也呈现微幅的"脱美元化"(Ogawa and Yoshimi,2008)以及中国与东亚经济体间经贸的密切联系将成为进一步推动东亚区域汇率协调的市场动力。由此可见,长期内汇率形成机制的调整还是大有可为的。

(一)积极探索符合经济发展的汇率制度并推进汇率形成机制的市场化改革

从汇率的本质上看汇率是货币的对外价格,长期内人民币汇率的形成机制能否扼制过多的行政因素并释放更多的市场因素,直接关系人民币汇率的形成能否由市场真实的供需情况决定。在中国经济起步阶段,保持人民币与美元之间汇率的稳定,便利了中国企业的对外贸易,也有利于其吸引更多的投资。因为在美元主导的国际货币体制下,美元是各国贸易和投资中最重要的货币。但随着中国经济实力的不断壮大,人民币在国际贸易、投资和金融服务中发挥的作用越来越大时,还是只钉住美元,缺少人民币汇率形成机制的市场化。因为此时中国经济的独立性慢慢凸显出来,对美国经济的依赖性也在不断减弱。价格、劳动生产率等决定汇率的市场因素在知识、技术密集型经济发展模式为主的美国和劳动、资本密集型经济发展模式为主的中国存在较大差异,同时反映市场价格水平变化的通货膨胀率在中国和美国也是不同的,我们需要找到中国自己的市场化汇率形成机制。1997—1998 年亚洲金融危机爆发在经济层面的一个重要原因就是东亚国家普遍采用了钉住美元的汇率制度。对于亚洲国家来说,钉住美元可谓成也萧何,败也萧何,在减少这些国家的汇率风险时,也积淀了亚

---

① 对这一问题的描述主要出自 Linden and Vander, R. (2009)。这三角指的是:政府、国有银行、国有企业。

洲金融危机的风险。因为1995年5月后,美元的汇率不断走强,东亚国家的汇率也随之上升,但由于东亚经济体的物价水平和劳动生产率要远远低于美国,因此,这些国家的货币被高估了。货币被高估影响了它们的出口,出现了较大的国际收支逆差,国内资金匮乏的部分最终让短期资本来填补了,加剧了经济的不稳定性。由此,从长期看,人民币不能仅是以钉住美元为主,兼顾参考其他主要货币,而应该积极探索符合我国经济发展的汇率制度,推进汇率形成机制的市场化改革。

(二)探究汇率形成机制市场化的具体实现方式以寻求真实的人民币汇率水平

第一,解决严重的贸易失衡问题,进一步释放人民币汇率的价格发现职能。国际收支对汇率的影响较为明显,而且是在操作中容易实现的。譬如,当一国出现严重的国际收支顺差时,该国货币将面临升值压力,反则反之。虽然说中国长期的贸易收支顺差传递到汇率水平上就是使汇率水平上升,但中国的国际收支顺差的特殊性,使得国际收支短期调节情况难以充分反映人民币汇率水平的变化。这种特殊性体现在:首先,在出口作为经济增长主要驱动力的条件下,采取了鼓励出口的政策,加工贸易也是中国出口贸易的主力军,依靠本土的技术和产品优势发展出口的能力较弱,而且在这一过程中包括劳动力、资源在内的生产要素价格是被扭曲的。其次,在出口数量不断增大的同时,支持出口持续增长的机制还不够完善。总之,当前中国的国际收支情况还不能真实反映汇率水平的变化,为寻找真实的人民币汇率水平,我们必须不断推进经济结构改革,调节经济发展中失衡的状况,化解经济发展过程中的生产要素价格扭曲问题。这样才能从根本上释放人民币汇率的价格发现职能,解决国际收支失衡问题,并进一步释放人民币汇率的价格发现职能。

第二,协调好离岸人民币外汇市场和在岸人民币外汇市场的发展,并建立对离岸人民币外汇市场适当的监管机制。发达的离岸人民币外汇市场能更真实地反映境外的人民币需求,这样一来,由离岸人民币外汇市场传递到在岸外汇市场的人民币汇率也才会更加真实。因此,一方面,我们必须协调离岸和在岸外汇市场的发展,让汇率信息在这两个市场的传递更顺畅,进而使人民币汇率能更准确捕捉汇率状况。就目前来看,在人民币汇率制度改革和资本项目进一步可兑换的进程中,因为在2010年中国政府放松了对境外使用人民币的限制后,离岸人民币外汇市场才逐步发展起来,至今仍处于早期发展阶段,可将无本金交割的远期汇率(Non-deliverable Forward, NDF)[①]作为人民币即期汇率的一个重要参考。在1996年大量资本流入时,外商投资者需要一个对冲人民币汇率风险的市场,而人民币又不可自由兑换,于是应运而生了NDF。另一方面,对在岸人民币外汇市场进行适度的监管,使得中央政府特殊时期可以在该市场上进行适当的干预,且不至于使离岸人民币市场的汇率对在岸汇率造成激烈的冲击。

(三) 建立人民币汇率与东亚区域经济体货币汇率的协调机制

对人民币较为认可的东亚区域,能否继续保持并进一步增强对人民币的需求,除客观上保持人民币对这些经济体货币名义汇率的相对稳定外,还需要通过官方货币金融合作的方式建立某种机制,以机制或者某种制度框架确保与中国经济联系紧密的这些经济体间的汇率协调。关于建立东亚区域汇率的稳定机制,归纳起来经济学家提出的主要观点包括BBC模式(Basket, Band and Crawl,爬行区间汇率制度)、东亚美元本位制、亚洲汇率机制方案以及日元区等,但在东亚区域体实用主义的合作原则下,东亚在汇率合作方面都没有太大的进展。即使是目前还难以在东亚区域建立汇率协调机制,但我们也不能放弃较低层次的货币合作。因为在美元主导的国际货币体系下,中国经济总量和实力的增强不仅难以使人民币自然而然地成为区域内的关键货币或者是普遍接受的计价结算和储备货币,还要承受现有体制带来的成本。[②] 美元体制下的日元国际化就是一个典型的例子。因此,在人民币具备一定的货币国际化条件下,需要与主要东亚经济体就汇率调整的方向、程度或者其他合作安排做政策上的协调,中国作为本地区越来越有影响力的大国也需要在适当时机承担作为汇率稳定器的角色。

本章小结

人民币汇率制度本身就极其复杂,它对人民币区域化和国际化的影响也是复杂的,我们应该辩证地看。在有利于宏观经济稳定发展和深入人民

---

① NDF中不需要进行实际的人民币交易,在远期合约到期时,只需NDF汇率和实际汇率的差额进行交割即可,而且结算的货币一般是美元。

② 现有美元主导的国际货币体制可能带来的不利影响,譬如,QE推出后给包括中国在内的亚洲新兴经济体带来泡沫,当美国退出QE时,因为资本回流又会对这些新兴经济体造成较大的冲击。

币区域化的框架下，本章在分析现行人民币汇率制度对人民币区域化的制约问题时，也应一分为二，既看到现行汇率形成机制朝市场方向的有利改变，也看到其存在的诸多缺陷，在此基础上分析它对人民币区域化的影响并提出中短期和长期相应的对策建议。

人民币汇率形成机制的基础在计划经济时代是人为扭曲的，到市场化经济初探时期则主要以换汇成本为基础，再到1994年外汇体制改革后以银行结售汇和银行间外汇市场为基础，2005年进行汇率制度改革则进一步形成了理论上以市场供求为基础，参考一篮子货币进行调节的有管理的浮动汇率制度，此时在实际操作中银行结售汇和银行间外汇市场的汇率仍是形成人民币汇率的重要基础。可见，理论上2005年后人民币的汇率形成机制应该更加灵活，更加市场化，但现实的情况是否如此呢？带着这个问题本章首先分别基于Frankel and Wei（1994）和卡尔曼滤波法检验人民币参考的篮子货币权重的结构变化和时变情况。经验检验的结果显示：经金融危机调整后，人民币汇率制度转化为参考一篮子货币的管理浮动汇率特征越来越明显；人民币汇率调整受东亚区域其他经济体其他货币的影响越来越大。当然，我们也必须看到当前人民币汇率形成机制的另一基础——银行结售汇和银行间外汇市场的缺陷以及缺乏与东亚区域汇率协调存在的问题。

基于篮子货币权重分析得到的人民币汇率形成机制的有利改变，有助于促进人民币区域化：参考篮子货币的特征越来越明显，与东亚货币联系越来越紧密有利于提升人民币对东亚的吸引力；保持人民币对美元汇率的相对稳定有利于形成市场化的因素。同时人民币汇率制度形成机制的主要缺陷以及忽视人民币汇率与东亚区域中其他货币的汇率协调，再加上脱离现有的美元体制是困难重重等，使东亚经济体在接受人民币问题上仍有较多顾虑，也不利于发挥汇率的价格发现职能。正是现有事实汇率制度对人民币区域化影响的双面性，在给出相关政策方面不能简单地扫除这些制约因素，完全放开让市场决定人民币汇率即可，而应辩证地、分期限地看。中短期内人民币汇率形成机制内生于宏观经济环境，实证检验进一步证实了金融市场发展的深度和消费者价格指数是影响汇率制度选择的稳健性因素，且有限弹性汇率制度适合当前宏观经济环境的选择。长期内在人民币汇率形成机制中应释放更多的市场因素、增强人民币汇率浮动的弹性，并加强与东亚经济体的汇率协调既是人民币区域化不断加深的要求，也满足内生汇率制度长期的要求。

第五章　人民币资本项目可兑换与人民币区域化

人民币资本项目可兑换问题实质上是金融市场开放问题，是人民币区域化进一步深入的直接影响因素。因此，人民币资本项目可兑换也是国内外学者在谈论有关制约人民币区域化问题时基本都会提及的。犹如制约人民币区域化的人民币汇率制度问题一样，人民币资本项目可兑换对人民币区域化的影响也是极为复杂的，必须辩证地看。本章在简要介绍人民币资本项目可兑换现状的基础上，从人民币区域化包含的核心内容和它所依托的经济基本面两个层面分析人民币资本项目可兑换受限制对人民币区域化的制约。正是因为资本项目可兑换问题本身就较为复杂，所以在探讨促进人民币区域化的对策建议时首先考虑国内宏观经济环境中不适宜过快开放资本项目的方面，最后在综合考虑不适宜过快开放资本项目的宏观经济环境和资本项目对人民币区域化的制约的基础上，提出相应的政策建议。

第一节　人民币资本项目可兑换概述

在界定人民币资本项目可兑换的概念后，分析人民币资本项目可兑换现状，是基于以2008年国际金融危机为界划分的两个阶段，而且主要涉及直接投资、主要金融市场投资等。

一　资本项目可兑换概念

资本项目可兑换的程度和范畴是极为复杂的，在研究人民币资本项目可兑换的有关问题时，需要界定清楚人民币资本可兑换的概念。因此，我们在概览其他学者如何界定资本项目化的基础上界定资本项目可兑换的概念。

(一) 其他学者对资本项目自由化的界定

资本项目可兑换（Capital Account Convertibility，CAC）的概念还没有统一的定论，学者们存在不同的理解。国际组织也没有给出资本项目可兑换的明确定义。这主要有两个方面的原因：一是随着金融衍生工具的不断涌现，为确保金融稳定而实施的管制也会随之不断更新；二是资本项目可兑换从来都不是完全可兑换，在这种情况下，对于哪些子项目应该放松管制哪些又不应该放松管制，不同国家的看法是不一样的。主要由于这两个方面的原因，国内外学者对于何为资本项目可兑换是存有争议的。

IMF虽然没有明确定义何为资本项目可兑换，但IMF对一国加入SDR规定的"货币可自由使用"一词赋予的大致含义就是：某一主权国家的货币在国际交易支付中被广泛使用以及在主要金融市场交易中被广为接纳的情形。这是从既成事实的角度说明了何为可自由使用货币。Eichengreen and Mussa（1998）在IMF Working Paper中解释到，资本项目可自由兑换是指解除了对基本交易的外汇和其他管制的禁令，但并不否定税收手段。Schneider B.（2001）认为资本项目自由兑换就是按照市场汇率自由地将本地金融资产转换成国外金融资产，或者自由地将国外资产转换为国内金融资产。它是与国内外金融资产（债权）和债务相联系的。Velkovski（2002）认为如果按市场的汇率可以将持有的货币自由兑换成任何其他货币，那么持有的这种货币就是可自由兑换的。他对货币自由兑换的定义是国内到国外单向的兑换。姜波克（1999），李谣（2004），赵庆明（2005），陈科、应益荣（2010）均认为资本项目可兑换是指资本的流入和流出均实现可兑换，但他们在定义资本项目可兑换时侧重点有所不同。李谣（2004）指出了资本兑换中货币汇兑和资本交易的不可分割性，赵庆明（2005）认为可兑换并不意味着与任何货币可兑换，只需与主要国际货币可兑换即可，陈科、应益荣（2010）则强调资本项目可兑换包括"减少资本交易业务管制"和"取消对资本交易征税、补贴和歧视性货币安排"两个方面。

(二) 本书对资本项目可兑换概念的界定

基于其他学者和国际组织对人民币资本项目可兑换概念的理解，并结合本书的实际，我们给出的人民币资本项目可兑换的概念如下：为满足居民和非居民的投资需求，允许非居民以市场汇率与人民币进行兑换后投资于国内主要资本和金融项目，也允许国内居民以市场汇率将人民币兑换成主要国际货币，进行主要资本和金融项目的投资，而且不排除对资本项目可兑换合理的临时性管理。这里的资本和金融项目可参照IMF《国际收支手册第5版》对资本和金融项目的划分，资本项目包括资本转移和非生产、非金融资产的收买或出售；金融账户则包括直接投资、证券投资和其他投资；也可依据《中华人民共和国外汇管理条例》(2008)对资本项目内容的解释，它包括资本转移、直接投资、证券投资、衍生品及贷款等。

在定义资本项目可兑换概念时特别需要说明两方面的问题。一是资本项目可兑换并不意味着该项目的所有子项目都实现了自由可兑换，特别是对于金融体系不发达的发展中国家来说更是如此。即便是宣称资本项目可兑换程度最高的美国，它的资本项目中的诸多子项目也是存在管制的（如表5—1所示）。IMF于2010年发表的一份工作报告进一步指出资本项目可兑换存在的问题，认为有必要对资本流动进行一定程度或者临时性的管理。这是2008年全球金融危机后，IMF对资本管制和资本项目可兑换新的认识，对于奉行"华盛顿共识"① 的IMF而言，它是从更符合现实的角度看待全球资本流动的。二是实现资本项目可兑换并不应成为每个国家追求的目标，各个国家最优的资本项目可兑换水平取决于它能否在其他条件不变的情况下，为该国带来最大收益。

表5—1　　IMF"汇兑安排与汇兑限制"报告中日美中资本项目开放情况（2012年）

	中国	日本	美国
资本市场的安全	●	●	●
货币市场工具	●	●	●
集中的证券投资	●	●	●
衍生和其他投资工具	●	●	●
商业信贷	●		
金融信贷	●	●	●
保证、担保和金融后备设施	●		●

---

① 20世纪80年代位于华盛顿的三大机构——IMF、世界银行和美国政府，依照拉美国家降低政府干预，促进贸易自由化的经验提出的一系列政策主张。

续表

	中国	日本	美国
直接投资	●	●	
直接投资清算	●		●
房地产买卖	●	●	
个人资本交易	●		
针对商业银行和其他信贷机构的条款	●		
机构投资	●	●	●

注：实心圆圈表示该资本项目的开放是受限制的。

资料来源：Annual Report on Exchange Arrangements and Exchange Restrictions 2012，(AREAER) IMF 汇兑安排与汇兑限制。

二 人民币资本项目可兑换现状

(一) 人民币资本项目可兑换的背景

1993 年党的十四届三中全会提出了"人民币可兑换"问题。当时国家处于改革开放的大背景下，外汇是一种稀缺的资源，它的有效配置离不开市场的基础性作用，因此，党的十四大提出要建立社会主义市场经济体制，让市场在资源配置中起基础性调节作用，人民币可兑换可便利经济主体获得更多外汇。随后，人民币可兑换的一些配套措施也随之跟进，1994 年实现官方汇率和市场调剂汇率最终合并为一个统一的汇率便是最重要的配套措施。人民币自由兑换改革循着逐渐发挥市场基础性作用的步调，并于 1996 年首先实现了人民币经常项目的自由兑换。正当央行在考虑是否制定资本项目自由兑换的时间表时，[①] 1996 年至 1997 年亚洲金融危机爆发了。这次危机的爆发使包括中国在内的众多东亚国家都重新审视资本项目开放的步骤、时间和条件等问题。而且金融危机造成的不利影响，也破坏了资本项目开放的基础条件。中国也遭受了较严重的金融冲击，平衡国际收支具有一定的难度。国内发生了广东国际信托投资公司（广国投）和海南发展银行（海发行）等一系列事件。到 2001 年中国的通货紧缩还是没有解决，一直到 2002 年后半年，经济复苏才比较明朗，此后才又开

---

① 按照周小川（2012）所言，当时主要基于两点原因中央银行内部正在考虑是否制定资本项目开放的时间表：一是根据 IMF 总结出来的经验，转轨国家和发展中国家一般在宣布经常项目可兑换平均约 7 年后，会进一步实现资本项目可兑换。二是实现经常项目可兑换后，资本项目管制的有效性就会下降，一些涉外的经济主体更容易采取一些办法规避外汇管制。

始考虑人民币资本项目可兑换问题。2003年党的十六届三中全会也明确指出了,要逐步实现资本项目可兑换。2005年"逐步实现人民币资本项目可兑换"则首次写入了"十一五"规则中。但2008年爆发的全球金融危机破坏了资本项目进一步开放的条件,危机中各个国家对资本项目进一步开放避之唯恐不及,自然地,"十一五"提出的逐步实现人民币资本项目可兑换也没有得到真正的践行。在金融危机对中国经济的冲击慢慢退去时,2012年11月党的十八大再次提出了要逐步实现人民币资本项目可兑换。

(二) 人民币资本项目开放的现状

在政府政策支持货币最终实现货币可兑换的背景下,人民币可兑换首先从经常项目自由兑换开始,并以非常谨慎的态度对待资本项目自由兑换,特别是在亚洲金融危机发生后。在人民币国际化的背景下,人民币资本项目自由兑换的推进较以往任何时期都快。人民币国际化不断推进的过程中,放松了对一些资本项目管制,资本项目自由兑换得到实质的推进。余永定(2012)也撰文指出中国政府主要还是基于开放资本项目来推进人民币国际化的。

1. 2008年国际金融危机之前

中国对于人民币自由兑换问题特别是资本市场开放问题一直持谨慎的态度,1993年开始从政策方面考虑实现人民币可兑换的问题,并于1996年接受国际货币基金组织提出的第8条款,实现了人民币经常项目的自由兑换。当我们打算进一步推进资本项目开放之际恰逢亚洲金融危机,亚洲金融危机的爆发给我们一个新的警示,即在资本项目开放条件不成熟情况下过快开放资本项目将带来难以控制的风险。因此,1998年亚洲金融危机发生后,中国资本项目开放的进程是极为缓慢的。直到2001年,中国加入WTO后,资本项目可兑换才有所进展,基本是配合中国对外开放的步骤,并有了一定的时间表。从以下几个方面我们可以看出人民币资本项目自由兑换有了一定的时间表。

第一,2001年中国加入WTO后,当年就允许外国银行处理中国企业的一些外汇业务,承诺两年内允许外国银行处理中国企业的人民币贷款业务以及承诺5年内实现外国银行处理人民币存款和居住在中国的个人贷款。毋庸置疑,允许外资银行可以自由对中国企业提供人民币金融服务是一次历史性的突破,中国加入WTO将会提速人民币完全可兑换的进程。

第二,2003年由内地和香港特别行政区签订并于2004年1月1日生效的《内地与香港关于建立更紧密经贸关系的安排》(Common Economic Partnership Agreement, CEPA),为香港的企业提供了超 WTO(WTO-plus)的让步,也提高了内地流向香港的客流和物流及由其带动的资本流。CEPA 旨在弱化阻隔在内地与香港之间货币贸易壁垒,包括关税壁垒和非关税壁垒。CEPA 建立后,极大地便利了中国内地与香港或相关地区贸易投资。

第三,2003年中国引入了 QFII(Qualified Foreign Institutional Investor,合理境外机构投资者),首次允许外国人参与中国 A 股市场的有价证券投资,境外机构募集的外币获批后,转换为人民币直接投资国内的 A 股市场。2005年7月,中国政府当局公布将 QFII 的份额从40亿美元提高到100亿美元,这将是全球基金经理可以投资于人民币计价证券总额的两倍多。

第四,为满足国内投资者多样化投资组合和追逐国外投资带来的更高收益,2006年引入了 QDII(Qualified Domestic Institutional Investor,合格境内机构投资者),允许国内金融机构到境外投资。刚开始 QDII 不允许投资固定收益的工具,但允许 QDII 投资的范围和规模不断扩大。在2008年国际金融危机发生前,QDII 经历了两年的份额稳定扩张期,金融危机后扩张的速度有所下滑。

2. 2008年国际金融危机之后

2008年金融危机爆发后,中国政府越来越意识到美元主导的国际货币体系的不稳定性和缺陷,所以将人民币国际化特别是以人民币区域化路径开始的人民币国际化提上议事日程。在人民币国际化的背景下,人民币资本项目自由兑换的进程较以往任何时期都要快,余永定(2012)就指出当前人民币国际化的推进其实质就是资本项目的开放。这也从另一个侧面说明了在人民币国际化不断推进的过程中,不断放松对资本项目一些子项目的管制,资本项目自由兑换得到实质的推进(如表5—2所示)。

(1)直接投资

2008年金融危机后,进入中国 FDI 的增长率由2008年的20%锐减为2009年的-13%,这是近十年来的首次负增长。为稳定和扩大进入中国的 FDI,2009年7月,中国商务部向中国国务院提交了42点政策建议,旨在进一步放松对 FDI 审批程序的限制。其中最重要的一项建议是放松"外资限制令",也就是建议简化和逐步放松那些在中国进行实业投资外商的外汇登记手续。此外，2011年10月中国人民银行正式推出了人民币FDI[①]（RFDI），持有人民币的境外经济体可以直接使用人民币投资国内，便利了境外人民币的对内投资。可见，2008年金融危机后，对外商在中国直接投资的限制进一步放松了。由于中国企业对外直接投资还处于起步阶段，为控制企业走出去的风险，中国在货币兑换、产业选择等方面对这些企业施加了不少限制。截至目前，除一些"战略性"领域（包括通信业、保险、证券和银行等金融服务业）外，我国对FDI流入的限制已经很少了。与此同时，我们也看到在注重对流入FDI进行引导时，忽视了对外FDI的发展，虽然近年来，货币当局越来越重视对外FDI的发展，视其为获取经济增长所需稀缺资源的重要途径以及中国融入世界经济的重要方式，但对外FDI总体仍较为滞后。

（2）主要金融市场

第一，以QFII和QDII为线索的金融市场开放。就QFII的发展而言，起初QFII的份额很小，但随着人民币资本项目开放的推进，QFII的份额不断扩大，到2007年年末，QFII的限额由100亿美元提高到300亿美元。到2010年12月，通过QFII到中国的投资达到197.2亿美元，占中国A股市场份额的0.5%，总体的规模还不是很大。2012年4月，证监会、中国人民银行和国家外管局共同决定将QFII的投资额度增至800亿美元，通过QFII可以购买我国的封闭型基金和开放型基金。此外，2012年年初，为便利境外机构通过QFII直接使用人民币对中国进行投资，推出了"小QFII计划"[②]，并授予了200亿美元的初始资金，这些举措促进了离岸人民币的回流，且增强了离岸人民币的流动性。就QDII的发展而言，2008年国际金融危机后，散户QDII的投资收益急剧下降。从2008年金融危机发生到2009年9月底，QDII许可的机构数量仍为56家，累计许可的投资额仍保持在507亿美元，但在这一时期，QDII扩张无力。由于担心国内经济过热和A股市场波动，加上对境外投资市场的预期有所改善，QDII规模和范围有所扩大，其收益率也有所提高。到2010年12月，获批可以通过QDII进行投资的基金达到684亿美元。但不能否认的是，QDII的相对规模还较小，其在多样化家庭投

---

① 2011年年初，中国人民银行发布了《关于跨境人民币直接投资有关问题的通知》，并在10月份下旬正式推出人民币FDI，规定跨外的人民币可依法在中国境内开展直接投资活动。

② 为便利滞留境外的人民币的回流，允许在港的中资金融机构发行人民币基金，并将所筹集的人民币基金投资于中国内地的A股市场。

资中发挥的作用尚不明显,因为2010年QDII的投资占中国家庭储蓄总额的1.5%,QDII达顶峰的2007年也只有2.1%。

第二,债券市场。配合人民币国际化的步调,中国债券市场的对外开放也取得了较快的发展,一方面引进境外机构到中国发行人民币债券,最早引进来的是2005年允许亚洲开发银行(ADB)和世界银行(WB)所属的国际金融公司发行"熊猫债券",2010年三菱UFJ银行(中国)也发行了人民币债券。另一方面推动人民币债券走出去,现在走出去的人民币债券有在香港发行的"点心债券"(2010年卡特彼勒、麦当劳都发行过该债券)。特别是2009年中国加大推进人民币区域化和国际化的力度后,"熊猫债券"和"点心债券"得到进一步发展。2011年年初,允许国外的中央银行和货币当局,还有在中国香港和中国澳门的人民币清算银行、境外参与人民币结算的银行等进行银行间债券投资。

第三,金融衍生工具。资本项目下的金融衍生工具是风险系数最高的项目,它是中国开放资本项目子项目时最应谨慎考虑的项目。2008年国际金融危机后,我国对金融衍生品市场实施的相应管制更不敢放松。截至目前,只有合规的金融机构在中国银行业监督管理委员会的允许下,基于对冲风险的目的可以出售相关衍生品,也可以将其用以机构贸易服务所需的外汇头寸,除此之外的金融衍生工具交易是受限制的。

表5—2 中国资本项目开放的基本情况

主要的资本项目		资本流入	资本流出
直接投资		流入的直接投资是不受限制的	受国家外汇管理局审查的除外
股票市场	非居民	进行本国B股市场的投资,有限制购买QFII	不限制出售A、B股
	居民	在B、H、N、S股票市场上出售股票,QDII受到一定的限制	QDIIs,保险公司、合规的银行可以进行境外购买
债券和其他市场	非居民	QFIIs purchase locally,可在新加坡和中国香港市场上购买人民币债券	金融、非金融机构和国际机构获准在中国香港、新加坡和本国发行以人民币标价的债券
	居民	允许商业和政策性银行还有一些其他银行在香港离岸市场出售人民币债券	保险公司、合规银行可以购买境外债券

续表

主要的资本项目		资本流入	资本流出
直接投资		流入的直接投资是不受限制的	受国家外汇管理局审查的除外
货币市场	非居民	通过 QFII 参与本地货币市场基金,但不允许参与银行间外汇市场	不允许
	居民	可以购买存续期少于 1 年的债券	通过 QDIIs 和合规银行可投资境外货币市场
集体证券投资	非居民	通过 QFII 购买本地封闭型基金和开放型基金	不允许
	居民	事先得到国家外汇管理局的批准	QDIIs、保险公司、得到配额的合规银行
金融衍生工具和其他工具	非居民	不允许	不允许
	居民	正规的金融机构在中国银行业监督管理委员会的允许下,基于对冲风险的目的可以出售相关衍生品和为机构贸易服务所需的外汇头寸	对出售进行管理限制

资料来源:Gao Haihong., Convertibility as a step for the RMB internationalization. Economic Change and Restructuring, 46 (1), pp. 71–84, Mar 2013 and IMF (2009) AREAER.

第二节 人民币资本项目可兑换受限制与人民币区域化

本章从两个方面展开人民币资本项目可兑换制约人民币区域化的分析:第一,资本项目可兑换受限将通过影响货币结算、计价和储备等人民币区域化所包括的核心内容影响人民币深入区域化;第二,资本项目可兑换受限将通过人民币区域化所依托的经济基本面影响人民币深入区域化,包括经济增长、价格稳定、国家对外经济交往中的约束力和主动权等。

一 基于人民币区域化包括的核心内容分析制约关系

人民币区域化指的就是人民币成为区域内贸易、投资等交易中关键的计价、结算和储备货币。人民币资本项目是否可自由兑换将通过影响国际贸易中计价和结算货币的选择以及区域内其他国家政府和企业对储备货币的选择,进而影响人民币区域化的进程和效果。

（一）结算计价货币方面

1. 结算货币

结算货币是在国际贸易中货币的收付行为。在论及人民币资本项目可兑换受限制制约人民币在区域内的影响力时，有些人会辩驳：现阶段人民币可兑换受到较多限制，但这并不妨碍人民币在周边区域的广泛流通。自2009年7月实行《跨境贸易人民币结算试点管理办法（PRTSS）》以来，跨境贸易人民币结算的金额呈不断上升的趋势，2013年第三季度通过银行办理跨境贸易人民币结算业务累计达到1.1万亿元。事实上，在周边区域的贸易结算结构中，中国进口贸易中的人民币结算要远远大于其出口贸易中的人民币结算，表现出极大的不平衡。出现进出口贸易人民币结算的"跛足"，实质反映了人民币发挥的结算作用有限且不稳定。这一现象可以归结为两个方面的原因：一是周边国家和区域预期人民币的单边升值，通过与中国企业的贸易持有更多的人民币，可以享受人民币升值带来的收益，通过人民币信贷支付从中国进口的货款，就会承担人民币升值引起的成本上升压力，因此他们更乐于接受人民币而不是支付人民币。而人民币单边的升值与东亚经济体难以通过金融市场上的资本项目自由兑换，自由增持或者减持人民币有关。二是离岸和在岸人民币融资市场不够发达，对相关资本项目的自由兑换存有较多的限制，周边区域经济体进行风险规避也会遇到很多困难。如果资本流动的限制有所放宽，就不至于形成强烈的单边人民币升值预期；如果人民币自由兑换没有受到过多限制，通过增持和减持人民币规避风险的渠道就会更加畅通。因此，我们不难看出：人民币资本项目受限制在一定程度上影响了人民币成为区域内的结算货币，引起人民币在区域出口贸易和进口贸易中作为结算货币的不均衡状况。

2. 计价货币

计价货币是在国际购买合同中明确规定用来描述商品或者服务价格的货币。一国货币具有计价货币的功能具有重要意义，因为从宏观层面看，能否成为国际贸易中计价的主要货币是衡量该种货币国际地位的重要标准；从微观的企业层面看，一国货币能否成为国际计价货币将在很大程度上影响该国企业的产品定价权。当前，在人民币跨境贸易结算中，虽然人民币发挥了重要的作用，但相比之下，跨境贸易中人民币作为计价货币的情况还较少。对计价货币选择的相关研究指出进出口商选择商品计价货币考虑的因素除具体的产业特点外,① 主要就是保持汇率稳定和对冲宏观经济波动(Bacchetta and van Wincoop, 2005; Devereux et al., 2004; Gopinath et al., 2009)。从 2012 年 IMF 发布的《汇兑安排与汇兑限制》报告可以看出,我国"资本和货币市场工具交易"和"衍生品及其他工具交易"这些项目或者相关子项目的使用还受到较严格的限制,信贷工具交易、个人资本交易等其他资本项目也受到或多或少的限制。从这种意义上说,在与中国企业的贸易中选择人民币进行计价,并不利于对冲宏观经济风险。此外,由于境外的人民币债权并不能得到自由兑换,在这种情况下,国际贸易中以人民币作为计价货币并不能给进出口企业带来便利。

(二) 储备货币方面

人民币成为某一区域内主要的交易、投资和储备货币,是人民币区域化的重要表现。如果说人民币汇率对人民币成为贸易中计价和结算货币的影响是直接的,那么明显地,资本项目可兑换是影响人民币成为储备货币的直接因素。资本项目自由兑换受限制对人民币区域化的影响,主要是通过以下几个方面起作用的。第一,在储备货币多元化的趋势下,中央银行持有多种国际货币是基于分散单种货币作为储备货币可能带来价值不稳定的考虑。因此中央银行的这些外汇储备主要用于对冲金融风险。当资本和金融项目的相关子项目不可自由兑换时,中央银行所持人民币外汇储备可以用于对冲风险的职能就会被削弱。第二,对于个人和企业持有储备资产而言,因为这部分储备资产是它们在国际贸易支付(或者其他经常项目交易)后所余下的部分,因此,这些储备资产投资于资本项目主要是为了保值增值。基于这点考虑,资本项目自由兑换受限制自然就会减少个人和企业持有人民币储备资产的热情。第三,从布雷顿森林体系中美元作为全球最主要储备资产的条件来看,一种美元成为主要的储备资产另一个重要条件是通过贸易逆差和资本项目的自由兑换输出大量的美元。这说明了输出货币对于该货币国际化的重要性。对于人民币区域化和国际化而言,除贸易逆差输出人民币外,资本项目可兑换也是输出人民币的另一种重要方式,限制人民币与其他货币的可兑换也就限制住了借助资本项目自由兑换输出人民币的通道。

---

① 譬如,当企业生产的产品与其竞争者的产品存在较强的相似替代性时,该企业会使用与其竞争者相似的结算货币。

二 基于人民币区域化依托的经济基本面分析制约关系

我们知道人民币区域化依托一定的经济基本面，人民币资本项目可兑换又会影响经济基本面。因此，分析人民币资本项目可兑换对人民币区域化的影响也可以经济基本面为切入点，主要涉及经济增长、价格稳定、国家对外经济交往中的约束力和主动权等方面。

（一）经济增长方面

关于资本项目开放对经济平均增长率影响的实证分析得出的结论也是各不相同的，换言之，资本项目开放并没有固定的经济增长效应。Rodrik（1998）和 Calvos（1998）认为资本项目自由兑换对经济增长的影响并不显著；Dani Rodrik（1998）通过对诸多国家资本项目开放情况的分析，发现资本项目自由兑换与经济增长二者间不存在相关关系。Quinn and Inclan（1997）则认为存在正向的作用。而另外的一些学者则认为资本项目开放的经济影响依赖于一定的条件，如 Reinhart and Tokatlidis（2005）、Edwards（2001）、Bakaert et al.（2006）和 Mukerji, P.（2009）研究都发现资本项目开放可获得收益只是在高收入的发达国家才是成立的；金融发展水平低的国家过早过快地开放其资本项目，容易导致宏观经济波动并深受其害，但就资本项目自由化本身而言，它可以促进金融发展。因为如果开放的时机和条件不够成熟，资本项目的开放可能会导致信息不对称和缺乏收集信息的动力而使经济产生更大的波动性（Calvo,1999），资本流动受限制也会阻碍各种不同的资源配置到最适合它的最有效率的领域。

亚洲金融危机前，包括东亚区域在内的许多发展中国家都大力推行资本项目自由兑换，原因很简单，就是发达国家资本项目的自由化程度高，再加上 IMF 基于"华盛顿共识"鼓励这些国家开放资本项目，这些发展中国家也跟着提高资本项目的开放程度。亚洲金融危机发生后，这些发展中国家开始反思资本项目开放的条件问题。而且 2008 年全球金融危机后，在 2010 年 2 月的报告中，国际货币基金组织承认，在过去 15 年中，资本管制对于资本流入的管理是相当有效的。美国国民经济研究局（NBER）2011 年的一项研究发现，资本流入管理可增加货币政策的有效性、促进资本流入的长期化和减轻实际汇率的升值压力。资本流出管理也同样是有效的。

通过资本开放与经济增长的相关理论以及两次金融危机带来的启发，

我们发现资本项目自由化发挥其对经济增长的作用依赖于一定的条件。目前与中国资本项目开放关系最密切的金融体制现状就是：间接融资是金融体系中最重要的资金融资方式，国有银行体制是我国金融体系的中心，大而不倒的国有金融体系整体应对风险的能力较弱，也不利于本国金融体系的健康发展和本国经济持续稳定。由此可见，基本实现资本项目自由化的条件还不成熟。因此，从现阶段中国资本项目开放的条件看，资本项目自由兑换受到限制还不至于对经济的稳定增长造成大的不利影响。但随着金融业的不断发展和完全竞争市场环境的逐步形成，资本项目开放的条件也日趋成熟，资本项目可兑换受限对经济的不利影响就会放大。因为更高的金融发展水平可以化解因资本项目开放产生的经济波动问题，并释放资本项目开放的积极作用。譬如，发达的金融市场将为处于危机和困境中的企业提供更好更公平的融资环境，削弱资本项目开放产生的经济波动；而市场竞争环境的不断完善，降低了在资本市场上收集信息的成本以及信息不对称的风险，从而在很大程度上化解了资本项目可兑换的风险。从长期看，如果金融市场高度发达、完全竞争的市场环境日趋完善，中国资本项目的管制限制了资本的自由流动，也就限制了资源的有效配置，这不利于经济的增长。

(二) 价格稳定方面

资本项目可兑换有利于控制通货膨胀，维持货币价值稳定。20世纪90年代，波兰出现了通胀率高达700%的恶性通货膨胀，它的货币兹罗提在短期内大幅度贬值，为化解这一危机，当时的波兰政府宣布解除对兹罗提的外汇管制，将其与美元挂钩，实现兹罗提与美元的自由兑换。这样一来，兹罗提的持有者可以随时将该货币兑换成硬通货美元。他们原本对兹罗提价值失去信心，却又因为该货币可以自由地兑换成美元恢复了对兹罗提的信心；波兰的通货膨胀也因此被控制住了。

在20世纪90年代中央政府研究人民币可兑换的政策时，很重要的一个出发点便是稳定人民币币值、增强国民对人民币币值的信心。现在国内通货膨胀水平没有20世纪90年代高，但2008年国际金融危机后，为救助受危机影响的经济、刺激国内经济发展，中国货币当局向市场投放了大量的货币，使得通货膨胀水平也较高。在人民币汇率趋近于均衡值，从而不至于造成投机资本进进出出的条件下，增强人民币资本项目的可兑换性和自由流动有利于控制通货膨胀，维持其他经济体对本币的信心。

(三) 国家对外经济交往中的约束力和主动权方面

第一，允许跨境资本的自由流动对于我国政策制定施加了一定的约束。人民币资本项目的自由兑换在很大程度上放开后，在吸引中长期资本流入的同时，更大一部分流动的国际资本是基于对中国经济政策预期的短期资本。如果国内推行的政策使短期资本产生悲观的预期，短期资本将大量流出；如果国内推行的政策使短期资本产生了乐观的预期，大量的短期资本将流入。短期资本的大进大出，即使对于金融市场发展水平很高的国家而言，其造成的经济冲击也是不容忽视的。为减少因政策预期造成的资本大进大出，经济政策制定者在允许资本跨境自由流动后，制定相关政策时拥有更强的约束力，在这种约束力下，制定和执行政策时会平衡国内外经济，更加谨慎和负责任地应对。这对于人民币持有者来说，面对我国谨慎和负责任的政策制定和执行，他们对人民币的信心将得到不断增强。反之，在限制国际资本自由流动的条件下，相关经济政策就没有受到强有力的约束，国内政策可以更多考虑到国内的经济状况，不利于增强人民币的吸引力。

第二，资本项目自由兑换受限制不利于中国政府和企业发挥更大的能动性，限制人民币国际地位的提高。反之，进一步开放资本项目将使中国政府和企业在对外经济往来中，具有更多的主动权，提高人民币的国际地位。从政府层面看，政府的对外经济活动包括政府信贷、政府投资等以政府为主体进行的货币收付行为，对于使用哪种货币、遵循怎样的交易规则，在人民币可兑换程度不断提高后，政府的主动性将得到不断增强。从微观企业的层面看，企业对外经济活动中的自由性更多体现在议价能力和进出口计价结算货币的选择上，如果企业所在国家发行的货币可兑换性弱，它们与外商在贸易、投资中的议价能力也会受影响，在进出口计价结算货币的选择上也就没有竞争力。反之，资本项目可兑换受到了较为严格的限制，则不利于增强包括议价能力和进出口计价结算货币选择等对外经济活动主动权的提高。

第三节　对人民币资本项目自由兑换决策的思考

如上分析，我们发现总体而言资本项目自由兑换受限制的确在较大程度上阻碍了人民币成为区域内的计价结算和储备货币。是不是为促进人民币区域化,加快资本项目自由兑换的进程即可呢?其实对策远远没有那么简单。资本项目自由兑换的问题本身就极为复杂,贸然开放资本项目给经济金融环境带来的冲击反而更不利于人民币区域化的顺利进行。因此,在考虑开放资本项目问题时,我们必须要考虑到与其相关的宏观经济环境现状,再探讨相关的对策建议。

一 制约资本项目自由兑换的主要问题

充分考虑中国经济金融环境中难以在短期内改变的问题,是开放资本项目的重要前提。主要的宏观经济问题包括要素价格扭曲以及国内金融市场发展问题。

1. 要素价格扭曲

当要素价格背离其真实值,无法正确有效地反映市场供求状况时,就构成了要素价格扭曲。要素价格扭曲现象比较普遍,是中国经济改革和开放必须要面对的难题。由于中国政府在要素资源配置中发挥关键性作用,对于政府支持的产业一方面政府主动加大政策支持的力度,主要是支持国营部门的投资,忽略对非国营但有效率部门的投资(Brandt L.,2013);同时人为地降低相关要素的价格以支持该产业的发展。另一方面通过扭曲要素价格庇护了所支持的产业,为其创造有利的外部竞争环境。久而久之,中国要素价格扭曲的问题越积越多,包括利率、汇率、劳动力、环境成本在内的许多要素价格都存在扭曲。中国 20 多年的市场化改革,并没有完全消除价格扭曲问题。如果在中国要素价格特别是利率和汇率水平还存在较大扭曲的条件下,大幅度地放开资本项目管制,那些追逐被低估要素价格的资本将大规模进出。可见,在要素价格存在较大扭曲的情况下,快速开放资本项目,可能导致大规模的资本流动,从而扰动经济。

(1) 利率水平存在一定的扭曲

利率是资产和资本的价格,如果利率水平受到较多的政府管制,一方面使利率水平容易受国家政策影响而有较大幅度的波动,另一方面容易造成国内资产价格的扭曲,一旦资本项目开放后,大量流动的国际资本追逐这些价格受扭曲的资产,会引起资本的大进大出以及货币的错配。虽然利率市场化需要历经漫长的过程,当前利率市场化进行了一定的进展,特别是 2013 年 7 月 20 日起放开贷款利率 0.7 倍的下限,实现贷款利率自由化，是利率市场化进程中的一个突破性进展。当然，同时我们也看到，由于存款利率的市场化风险较大加之各项配套措施还没有建立，实现存款利率全面市场化还有很长的路要走。总体而言，完全利率市场化的道路是漫长和曲折的。

（2）人民币汇率水平一定程度的扭曲

人民币汇率是人民币的对外价格，当其汇率水平无法准确地反映市场对人民币的供求时，投机者就存有对人民币升值和贬值的主观预期，在这种情况下，资本项目的开放一不谨慎就会为这种预期提供大量的套利机会。虽然符合少数人的利益诉求，但它造成大规模资本的进进出出，冲击宏观经济，不利于社会整体福利水平的提高。因此，无论是浮动汇率制度，还是固定汇率制度，抑或中间汇率制度，保证人民币汇率处于其均衡汇率水平条件下，才可以降低国外投机资本利用人民币升值进行套利的机会，从而规避大规模资本流动给中国金融业带来的冲击。目前，虽然国内外学者对人民币汇率偏离其均衡值的估计因其研究方法和对象的差异而不同，但这些学者大多认为人民币是被低估的。Chang Gene Hsin（2008）基于非线性模型的研究发现，2004年和2005年人民币汇率分别被低估了32%和25.3%。国内学者认为在汇率制度改革后人民币汇率存在一定的低估，有的学者认为低估的水平大致在其真实均衡水平的5%—10%范围内（王维国、黄万阳，2005；施建淮、余海丰，2005；张道宏等，2007）。王泽填、姚洋（2008）研究则发现2005—2007年人民币被低估的幅度分别为23%、20%和16%。这也就解释了为什么现在"人民币升值"的问题充斥在我们周围。

不管资本项目开放的初衷是促进资本流入还是流出，都会在某种程度上加大流入和流出的资本量，并可能最终触发经济危机。只有当汇率达到均衡汇率水平，汇率实际变化对资本流出和流入变化的影响可以测算时，开放资本项目的风险才较小。尽管人民币汇率均衡值的概念是极为抽象的，但可以确定的是这个均衡点反映了国内外汇市场的供求平衡。确定人民币汇率均衡水平最重要的是改革人民币汇率形成机制，使人民币汇率更真实地反映外汇市场供求。

2. 国内金融市场体系还需不断增强和完善

（1）银行体系存在不少问题

作为间接融资市场主体的国有银行存在道德风险，也缺乏风险意识。

因为这些规模巨大的国有银行关系社会大多数经济体的金融财产安全，国有大银行一旦破产将造成社会巨大的震荡，所以当国有银行陷入财务危机时，将得到政府的庇护。总体而言，国有银行风险意识相对较弱，在政府的庇护下可投资于收益率低和风险大的项目。在银行体制存在诸多问题的条件下，过快开放资本项目，将在很大程度冲击中国的银行体系，这种影响主要表现在：第一，从中国银行系统主要资金来源的实际情况看，2009年我国银行储蓄总额为61.2兆亿人民币，其中超过90%的储蓄来自于家庭和非金融企业，它们有权决定将货币存放在哪里。国内银行体系越不发达，资本项目开放后的家庭和非金融机构的资金流出就会越严重。资金大规模地流出形成人民币贬值的压力，加重了收入人民币和需支付外币债务的企业的成本负担。第二，资本项目开放后，应外币与本币可兑换和其他相关业务的要求，更多的外商银行进入中国将成为必然，国内银行体系较弱的风险意识若没有改变，市场份额将不断被外商银行抢占，面临被大规模淘汰的风险。可见，在银行体系还不健全的条件下过早开放资本项目对于本国企业和银行机构都是不利的。

（2）欠发达的资本市场

作为直接融资载体的中国资本市场虽然取得较快发展，但存在运行市场机制不完善、市场运行效率不高、监管有效性不足等问题。欠发达的资本市场存在风险主要表现在以下三个方面：一是资本项目开放后，资本寻求的投资渠道更多了，这就置银行于更激烈的竞争环境中，也加快了银行在完全竞争环境下运行的进程。二是在银行系统存在较多缺陷的条件下开放资本项目，国内居民和持有国内居民资产的金融机构基于多样化所持资产组合的考虑，将通过资本市场和货币市场相关项目的兑换，投资于国外市场，从而使资金外流。三是如果资本项目开放时，中国的资本市场并不发达，此时国内企业可能在国外市场上进行大规模的借贷，从而加大了货币和期限错配的可能性。

从直观意义上理解资本项目可兑换对人民币区域化的制约关系时，我们可以很清晰地从主观和客观两方面看到资本项目可兑换受限阻碍了人民币区域化的进程。一是，从主观上看，它使经济体所承担的风险越大。这对于持有人民币的经济体而言，它们承担的风险就越大，人民币的吸引力就越小。二是，从客观上看，资本项目自由兑换受限制阻隔了人民币的流出和流入，人民币在境外广泛流通的局面也被切断了。货币的网络外部性作为货币国际化的重要特征，它的作用依赖于货币广泛使用，将会因资本项目自由兑换受限而受到影响。对于我们界定的自由兑换货币，它应在国际贸易和金融交易中得到广泛运用。可以预见，人民币在国际交易支付中的广泛性由于中国经济发展的模式，是不远的将来可以实现的。但人民币在金融市场中所占的份额却难以在中短期实现，这主要是因为：第一，人民币在主要金融市场中的交易地位除受中国金融市场发展程度的影响外，更重要的是受到当前由美元主导的国际货币体系的影响。在该体系下，大部分的大宗商品都是由美元标价的。因为由美元主导的国际货币体系的改变不是由中国决定的，中国只能在其中发挥小部分的作用，并不具重要的主动性和决定性，因此，只要当前的国际货币体系没有根本变化，人民币在主要金融市场的交易地位还难以在短期内改变。第二，由于美元在主要国际金融市场上的使用占有绝对的优势，因此而形成的美元使用的网络外部性（非美元国家使用美元是极为便利的）给诸多非美元国家在金融市场上的交易带来了许多便利，这种便利并不会在短期内消失，因为便利性的弱化也需要经历一个较长的过程。因此，从这一方面来看，人民币在主要金融市场交易中发挥作用也是来日方长，这就决定了通过开放资本项目来提高人民币在金融市场交易中的地位，还需循序渐进。

二　在维持经济稳定和促进人民币区域化背景下资本项目开放的对策

以上对人民币资本项目制约人民币区域化的分析是在一定条件下进行的，也就是说产生制约作用是有条件的，离开这些条件，制约作用就不明显也不确定。但就目前来说，制约人民币资本项目开放的主要问题还难以在短期内化解，因此，对中国来说，我们要在既满足人民币区域化又有利于宏观经济环境改善的条件下，寻求最佳的人民币资本项目开放次序。

1. 资本项目开放次序的理论建议

第一，中国资本项目开放面临的诸多困境决定了资本项目的开放必须是循序渐进的，一方面是因为中国的资本项目开放面临着诸多挑战，包括扭曲的利率和汇率价格、发展水平仍较为薄弱的国内金融体系等，这些问题得到有效解决的长期性和艰难性，决定了贸然大幅度开放资本项目并不可行。另一方面中国宏大的经济规模使得资本项目开放中的风险容易转化为较大的经济波动，面对诸多困境时我们更是要谨小慎微。此外，不存在适合所有国家的资本开放次序，只有循序渐进地开放资本项目，才能赢得更多的时间,以便在困境中摸索出适合中国的资本项目账户开放的次序和原则。

第二,虽然资本项目开放面临着重重困难,但仍需要将资本项目开放提上议事日程。首先,我国资本转移型①的经济发展模式决定了资本项目的逐步开放必须提上议事日程。在我国经济发展过程中外商直接投资和出口是促进经济发展的重要力量,但随着中国经济转型的不断推进,原来被扭曲的劳动力和原材料价格得到一定的释放后,价格会上升;土地租金和厂房租金也在不断上升,支持中国实体经济发展的优势会面临新的挑战。这时逐步放松资本管制,允许国外的机构和个人投资者通过金融投资工具进行投资,有利于保持和增强外商在中国投资的信心。其次,资本项目开放有利于增强人民币对境外投资者的吸引力,从而与人民币国际化的策略相呼应。目前,依靠开放经常项目输出人民币的潜力将释放完毕,继续通过经常项目渠道增加人民币输出,会使人民币贬值。如果资本项目自由兑换得到相应的推进,人民币国际化的势头就会继续保持。

第三,必须考虑到中国资本项目开放所依赖的环境。资本项目的开放并不是单独进行的,它是系统中的一部分,因此资本项目的开放必须考虑到系统中其他相关的配套措施。为进一步发挥资本项目可兑换对经济的促进作用,资本项目开放必须充分考虑到它所依托的主要经济环境,包括要素价格市场化改革情况、利率市场化进程、汇率形成机制的市场化改革、金融市场上直接和间接融资的有效性情况等。特别需要指出的是,资本项目开放依赖于一定的经济环境和条件,并不是说要等到所有的国内金融改革、利率和汇率改革都完成后,才开始进行资本项目改革。美国、德国和日本资本项目开放的经验告诉我们,资本项目的市场化改革和开放并不存在统一的次序,而且这些项目都包括许多复杂的子项目,因此,应该根据实际的经济环境和机遇选择开放哪些子项目。

第四,开放次序基本遵循风险由小到大、涉及面由小到大的原则。在开放次序的选择上遵循从风险小的资本项目开始,再到风险大的项目。这是由于我国是处于经济转轨的发展中国家,转轨经济一个很重要的特点就是处于探索经济市场化和自由化的阶段,而且总体的市场化条件并不成

---

① 与欧美国家先进行资本积累再发展经济的模式不同,中国的经济发展则主要是依靠外商的投资和出口,在这一过程中产生了资本的转移。

熟。因此，对于资本项目开放的总体安排，我们应该从风险较小的项目开始，为应对资本项目开放带来的不确定性赢得更多的探索和思考时间。此外，由于日本与中国资本项目开放背景存在诸多相似之处，如经济发展处于调整增长阶段、经常账户大量盈余、大量的外汇储备以及面临着货币升值的压力，日本资本项目开放的经验可以为我们提供有益的借鉴：必须遵从风险小到风险大的顺序依次开放，从试验性的开放再到一般性的开放，也可以说是从点到面。

2. 具体实践中开放人民币资本项目的次序

第一，根据汇率的敏感性决定的开放次序。作为人民币对外价格的人民币汇率的波动性，是资本项目开放进程中必须面对的主要困境。因为在人民币汇率趋近其均衡值的进程中，开放人民币资本项目主要风险就在于可能引发大量的热钱进进出出，并最终加大人民币汇率的波动。因此，在开放资本项目时，我们在相关项目的次序选择上是不同的。在当前人民币升值压力尚未退去的背景下，考虑到资本项目开放对宏观经济环境和人民币国际化的作用以及可能引起人民币汇率的波动，资本项目子项目的开放可以通过如表5—3所示的总体开放次序展开。有关直接投资的项目不管是外向投资还是内向投资都是可以优先开放的项目，通过 QDII 和 RQDII 项目的对外投资，由于居民通过 QDII 对外投资将增强兑换外币的需求，有利于缓解升值压力。而 RQDII 虽对稳定人民币汇率的作用不明显但有利于人民币国际化，因此也是可以将其置于开放前列的项目。内向证券投资在人民币升值的趋势且流动性较足的背景下，对它的鼓励政策则应有所放缓。非居民的人民币存款由于不利于缓解人民币升值压力，同时还可能助长投机势头，应该延迟开放。

表5—3　　在当前人民币升值压力下资本项目开放次序的探讨

资本项目子项目	具体情形	人民币流向	是否影响人民币升值	开放次序
外向直接投资	对外 FDI、对外 RF-DI、非居民持有的人民币债券兑换成外币对外直接投资	流出	对外 FDI 有利于减缓人民币升值的压力；FDI 带动人民币输出，有利于人民币国际化。如果把通过熊猫债券和其他人民币债券兑换成外币投资国外，会使外币外流，减缓人民币升值压力	优先

续表

资本项目子项目	具体情形	人民币流向	是否影响人民币升值	开放次序
内向直接投资	内向FDI、内向RFDI	流入	FDI不会对汇率产生影响，对内RFDI可使人民币回流，虽对汇率升值压力的影响并不明显。但与中国资本转移型经济发展模式相适应，有利于中国经济增长	优先
外向证券投资	QDII投资和RQDII投资	流出	居民通过QDII对外投资将增强兑换外币的需求，有利于缓解升值压力；RQDII虽对人民币汇率影响不明显，但有利于人民币国际化	优先
内向证券投资	QFII投资和RQFII投资	流入	非居民将外币转换为人民币投资国内不利于缓解人民币升值压力，但RQFII则有利于缓解人民币升值的压力	中等
跨境存款	非居民的人民币存款	流入	外币兑换成RMB后外币就留在中国外管局或者外汇市场上，增加人民币升值压力，还必须应对其随存随取之需，助长投机资本	推后

注：对内RFDI指的是外商直接使用人民币投资国内；对外RFDI指的是中国企业直接使用人民币对外进行投资。

第二，根据利率的敏感性决定资本项目开放的次序。为了给人民币区域化创造一个安全稳定的环境，在推进人民币区域化进程中的资本项目应首先开放的是利率不敏感的项目，再开放利率敏感的项目。这样可以达到两个方面的目的：一是先开放利率敏感性弱的项目将在很大程度上阻隔投机性资本的大规模流动，从而缩小投机资金套利的空间；二是当投机性资本受到一定程度的控制时，政府可以在维持货币政策独立性的同时，继续拥有保持汇率稳定的能力，将资本项目开放的成本控制在一定的范围之内，从而有利于推进人民币国际化的进程。具体而言，直接投资的利率敏感性最低，股票市场、债券市场和集体政策投资的利率敏感性次之，货币市场和金融衍生品市场的利率敏感性最高。资本项目开放可以依利率敏感性由低到高开放，才不至于对资产价格和金融环境造成较大的冲击。

表 5—4　　　　　　　　资本项目的利率敏感性

	投资主体	利率敏感性	开放顺序
直接投资	非居民对内投资	低	优先
	居民对外投资	低	优先
股票市场	非居民对内投资	中	中等
	居民对外投资	中	中等
债券和其他市场	非居民对内投资	中	中等
	居民对外投资	中	中等
集体证券投资	非居民对内投资	中	中等
	居民对外投资	中	中等
货币市场	非居民对内投资	高	推后
	居民对外投资	高	推后
金融衍生工具和其他工具	非居民对内投资	高	推后
	居民对外投资	高	推后

本章小结

人民币资本项目可兑换问题是金融市场开放的重要方面，是人民币区域化进一步深入的直接影响因素，也是国内外学者在谈论有关制约人民币区域化问题时基本都会提及的问题。由于目前资本项目可兑换还没有统一的概念，因此本章首先将资本项目可兑换界定为允许人民币与主要国际货币自由兑换后，投资于资本和金融项目。在界定概念时还特别指出资本项目可兑换并不意味着所有子项目都自由兑换，各个国家应根据经济发展的实际决定资本项目各个子项目是否开放以及采取什么样的开放次序。

2008年国际金融危机后，配合人民币国际化的步骤，我国加快了资本项目开放的步伐，特别是直接投资和债券市场的开放进展最快。当然，由于我国资本项目对外开放起步较晚，且2008年国际金融危机后的资本项目开放也是极为谨慎的，总体来看，我国资本项目开放还受到较多的限制。这与转轨经济体的特点有关，但就资本项目开放的现状而言，它将在一定程度上制约人民币深入区域化。在此基础上，本章从两个方面展开人民币资本项目可兑换制约人民币区域化的分析：第一，资本项目可兑换受限将通过影响货币结算、计价和储备等人民币区域化所包括的核心内容影响人民币深入区域化；第二，资本项目可兑换受限将通过人民币区域化所依托的经济基本面影响人民币深入区域化，包括经济增长、价格稳定、国家对外经济交往中的约束力和主动权方面。

虽然总体而言，目前资本项目可兑换本身仍受较多限制，它在一定程度上阻碍人民币成为区域内主要的计价结算和储备货币是毋庸置疑的，但由于资本项目可兑换本身的复杂性，再加上考虑到当前宏观经济环境中包括利率和汇率在内的要素价格扭曲问题和欠发达的国内金融体系，我国在开放资本项目时应该做到：第一，遵循循序渐进的原则；第二，即使面临重重困难，也要将资本项目开放提上议事日程；第三，需考虑到中国资本项目开放所依赖的环境；第四，开放次序基本遵循由风险小到风险大、涉及面由小到大的原则。在具体资本项目开放次序上则应充分考虑到汇率敏感性和利率敏感性。

第六章　中国金融市场发展程度与人民币区域化

如引言中文献综述部分所提及的，金融市场是制约货币区域化和国际化的重要因素，国内的诸多学者也指出了中国发展较为滞后的金融市场在很大程度上制约了人民币区域化和国际化。或许有人会反驳：正是在现有的金融市场环境下，中国经济取得30多年的快速增长，中国金融市场的发展无可厚非，不能用西方发达金融市场的标准要求中国，如（Allen, F. et al., 2005）。但实际上中国金融市场的缺陷的确是存在的，只是因为在中国经济发展的初期经济基础较弱、高储蓄率积累了大量的资本存量以及大量的劳动力从生产率水平较低的农业部门转向生产率水平更高的其他部门等，这些因素掩盖了金融市场发展缺陷的不利影响。在全球经济不断融合和深化发展的阶段，金融市场发展的速度远远超过经济和贸易的增长速度，实体经济的发展也越来越依托于金融市场提供的资金支持。应该说金融市场的规模和效率对中国经济的持续稳定发展发挥着核心和主导作用，因此，也将在很大程度上决定未来人民币区域化和国际化能够走多远，中国金融市场规模小效率低问题也正是人民币区域化应该正视的。

第一节　中国金融市场发展现状——基于金融市场发展指标的描述

在描述 Ross Levine（2000）构建的金融市场规模和金融市场效率指标后，通过对比中国与主要国际货币发行国之间在金融发展方面的差距，来刻画中国金融市场发展的现状。

一 构建总体金融规模和金融效率指标

本节借鉴 Ross Levine（2000）构建的金融规模和金融效率指标来描述金融市场发展的总体情况，是基于这样的考虑：国内文献定量分析金融市场发展的广度和深度时，常常采用的指标是银行贷款占 GDP 的比重。但我们知道金融市场就是资金供给者和需求者借用一定信用工具实现资金融通的市场，主要包括直接融资市场（如股票市场和债券市场）和间接融资市场（如银行和非银行金融中介）。因此，金融市场涵盖的范围较广，仅用银行贷款占 GDP 的比重来描述金融市场总体的发展情况是不全面的，我们需要寻找一种能够更全面描述一国金融市场规模和效率总体情况的指标。Ross Levine（2000）在构建金融结构指标研究一国金融市场是银行主导型还是市场主导型的同时，也构建金融规模和金融效率指标分析一国金融市场的发展状况，而且这些指标测量的范围扩展到银行、非银行金融机构和股票市场等。[①] 虽然 Ross Levine（2000）使用的反映金融市场发展的指标包括直接融资市场方面和银行贷款间接融资方面，并没有将债券市场纳入，因为不同国家在准许地方政府发行债券问题上并不一致，债券市场对比的口径并不统一。但总体而言，Ross Levine（2000）基于市场视角构造的金融发展指标与分析一国货币区域化和国际化所需的国内金融市场发展程度是基本一致的。此外，Ross Levine（2000）构造这些指标本身的立足点就旨在用这些指标趋近一国金融部门发展的广度和深度。

1. 股票市值、金融中介贷款和流通市值占 GDP 的比重

Chinn and Frankel（2007）研究发现，决定一国货币作为储备货币地位的因素应该在对数模型（并非线性模型）中才能得到很好的解释。[②] 考虑到我们构建的金融规模和金融效率这两个主要的金融发展指标，它们本身就是对数的形式，因此，在建立金融发展程度对一国储备货币地位影响的模型中就没有再使用对数形式。在计算金融发展指标中涉及的子指标既剔除了通货膨胀率的影响又取前后两个时期的平均值，因为计算的上市公

---

① Ross Levine 构建的金融结构指数是目前国际上研究金融市场结构是以银行主导还是市场主导的权威。

② Chinn, M. and Frankel, J. A., Will the Euro Eventually Surpass the Dollar As Leading International Reserve Currency? G7 Current Account Imbalances: Sustainability and Adjustment, University of Chicago Press, 2007: 283–338.

司的所有股票市值,是期末的存量值,为更准确反映这一时期真实的股市市值:一方面剔除期末通货膨胀率的影响,另一方面计算前后两个时期的平均值。反映总体金融规模的指标与股票市值占 GDP 比重和金融中介对私人部门贷款占 GDP 比重相关,反映总体金融效率的指标则与国内股票流通市值占 GDP 比重和银行营业费用占所有资产的比重相关。股票市值、金融中介对私人部门贷款和国内股票流通市值各自占 GDP 比重的测算都是基于公式 (6—1),当 F_{it} 被赋予不同的变量则代表不同的指标含义,具体情形见表 6—1。

$$MCR = (0.5 \times \frac{F_{it}}{Pe_{i,t}} + 0.5 \times \frac{F_{i,t-1}}{Pe_{i,t-1}})/(GDP_{it}/Pa_{i,t-1}) \quad t = 1999,\cdots 2011$$

(6—1)

其中,$Pe_{i,t}$ 为第 t 期期末第 i 个国家(或地区)的消费者价格指数 (2005 年 =100);$Pa_{i,t}$ 则为第 t 期期末第 i 个国家(或地区)的消费者价格指数(2005 年 =100)。

表 6—1　　　　　　　　金融市场发展指标及说明

式 (6—1)	(6—1) 中 F_t 的含义
MCR (Market Capitalization ratio)	代表 t 期一国所有上市股票价值,也称总市值
PCR (Private Credit Ratio)	表示 t 期存款银行机构和其他金融机构对私人部门提供的贷款。值得注意的是它还包括非存款银行的金融中介(如信托、基金公司等)对私人部门的贷款
VTR (Total value traded ratio)	代表 t 期一国国内证券交易所上该国股票的流通市值

2. 银行营业费用占总资产的比重

银行的营业费用有时也称为银行间接成本,它是银行在业务经营和管理过程产生的各项费用,包括职工工资、广告费、水电费、钞币运送费、邮电费、电子设备运转费等。一般可以在银行的资产负债表或者银行利润表中找到该项费用。银行总资产中营业费用越高表明银行业的效率越低。尤其值得注意的是,在计算银行营业费用占银行总资产比重时,因为作为分子的管理费用测算的是银行的年平均管理费用,如此,分子中出现的消费价格指数也是平均值,且可与分母的平均消费价格指数约分。因此,消费价格指数就没有出现在指标的计算式 (6—2) 中。

$$OHCR_t(overhead\,cost\,ratio) = \frac{OC_{i,t}}{ASSET_{i,t}} \quad t = 1999,\cdots 2011 \quad (6—2)$$

其中，$OC_{i,t}$ 表示 t 期营业费用 (Operating Cost)，$ASSET_{i,t}$ 则表示银行总资产。

3. 金融市场规模和金融市场效率指标

基于 Ross Levine (2000) 所构建的四个主要子指标，即股票市值占 GDP 比重、金融中介对私人部门贷款占 GDP 比重、国内股票流通市值占 GDP 比重以及银行营业费用占总资产比重，我们可以更加全面地反映一国金融市场发展的规模和效率。

$$金融市场规模(financial\ size) = \ln(MCR \times PCR) \quad (6—3)$$
$$金融市场效率(financial\ efficiency) = \ln(VTR \times OHCR) \quad (6—4)$$

二　欧元区的金融规模和金融效率指标

分析一国金融市场发展程度与该国储备货币地位关系时，我们也会考虑到作为第二大国际货币发行国欧元区的金融市场规模与金融效率情况，以便于将中国金融市场的主要状况与主要的国际货币发行国进行对比。鉴于此，本书在构建单位国家金融发展指标的同时，也特别指出如何测算某一区域作为整体的金融规模和金融效率指标。

截至 2014 年 1 月，欧元区有 18 个成员国，包括德国、法国、意大利、荷兰、比利时、卢森堡、爱尔兰、希腊、西班牙、葡萄牙、奥地利、芬兰、斯洛文尼亚、塞浦路斯、马耳他、斯洛伐克、爱沙尼亚、拉脱维亚。当将所有 18 个成员国作为一个整体，计算出金融市场规模指标和金融市场效率指标时，发现计算出来的指标值与单一经济体的指标值有较大差距，不能直接与其他国家的金融市场发展程度进行对比。因为欧元区经济小国加入欧元区并不是因为它们的经济和金融实力，更多是因为在区域经济金融整合的背景下对本国是有益或者在其他主要大国的鼓励下加入的。鉴于此，在计算欧元区金融规模和金融效率指标时，只选取 7 个欧元区主要国家来反映整体的情况，这七个国家分别是：芬兰、法国、德国、意大利、荷兰、葡萄牙、西班牙。金融规模和金融效率指标的计算形式类似于单位国家的情形，不同的是式（6—1）和式（6—2）是欧元区主要国家的加总。

$$\sum_{i=1}^{7}(0.5 \times \frac{F_{it}}{Pe_{i,t}} + 0.5 \times \frac{F_{i,t-1}}{Pe_{i,t-1}})/(GDP_{it}/Pa_{i,t})\ t = 1999,\cdots 2011$$

$$(6—5)$$

如同以上所述的，当赋予 F_t 不同的值，可分别描述不同的 MCR、PCR、VTR。此外，欧元区银行营业费用占银行总资产的比重则为

$$\sum_{i=1}^{7} \frac{OC_{i,t}}{ASSET_{i,t}} \quad t = 1999,\cdots 2011 \tag{6—6}$$

三 中国金融市场发展水平的国际对比

中国金融市场发展的国际对比，除比较金融发展总指标和金融发展子指标外，由于债券市场没有进入 Ross Levine（2000）所描述的金融发展指标但又对人民币区域化有明显的作用，因此，我们也分析了中国债券市场的发展及在亚洲债券市场的地位。

（一）与主要国际货币发行国金融发展总指标的对比

构建了反映金融市场发展的金融市场规模和金融市场效率的指标后，从 CEIC 数据库、RESSET 金融研究数据库和 Wind 数据库找到相关国家或地区的股市市值、证券交易所流通股票值等，包括国内生产总值、年末消费者价格指数、年平均价格指数、银行和其他非银行金融中介对私人部门的贷款、银行营业费用等的数据则来自 Čihák M.，Demirgüč - Kunt A.，Feyen E. 和 R. Levine 等创建的在世界银行网站上可获得的 Global Financial Development Database。获得相关数据后，我们就可以测算中国和主要国际货币发行国的金融市场规模和金融市场效率。

1. 金融市场规模

由式（6—3）可知，金融市场规模与股市市值占 GDP 的比重成正比，与金融中介贷款占 GDP 的比重也成正比，它反映了一国总体的金融市场规模。从测算出来的金融市场规模指标看（见图 6—1），与主要的国际货币发行国美国、欧元区、瑞士、日本和英国相比，中国总体的金融市场规模是最低的。自测算的年份 1999 年开始，[①] 中国金融市场规模就与这些主要国际货币发行国的金融市场规模存在较大差距，近年来这些差距存在缩小的趋势，但还不够稳定。本书测算的五个主要国际货币发行国的金融市场规模（从金融市场规模指标的构建式中，我们知道这里的金融规模不是绝对值，而是相对本国的国内生产总值而言的）大小则依次是瑞士

---

① 因为目前欧元在国际货币中拥有较高的地位，为把欧元区考虑在测算范围内，将时间维度设定为始于 1999 年。

和欧元区（7国）排前列，美国次之，接下来是英国，再者是日本，这个排列顺序与 Ross Levine（2000）计算的结果基本一致，只是 Ross Levine 并没有测算欧元区整体的金融规模指标。特别需要指出的是：第一，虽然瑞士在主要国际货币发行国中的金融市场规模值最大，并不是说它具有最大、最发达的金融市场规模，它是相对其 GDP 总量而言的。第二，运用金融市场规模指标测算出来的值与货币在官方外汇储备中所占的比重并不是完全一致的，这是因为金融市场本身是极为复杂的，而且这里测算的是一个相对于 GDP 的值，再加上影响一国货币在外汇储备中所占份额的因素也是复杂多样的。第三，即使金融市场发展的规模和效率与货币在官方外汇储备中的占比并非完全一致，但基本反映了一国货币在国际外汇储备中的地位。譬如瑞士的金融市场规模虽然大于美国但差距并不大，欧元区测算的是一个区域整体可能高估其金融市场规模；日元在国际官方外汇储备中所占的份额最小（与美元、欧元、英镑、法国法郎相对），日本的金融市场规模也是最小的，而且金融市场发展较为滞后的中国与其他国际货币发行国存在较大的差距。

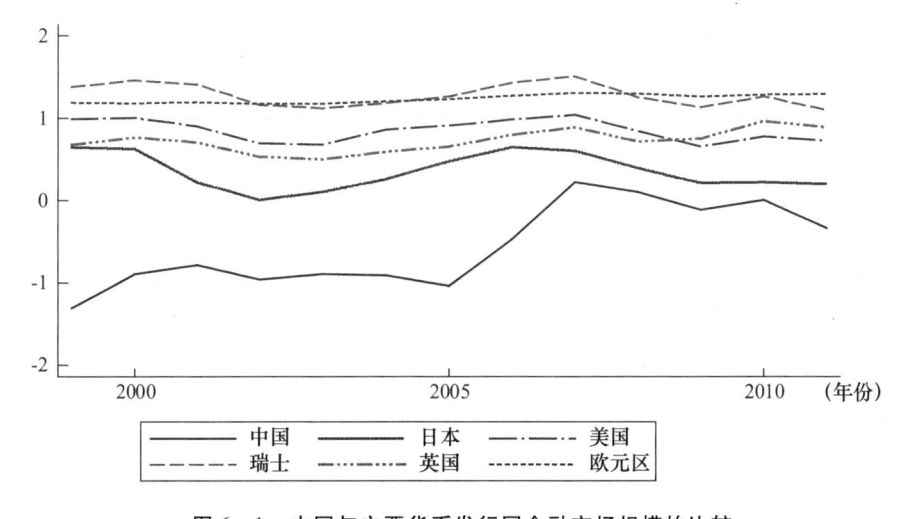

图 6—1 中国与主要货币发行国金融市场规模的比较

资料来源：CEIC 数据库、RESSET 金融研究数据库、Wind 数据库和 Global Financial Development Database。

2. 金融市场效率

金融市场效率与股市流通市场占 GDP 的比重成正比，与银行营业费用占银行总资产成反比，它是对完整反映金融市场配置资源能力的一种趋近，效率越高，配置能力越强。具体而言，这种配置能力主要体现在三个方面：一是资金需求者能够通过金融市场获得所需的资金，资金供给者也愿意向金融市场提供足够的资金；二是资金需求者在获得相应资金资源后能够生产社会所需的有用产品；三是金融市场能够以最低的交易成本向资金需求方提供资源。

从中国与主要国际货币发行国（美国、瑞士、欧元区、英国和日本）的金融市场效率对比情况看（见图6—2），中国与它们在金融市场效率方面存在较大的差距，而且这种差距并没有明显缩小的趋势。从美国、瑞士、欧元区、英国和日本这些主要国际货币发行国之间的金融市场效率情况看，因为总体金融市场效率波动较大，它们之间的关系较金融市场规模复杂，也就是说随着时间的推移，不同国家之间金融市场效率的差异会有所不同，2003 年之前，瑞士和美国的金融市场效率领先，2003—2008 年则是瑞士、欧元区和英国较为领先，2008 年后则是英国和美国金融市场效率高，而且英国的金融市场效率水平高出更多。

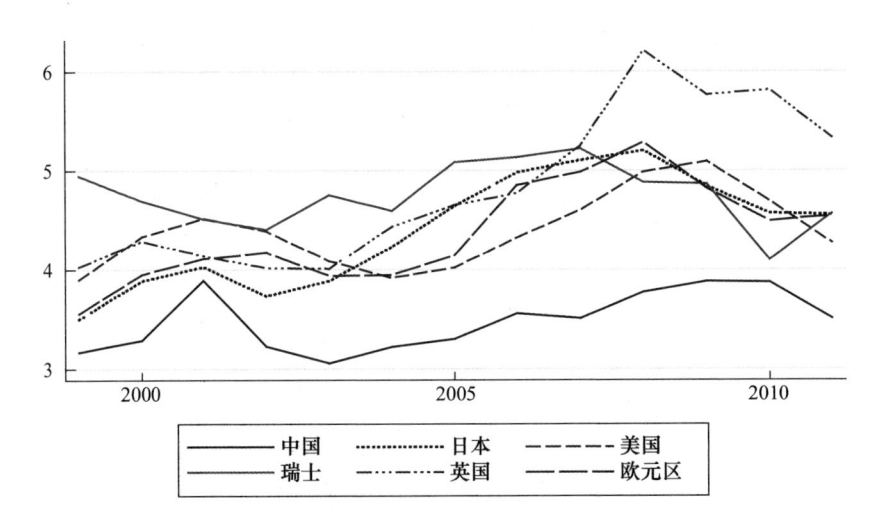

图6—2 中国与主要货币发行国金融市场效率的对比

资料来源：CEIC 数据库、RESSET 金融研究数据库、Wind 数据库和 Global Financial Development Database。

(二) 金融发展子指标的对比

自改革开放以来,中国银行业取得快速发展,四大国有银行已经跻身世界大银行前列;1991年上海证券交易所和深圳证券交易所相继成立后,再加上2001年股权分置改革,股票市场取得进一步的发展。[①] 但与主要国际货币发行国的金融总量对比后,我们发现,在测算的所有国家中中国股票市场占GDP的比重(剔除通货膨胀后)最低,且2008年之前该比例呈上升趋势,2008年全球金融危机之后由于股市大幅缩水,该比例则呈下降趋势。从金融中介机构对私人部门贷款占GDP比重(剔除通货膨胀后)看,中国也是最低的,虽然呈现总体上升的趋势,但上升的速度较慢且不稳定。

表6—2 中国与主要国际货币发行国金融总量情况对比 (1999—2011年)

	股票市值占GDP比重					银行和其他金融中介对私人部门贷款占GDP比重				
	中国	日本	英国	瑞士	美国	中国	日本	英国	瑞士	美国
1999	0.26	0.84	1.74	2.48	1.62	1.04	2.28	1.13	1.59	1.661
2000	0.38	0.84	1.79	2.76	1.61	1.07	2.22	1.19	1.558	1.69
2001	0.42	0.61	1.57	2.71	1.43	1.08	2.05	1.28	1.504	1.72
2002	0.34	0.54	1.28	2.15	1.18	1.11	1.86	1.33	1.484	1.69
2003	0.35	0.62	1.21	2.04	1.15	1.17	1.78	1.36	1.498	1.71
2004	0.35	0.75	1.27	2.16	1.31	1.16	1.74	1.42	1.509	1.81
2005	0.32	0.91	1.28	2.29	1.33	1.10	1.76	1.50	1.543	1.86
2006	0.60	1.06	1.39	2.65	1.38	1.05	1.80	1.59	1.572	1.93
2007	1.25	1.05	1.41	2.81	1.42	0.99	1.75	1.72	1.599	1.99
2008	1.10	0.86	1.03	2.19	1.14	1.10	1.72	1.97	1.596	2.03
2009	0.79	0.69	0.99	1.88	0.97	1.12	1.79	2.14	1.648	1.99
2010	0.84	0.70	1.29	2.14	1.12	1.20	1.77	2.02	1.651	1.94
2011	0.59	0.69	1.26	1.79	1.10	1.22	1.78	1.92	1.671	1.88

注:股票市值占GDP比重和银行及其他金融中介对私人部门贷款占GDP比重都是 Ross Levine (2000) 用于描述金融总量的且与金融问题成正比的内部子项目。这两个子项目描述金融总量是剔除了通货膨胀问题的,如式 (6—1) 所述为 $\{(0.5) * [F_t/Pe_t + F_{t-1}/Pe_{t-1}]\} / [GDP_t/Pa_t]$。

资料来源:Global Financial Development Database.

[①] 股权分置指的就是由非流动股的股东提案,流通股股东表决的方式来确定非流通股股东对流通股股东的对价。A股上市公司的股份被分为流通股和非流通股两类性质,即一类是社会公众购买的公开发行的股票,可在证券交易所挂牌上市,是可流通股;另一类是上市公司公开发行前股东所持股份(其中大部分是国有股),只能通过协议方式进行转让,是非流通股。

从股票流通市值占 GDP 的比重看，中国、日本，与英国、美国和瑞士存在较大的差距。在银行营业费用占银行总资产的比重方面，与日本、英国、瑞士和美国等货币发行国的水平相比，中国的银行营业费用占银行总资产的比例又是很高的。因为股票流通市值占 GDP 的比重是正向反映一国金融市场效率，而银行营业费用占银行总资产比重则是负向反映一国金融市场效率的。因此，不管是基于哪一个指标都得到同一个结论，即中国的金融效率要远远低于世界主要的国际货币发行国。

表6—3　中国与主要国际货币发行国金融效率情况对比（1999—2011 年）

	股票流通市值占 GDP 比重					银行营业费用占银行总资产的比重				
	中国	日本	英国	瑞士	美国	中国	日本	英国	瑞士	美国
1999	0.307	0.332	0.834	2.109	1.707	0.013	0.010	0.015	0.015	0.034
2000	0.462	0.491	1.054	2.130	2.552	0.012	0.010	0.014	0.020	0.034
2001	0.447	0.506	1.229	1.744	3.011	0.009	0.009	0.020	0.019	0.033
2002	0.273	0.420	1.194	1.714	2.581	0.011	0.010	0.021	0.021	0.032
2003	0.248	0.462	1.158	1.998	1.863	0.012	0.010	0.021	0.017	0.031
2004	0.323	0.630	1.403	1.805	1.490	0.013	0.009	0.017	0.018	0.030
2005	0.303	0.915	1.716	2.090	1.638	0.011	0.009	0.016	0.013	0.029
2006	0.414	1.263	1.715	2.676	2.079	0.012	0.009	0.015	0.016	0.028
2007	1.348	1.451	2.622	3.452	2.726	0.015	0.009	0.014	0.019	0.027
2008	1.601	1.378	3.053	3.346	3.848	0.014	0.006	0.025	0.006	0.026
2009	1.466	1.058	2.042	2.235	4.017	0.011	0.008	0.006	0.017	0.025
2010	1.457	0.798	1.407	1.547	2.689	0.011	0.008	0.004	0.026	0.025
2011	1.124	0.755	1.257	1.475	2.056	0.012	0.006	0.015	0.015	0.029

注：股票流通市值占 GDP 比重和银行营业费用占银行总资产的比重都是 Ross Levine（2000）用于描述金融总量内部子项目，且前者数值越大代表金融市场效率越高，后者数值越大代表金融市场效率越低。这两个子项目描述金融总量是剔除了通货膨胀问题的。

资料来源：Global Financial Development Database.

（三）债券市场发展总体情况及中国在亚洲债券市场中的地位

虽然债券市场没有进入 Ross Levin（2000）测算的金融市场发展指标，但它也会影响人民币区域化，因此在分析金融市场发展程度时补充了债券市场发展的相关问题。虽然中国债券市场规模较大，越来越成为直接融资的主要形式，但我们不能否认的是，中国债券市场发展现状中存在较多不利用于人民币区域化和国际化的缺陷，表现在：一是分割的债券市场。这种分割体现在债券市场分割成银行间债券市场和交易所市场，这两个市场大部分的资金是不流动的，一个账户难以在两个市场间同时交易。二是债券的多头监管。例如巴曙松（2008）所指出的欧洲债券市场的分割在一定程度上影响了欧元在国际上的接受程度，中国债券市场的分割加上多头监管同样也会制约区域内或国际上持有更多人民币资产。三是国债市场尚未形成市场化的收益率曲线。他国政府累积外汇储备主要用于购买以该外汇储备货币标价的国债，因为国债以国家信用为基础，可视为一种无风险投资的"金边债券"。由此，不难得知，尚未市场化的国债收益率曲线不利于反映各种不同期限结构国债的收益率，也不利于形成市场化的基准利率曲线，影响国债和其他金融产品的定价，从而制约货币作为储备货币的持有量。

作为人民币区域化重要载体的亚洲债券市场，人民币计价债券地位明显弱于日本和韩国。1998年亚洲金融危机后，东亚各国吸取教训倡议建立亚洲债券市场以利用亚洲丰富的外汇储备发展本币计价的债券，希望通过加强区域金融合作增强区域抵御风险能力。随后，在2003年和2005年分别启动了亚洲债券1期（ABF1）和亚洲债券2期（ABF2）以支持AB-MI的发展。从绝对规模、相对规模和换手率（turnover）三个方面看，以人民币计价的债券在亚洲债券市场尚未发挥主导地位（见表6—4）。

表6—4　　　　亚洲债券市场中各国或地区以本币计价债券概况　单位：10亿美元，%

	本币计价债券规模		本币计价债券额/GDP		转手率
	2011年年末	2012年年末	2011年年末	2012年年末	2009年年末
中国内地	3392	3811	45.1	45.7	0.57
中国香港	169	178	67.6	68.9	38.43
印度尼西亚	116	111	13.4	13.2	0.08
韩国	1229	1471	114.5	129	0.88
马来西亚	263	327	94.6	108.2	0.56
菲律宾	77	100	34.8	38.7	NA

续表

	本币计价债券规模		本币计价债券额/GDP		转手率
	2011 年年末	2012 年年末	2011 年年末	2012 年年末	2009 年年末
新加坡	190	241	75.5	88.4	NA
泰国	225	279	67.5	79	0.68
日本	12708	11372	207.7	213.9	1.26

资料来源：Asian Development Bank, Asia bond monitor, Mar 2013.

金融市场发展规模、效率指标和作为补充的中国债券市场的发展现状，都反映了中国金融市场总体发展程度较为滞后。虽然近年来在中国的银行机构股份制改革、股权分置、债券市场规模不断扩大等各项举措的推动下，中国金融市场在广度和深度上都取得了一定的进展，但金融市场发展规模和效率仍与主要国际货币发行国存在较大差距，而且这种差距缩小的趋势并不明显。

第二节　中国金融市场发展对人民币区域化的影响

虽然截至目前国内较多文献从理论上论述了中国相对滞后的金融市场现状是阻碍人民币区域化进一步发展的重要因素，但还缺少进一步的经验检验。同时考虑到人民币在世界外汇储备中所占比重的官方统计，是近两三年来由于人民币国际化的推进才开始出现的，现在 IMF 的 COFER 数据库中还没有相关统计数据。因为时间系列很短且为保持货币在官方外汇储备中所占比重口径一致，我们并没有直接构建中国金融市场发展的广度和深度与人民币在世界外汇储备中所占比重间关系的模型，而是基于主要国际货币发行国的面板数据构建这些国家货币在世界外汇储备中所占比重与金融发展指标之间的计量关系，旨在得出一般性的结论，并以一般结论启发人民币区域化进程中如何处理与金融市场发展的关系。

一　金融市场发展与货币国际化的一般关系

本书从主要国际货币经验检验的角度出发，研究主要国际货币在全世界官方外汇储备中所占的比重与这些国家金融市场总体发展情况的一般关系，主要描述金融市场发展的解释变量来自上一节构建的金融发展指标，有关官方外汇储备的数据来自 IMF 的 COFER（Composition of Official Foreign Exchange Reserve）数据库。

1. Logistic 变换

因变量是一国货币在世界官方外汇储备中所占的比重，它的值被限定在 [0，1] 范围内。而自变量的值并没有受到类似的限制，是自由波动的。这样一来，不利于揭示因变量和自变量之间的真实关系就是不确切的，我们需要对因变量进行 Logistic 变换，打破其值变化的 [0，1] 界限（如图 6—3 所示）。因为 Logistic 变换的重要等式是 $logit(p) = \ln[p/(1-p)]$，所以我们建立的 Y 与 X 之间的关系为：

$$Y = \exp(\beta_0 + \beta_1 X_1 + \cdots + u_i)/1 + \exp(\beta_0 + \beta_1 X_1 + \cdots + u_i) \quad (6—7)$$

因为令 $\beta_0 + \beta_1 X_1 + \cdots + u_i = Z$

则 $logit(Y) = \ln[Y/(1-Y)] = \ln[e^z/(1+e^z)] = \ln(1+e^z)$

$$= Z = \beta_0 + \beta_1 X_1 + \cdots + u_i \quad (6—8)$$

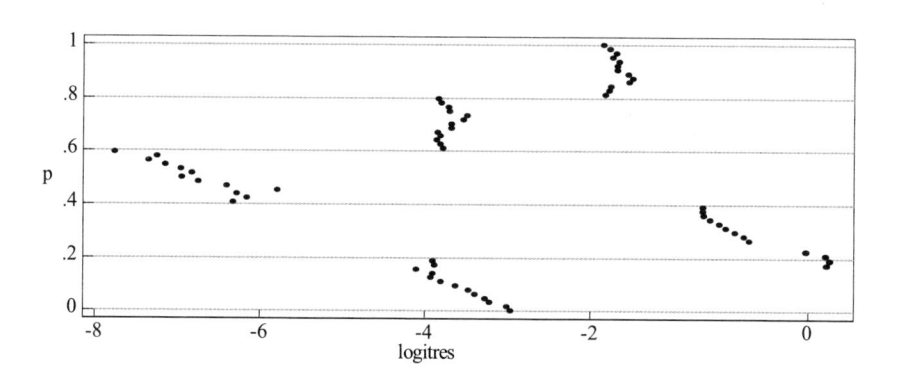

图 6—3　一国货币在世界官方外汇储备中所占比重的 logistic 变换

2. 基于 FGLS 的估计结果

基于如上的推导和 Chinn and Frankel（2007）我们建立了如下的模型：

$$logitRES_{it} = \beta_0 + \beta_1 FIS_{it} + \beta_2 FIE_{it} + \beta_3 RES_{it-1} + u_i + \varepsilon_{it}(i=1,\cdots,5;t=1999,\cdots,2011) \quad (6—9)$$

其中 u_i 代表的是个体效应，ε_{it} 代表的则是时间效应。因为本文中研究的面板数据是时间 T 大于横截面 N，时间维度包含的信息较多，可以放松 ε_{it} 独立同分布的假定，并采用可行广义最小二乘法（FGLS）克服组内自相关与组间自相关问题。在实证分析过程中,首先,为了控制个体效应,生成"国家虚拟变量",其次考虑到时间效应,也生成了时间趋势变量 t,在此基础上进行实证分析,结果如表6—5所示。

表6—5　　　金融发展与货币占世界外汇储备总额比重的关系

解释变量	系数	Std. Err.	T值
_cons	9.177547***	0.515475	17.8
fis	0.028782***	0.003454	8.33
fie	0.004144***	0.000665	6.24
l.res	0.885021***	0.044135	20.05
country3	-0.05596***	0.00475	-11.78
country4	-0.01806***	0.003578	-5.05
country5	0.101527***	0.005511	18.42
t	-0.00481***	0.000271	-17.76
Number of obs = 65		Number of groups = 5	
Time periods = 13		Estimated covariances = 15	
Wald chi2 (7) = 12217.93		Prob > chi2 = 0	

注:*** 表示在1%的置信水平下是显著的;** 表示在5%的置信水平下是显著的;* 表示在10%的置信水平下是显著的。

从金融市场规模和金融市场效率系数的符号看,这两个指标与该国货币在世界外汇储备中所占的比重成正比。其中金融市场规模对储备货币占比的影响系数为0.028782,金融市场效率对储备货币占比的影响系数为0.004144。虽然从金融市场规模和金融市场效率的系数看,金融市场规模和金融市场效率的系数有一定差距,但由于这两个指标在构建过程中就存在差异:譬如,金融市场规模指标是反映股票市场大小和金融中介对私人部门信贷指标情况的乘积,而金融市场效率指标则是反映股票流通市值和银行间接费用的比值。这两个指标本身不具有可比性,不能因为金融规模的系数大于金融效率的系数就说金融规模对一国货币国际地位的影响较大。此外,滞后一期的外汇储备比重对当期外汇储备比重的影响显著为正,系数为0.885021,说明作为国际储备货币具有一定的惯性(或惰性),一种新的货币取代原来的国际储备货币是困难的,这也是国内外学者从理论和实证上所证明的。

从金融市场发展水平与货币国际化的一般关系中,我们进一步验证了中国金融市场发展的不足(表现为金融市场规模相对较小和金融市场效率较低)将直接制约人民币国际化的进一步深化。换言之,提升中国金融市场的整体发展水平是人民币国际化的重要前提条件。当前中国金融市场发展相对滞后是毋庸置疑的,存在的深层次问题包括金融市场中的国有控股和国有性质问题、融资借贷主体均为政府机构、缺乏金融市场的风险规避工具等。因此,推进中国金融市场的改革和提升金融市场发展水平,不仅有利于排除人民币国际化障碍,同时也是革除中国金融市场缺陷的内在要求。特别需要指出的是,中国金融市场的整体发展水平的提升是一项长期工程,再加上中国金融市场的改革要充分考虑宏观经济的稳定性及其条件,我们不能为了加速人民币国际化而忽视金融市场改革的条件和步骤。

二 中国金融市场发展缺陷及对人民币区域化和国际化的制约

中国金融市场总体发展水平较为滞后的现状以及金融市场发展会正向影响货币国际地位的一般性结论,都说明中国的金融市场发展现状必将制约人民币区域化,而且这种制约作用可以透过金融市场发展滞后的深层次问题体现出来。这些深层次的问题包括:金融市场发展存在的国有控股和国有性质问题、融资借贷主体均为政府机构、缺乏金融市场的风险规避功能等,它们都会在不同程度上制约人民币区域化的不断深入。

分析金融市场发展存在问题对人民币区域和国际化的制约主要还是立足于人民币资产持有者在中国金融市场上投资的视角。作为与中国存在紧密经贸联系的东亚经济体,通过贸易和投资积累了较多的人民币,像现在东亚区域经济体在贸易顺差中收入大量的美元,又流向美国发达金融市场一样,它们也需要寻找以人民币为载体的金融投资市场。人民币和人民币资产在中国金融市场的投资和流通是否顺畅将直接影响人民币的计价结算和储备地位。

(一)金融市场发展中普遍存在国有控股和国有性质问题

新中国成立后的战后恢复期和1953—1956年的社会主义改造时期,中国逐渐确立了优先发展重工业的战略。为了配合这一战略,中国建立了高度集中的计划经济体制,与之相对应的金融体系(当时主要是银行体系)也是中央高度集中型的。可见,中国的金融市场是在封闭和被抑制的环境中成立的。虽然，改革开放以来，中国采取各种举措改革各种金融体制，指引金融市场向更加开放和有效率的方向转变，但中国的金融市场自成立时就烙上了计划经济的印记，还难以在短期内抹去，金融市场中国有控股、一股独大的问题表现得尤为明显。

第一，国有股份占主导的性质。它对人民币区域化和国际化的影响主要表现在：一是如果这些银行机构大多是政府型机构，投资的对象也大都是国有性质的企业，持有人民币的其他经济体就会担心实施的政策带有强烈的本国政府倾向，在持有和使用人民币问题上就会更加犹豫。二是政府主导型的金融市场存在的另一个重要缺陷，是政府反而容易将效率高的金融部门的资源配置到效率低的金融部门。[①] 如果金融资源得不到有效配置将直接限制以这些资源为基础的金融产品的吸引力，其他经济体持有这些金融产品的意愿会因此而下降。

第二，大而不倒的银行业。大而不倒其实描述的是客观上的大和主观上的不倒，因为作为国有控股的国有银行，其规模宏大，安全和稳定关乎中国绝大多数的企业和个人，即使出现较多的经营风险，国家也会采取各种措施化解其风险尽量确保其不倒。在这种庇护下，中国大银行的竞争力难以得到有效的培育。如果国内银行体系缺乏强有力的竞争力，国外机构和个人持有人民币或者买卖人民币资产将受到较多的限制。一是因为国外的机构和个人常常要通过中国的银行体系进行人民币资产的买卖需要一个强大的支付结算系统，目前国际上主要的国际贸易金融投资等的跨境结算主要都是由商业银行代理的，没有竞争力强的银行体系，高效的支付结算系统也难以建立。二是人民币在更大的范围内流通后，应对跨境的更大规模的人民币流入和流出带来的不稳定性显得更加迫切，但现在还缺少一个高效的金融体系来协调区域内人民币的流入和流出。

第三，作为金融市场上直接融资手段的债券市场和股票市场，由于企业上市和发行债券受到较多限制，因此，债券市场和股票市场上持有的主体也大多是国有股份。原本就难以从国有银行和其他商业银行获得贷款的私人部门中小企业，同样很难通过直接融资手段获得所需资金。从间接融资和直接融资方面都堵塞那些具有良好发展潜力的私人部门中小企业的融

---

① Debray, G. and Wei, S. J. Pitfalls of a State Dominated Financial System: the case of China. National Bureau of Economic Research, 2005.

资渠道,这并不利于培养具有活力和竞争力的私人企业主体。由此,一方面这些企业和机构所发行的债券和股票所代表的价值就要大打折扣,国外经济体直接购买以人民币标价的债券或股票的倾向将因此受到抑制,这并不利于人民币跨越国界在区域外的流通。另一方面,在人民币区域化和国际化的背景下,通过鼓励国内有竞争力的企业到国外寻求直接使用人民币的投资(RFDI),离开一批有竞争力的活跃的中小企业该鼓励政策将难以践行。

(二) 融资结构问题

融资结构问题主要表现在:从融资的主体看,以间接融资为主;从融资的对象看,以国有企业的融资为主。

第一,从融资主体看,以间接融资为主。资本市场问题研究专家,中国证监会研究中心主任祁斌,在《第一财经日报》中介绍了关于中国与G20国家(世界主要的国家)融资情况的对比:G20这二十个国家可以分成发达国家和发展中国家两种类别,总体来看发达国家直接融资占全部融资额的比重从20世纪90年代的60%增长到2013年的70%,且比重最高的日本达到82%,发展中国家也由20世纪90年代的40%左右上升到当前的66%,而目前中国直接融资占全部融资总额的比重仅有42%。[①]从主要的直接融资形式看,根据《2012年中国金融市场发展报告》的数据,2012年在社会15.76万元的融资额中,非金融企业境内股票发行和企业债券融资的比例仅为19.1%。可见,在中国直接融资的比例不仅与发达经济体存在较大的差距,就是与一些新兴经济体相比,中国直接融资所占的比重也较小。更令人担忧的是,2008年国际金融危机发生以来,直接融资的比例不断下滑。当然,直接融资比重不断下滑有金融结构失衡方面的原因,还因为中国股市自2007年达到高峰后不断下滑以及2008年全球货币金融危机后实施了4万亿元经济刺激计划后,银行的信贷不断膨胀。

中国金融市场融资结构失衡的问题,会通过影响中国提供的金融产品的多样性和丰富程度、分散风险的容易程度、所持货币资产的流动性三个方面,作用于人民币或人民币资产的计价结算和储备功能。其一,金融市场融资形式过度偏向于间接融资,特别是从银行机构获得的融资,直接融

---

① 祁斌:《加快资本市场改革发展 助推中国经济跨越关键十年》,《第一财经日报》2013年12月27日。

资市场（主要是股票市场和债券市场）发展滞后，直接影响了股票市场、债券市场等直接融资市场相关产品的发展。此外，这里所指的金融产品的丰富程度也包括银行机构所提供产品的单一性，这与目前银行主要以利差为主的盈利模式有关。对于东亚区域经济体而言，它们是否愿意使用人民币进行计价结算并将人民币作为储备货币，是否认同人民币在区域或全球范围内的关键货币地位，很关键的问题就是其所持的人民币或者人民币资产是否可以运用于与其相匹配的资产，如果中国金融市场金融产品匮乏，其所持的人民币或者人民币资产难以找到可对接的以人民币计值的金融市场，而且是市场容量较大、流动性强的金融市场，可想而知这些经济体对人民币的接受程度将因此降低。其二，这种以间接融资特别是依赖银行融资为主的融资结构，将风险过度集中到银行系统。在发展较为平衡的金融市场中，风险可以分散到银行系统、债券市场和股票市场等，但金融市场发展的不平衡使得融资过程中产生的各种风险集中在银行体系内部，一旦一些外部因素和内部因素激发金融货币危机，中国金融机构应对这些危机的能力就会下降，也就是说金融体系缺乏较好的弹性。如果一国金融市场缺乏必要的弹性，是不利于一国经济和金融安全的。对于通过贸易和投资渠道走向区域化和国际化的人民币国际化战略而言，一个缺乏弹性的金融市场无法有效应对内外部金融冲击，也就无法满足那些潜在人民币持有者对有效化解金融市场危机、回避风险的需求。这将削弱他们通过贸易和投资等渠道持有更多人民币和人民币资产的能力，堵塞人民币走向货币国际化的道路。其三，间接融资为主的融资结构也会影响所持资产的流动性。从金融产品的流动性角度看，相对于银行提供的金融产品，通过直接融资渠道提供的产品流动性和变现能力普遍更强。对于持有人民币或者人民币资产的区域内经济体而言，在人民币成为国际性主导的国际货币之前，更重要的是保持这些资产价值的安全，进一步说，人民币资产持有者要求我们一方面要尽量保持人民币币值的稳定和安全，另一方面则需要提供寻找币值安全的渠道。间接融资特别是在银行融资占主导的融资模式下，总体金融产品的流动性和变现能力较弱，不利于人民币或者人民币资产风险的有效规避，并保持这些资产的安全。

第二，从融资对象看，以国有企业的融资为主。大而不倒的国有大银行和其他商业银行的贷款又大多流向了国有企业，因为国有企业总体上更加规范，国有企业的"国字"背景也给银行带来安全感，那些真正急需资金的私人企业则被排挤在资金供给者的门外。这在某种程度上解释了那些本应充满活力的私人企业为何生存期总是太短。即使对于那些获得贷款的国有企业来说，通过银行贷款获得融资也是远远不够的，也需要通过发行股票或者企业债券的形式融得更多与其所需期限匹配的资金，这是提高国有大型企业对外贸易中议价能力的重要基础。因为企业往往需要更多的长期贷款用于建设厂房、购买机械设备等，但银行提供的贷款期限由其存款的期限结构决定了总体贷款的短期性，企业真正的资金需求难以得到满足。因此，从长远来看，即使是可获得充裕银行融资的国有企业，由于金融市场发展相对滞后，其竞争力进而议价能力将受到不利影响，从而制约人民币区域化的进一步推进。

（三）缺乏金融市场的风险规避工具

金融市场的风险规避工具匮乏一定程度上归因于金融衍生产品市场发展的相对滞后。金融衍生品市场虽然其杠杆作用本身就蕴藏着巨大的风险，但它提供了风险规避的工具，是金融市场的重要补充和基础，相对欧美发达的金融衍生品市场，目前中国的金融衍生品市场上的避险工具还较少。当前，中国外汇衍生品市场的主要产品有掉期交易、远期结售汇、外汇远期交易等；人民币衍生品市场上则主要是2006年引入了利率互换工具和2007年实行的远期利率协议，此外还包括债权远期；银行间债券市场远期交易则有债券买断式回购、债券远期交易、利率互换等。总体而言，这些金融衍生品工具的运用还不成熟。现有的国际货币发行国为相应的国际货币资产提供了丰富的规避和分散风险的工具，譬如金融衍生产品工具。如果人民币也要成为区域关键货币和主要国际货币，那么，不管是对于区域经济体还是其他经济体而言，它们总是会期待新的国际货币发行国提供的资产管理工具至少不应比现有国际市场的差。而中国现有的金融市场风险规避工具匮乏以及运用不成熟，不利于其他经济体持有更多的人民币。

中国金融市场发展程度影响人民币成为区域关键货币的另一个重要表现是制约金融市场的开放程度。因为金融市场的发展程度和效率是影响人民币吸引力的两个重要方面，虽说中国金融市场的发展起步较慢，但不争的事实是目前金融市场的规模和效率不仅与主要国际货币发行国存在较大的差距，而且与中国经济贸易规模和经济实力不相称。如果中国的金融市场发展程度滞后的现状得不到改变，金融市场规模和金融市场效率得不到进一步提升，金融市场开放的步伐也会被搁置，因为离开较大的金融市场规模和较高的金融市场效率，加快金融市场开放的步伐将会增加中国经济面临的风险，双向抵制人民币区域化的推进。

第三节　推动中国金融市场发展的政策建议

理论和经验的检验都表明金融市场发展对于提升主权货币作为储备货币的地位效果明显。当前中国金融市场仍存在较多问题，这不仅阻碍人民币资产被接受和受欢迎的程度，也与我国作为世界第二大经济体的规模不相称。因此，必须在符合我国金融体制改革的框架下，提出改善金融市场发展现状以促进人民币区域化和国际化的政策建议。

一　创造条件降低持有人民币资产可能面临的风险

第一，推进中国金融体制的改革。金融体制改革是党的十八大再次提出的问题，针对借贷主体均为政府机构从而影响金融市场总体运行效率的问题，在深化金融体制改革进程中，我们应该做到：首先，推进金融组织机构的商业化改革，特别是创造条件在银行准入方面吸引有实力的民营机构进入商业银行的行列，参与竞争。其次，鼓励一些国有大型企业且满足条件的中小企业通过上市或者发行企业债券等直接融资的形式向社会融入所需资金的同时，也积极鼓励符合条件且竞争力强的企业跨出境内，首先在周边区域进行人民币直接投资。当大型企业从银行贷款转向直接融资后，就会有大量的银行贷款释放出来，这些银行贷款可以通过相应的机制，贷给那些真正需要资金又处于起步阶段的中小微企业，进一步增强企业的活力。最后，掌握人民币区域化和国际化方面的主动权，鼓励符合条件的有实力的企业到境外发行人民币债券或股票等实现外部融资。

第二，创新金融工具，规避金融市场风险。考虑到中国目前欠缺以金融衍生品为主的风险规避工具，为提高金融市场总体的流动性，进一步深化金融市场整体的广度和深度，必须进行交易工具的创新，为增强人民币资产投资功能的发挥提供更好的套期保值功能工具。

二　充分利用香港国际金融市场

香港金融市场是国内金融市场发展程度较低时承载人民币深入区域化

的缓冲地带,是在现有的金融发展规模和条件下,促进人民币资产在更广范围内流通的重要途径。不同于内地较为滞后的金融市场发展现状,香港作为著名的国际金融中心,拥有完善和高效的金融体系。我们应该充分利用香港这一有利的条件,在保护国内较为脆弱的金融体系不至于受到较大冲击的同时,也在人民币区域化和国际化中掌握主动权。具体而言应该做到:

第一,便利人民币在香港发达离岸金融市场上的投资,特别是扩大在香港的人民币债券发行。人民币计值的金融产品不够丰富是制约人民币区域化的重要方面,因此,在完善人民币存款的同时扩大香港离岸金融市场上人民币金融产品的发行,将进一步丰富人民币或人民币资产的投资功能,也增加了投资者的选择。中国内地在2003年与香港签订CEPA后,带动了内地与香港两地在贸易、投资和旅游方面的发展,使大量的人民币流入香港。人民币国际化背景下为扩大在香港投资人民币资产的渠道,2007年内地机构被批准在香港发行人民币债券,但目前还受到较大的限制。因此,随着人民币区域化的推进,丰富在港发行人民币计值债券还应做到:一是允许更多的发行主体发行人民币债券。二是鼓励更多的国际投资者投资香港离岸金融市场上的人民币金融资产。何帆等(2011)通过调查研究发现2011年香港的人民币存款中的近25%来自于香港外的其他经济体,大部分是东南亚国家(或地区)。可见,丰富在港的人民币投资渠道,对于人民币区域化具有重要现实意义。

第二,国内金融市场建设与香港金融中心建设的进一步整合。在促进香港金融市场作为以人民币计价金融产品重要载体作用的同时,也应该疏导好内地金融市场与香港金融市场的衔接机制,以利于汲取和借鉴香港金融市场先进的经验来促进内地金融市场的发展。两岸之间的这种整合除了两地金融市场之间的衔接外,还体现在缩减两地金融市场同种产品的价格差异、实现两地市场供需的平衡等,以应对价格差异可能引起的投机冲击。

三 推动国内债券市场的统一和亚洲债券市场的发展

第一,不同债券市场之间的隔离,使得资产无法在银行间债券市场(场外市场)和交易所债券市场(场内市场)之间自由流动。当债券市场发展到一定规模,越来越需要市场发挥作用时,这种分割对债券市场的流动性和安全性的影响就会越大。此时，促进国内债券市场的统一有利于刺激投资者对以人民币计价资产的投资，同时因为发债标准的统一，降低了企业发债的成本，有利于企业通过债券融资，丰富以人民币计价资产的金融产品。

第二，积极推动以人民币计价的亚洲债券市场的发展，努力取得亚洲债券市场的主导地位。加强与东亚区域的合作与交流。增强与"东盟10+3"或者说整个亚洲国家的对话与合作，尤为重要的是加强中国与亚洲国家在金融信息方面的交流与合作，也包括协调区域内在金融产品交易方面的市场规则，减少区域内金融合作和金融产品流通的障碍，以利于人民币计价债券市场扩大规模、增强流动性。同时丰富以人民币计价产品的交易工具，加快人民币成为亚洲债券市场主导货币的进程。而以人民币计价的债券能否在亚洲债券市场占据主导作用，将在很大程度上影响人民币亚洲化的水平，再加上积极发展亚洲债券市场中的人民币债券，也符合东亚经济体运用人民币和人民币资产进行投资的需求。

本章小结

在全球经济不断融合和深化发展的现阶段，金融市场发展的速度远远超过经济和贸易的增长速度，实体经济的发展也越来越依托于金融市场提供的资金支持。应该说金融市场的规模和效率对一国经济的持续稳定增长发挥着核心作用，也将在很大程度上决定未来人民币区域化和国际化能够走多远。首先，本章基于 Ross Levin（2000）对金融市场发展的总体描述，尝试从定量分析的角度描述中国与主要国际货币发行国总体的金融市场规模和金融市场效率并进行对比。对比后发现中国金融市场发展程度与主要国际货币发行国存有较大差距，金融市场发展相对滞后。接着，基于面板数据分析金融市场发展对一国货币成为储备货币的影响，得出一国金融市场发展会正向影响该国货币储备货币地位的结论。鉴于这两点分析我们知道，中国金融市场发展相对滞后的现状会制约人民币深入区域化和国际化。而且，这种制约作用可以通过金融市场发展滞后的深层次问题体现出来。这些深层次的问题包括：金融市场发展存在的国有控股和国有性质问题、融资借贷主体均为政府机构、缺乏金融市场的风险规避功能等，它们都在不同程度上制约人民币区域化的不断深入。此外，中国金融市场发展较为滞后会在很大程度上阻碍金融市场的对外开放，进而制约人民币区域化。最后，考虑当前中国金融市场仍存在的这些问题不仅阻碍人民币资产被接受和受欢迎的程度，也与中国作为世界经济第二大经济体不相称，因此在符合中国金融体制改革的框架下，提出改善金融市场发展现状以促进人民币区域化和国际化的政策建议。具体而言，我们应该做到：创造条件降低持有资产可能面临的风险、充分利用香港发达的金融市场以及推进国内债券市场的统一并推进亚洲债券市场的发展。

第七章　人民币区域化面临美日掣肘

从政治经济学视角看，因为美国视亚洲特别是东亚为推行美元霸权和控制世界岛的重要战略基地，日本是东亚地区最具经济实力的国家之一，且将东亚区域视为推行日元国际化的重要区域，人民币区域化将会挑战美国和日本在东亚的地位。由此看来，人民币要实现区域化，成为区域内的关键或主导货币，难免会受到美国和日本这样或那样的抵制。

第一节　人民币区域化面临的美日挑战

2008年国际金融危机后，中国推行人民币区域化和国际化的战略步伐逐步加快，人民币在东亚区域的影响力进一步增强，虽然还不能从根本上撼动美元在东亚区域的主导地位，但也在一定程度上影响了美元在东亚的霸权地位，增加了美国的压力。同时，这也对日元在东亚的地位和日元国际化形成较大的压力。面对人民币区域化的推进，美国和日本都作出了相应的反应。

一　人民币区域化中面临的美国挑战

美元主导国际货币体系对于美国具有极为重要的战略意义，2008年金融危机后，人民币在美国重要战略区域亚洲的影响力有所增强，特别是中国推进人民币区域化或国际化后，对美元霸权形成潜在的威胁将是不可避免的，由此，人民币区域化也难免会面临美国的挑战。

（一）美元霸权对于美国的重要性

1. 从美国霸权的角度看美元霸权的重要性

美元霸权是美国霸权存在的主要基石，之所以这么说是因为美国霸权很大程度上取决于美国金融霸权，而美国金融霸权的核心就是美元霸权。

之所以这样说，除了美元霸权为美国带来铸币税、低融资成本外，主要是因为美国的经济发展很大一部分是由债务支撑的消费结构，这样的经济结构依靠的就是美元的霸权地位。美元的霸权地位首先保证美国企业可以以较低的利率进行融资，同时美国政府可以以较低的成本为大规模的政府赤字融资，而且美元贬值的风险都转嫁给了相关的债权人。其次，美元霸权意味着国际贸易中的大部分商品是以美元标价的，美元贬值并不会引起其进口价格上升。如果美国进口的商品不是以美元标价，而是以外币标价的话，一旦美元贬值，美国进口时就要支付更多的美元。从这一点上看，一旦美元作为国际主要结算和储备货币的地位受触动，一些建立在美国对外债务基础上稳固的经济地位将被撼动，国际金融交易和国际贸易也将因为美元地位的动摇反作用于美国经济，起到促退作用。因此，任何触动美元霸权地位的行为将会受到美国的坚决抵制。

因为金融危机后世界经济增长和复苏的重心在亚洲，而且常常伴随着关于"美元和日元日渐衰弱，人民币将日益强大"的各种声音，美国自然对东亚一体化的推进和中国在东亚区域影响力不断增强倍感紧张。在中国，各种促进人民币区域化的措施正在紧锣密鼓地进行着，包括从政策上鼓励跨境贸易中的人民币结算、与各国央行签订各种货币互换协议、推动东亚区域的经济合作等，这更加剧了美国的紧张感。美国也进一步意识到中国在东亚区域中发挥的作用和影响力越来越不容小觑，实行"重返亚太"的战略，主导TPP就是美国重返亚太、平衡战略（平衡亚洲国家利益）的重要体现。

2. 从地缘政治的角度分析东亚区域对于美国的重要战略意义

著名的地缘政治学家哈罗德·麦克金德曾说，谁统治了东欧谁就控制了中心地带，谁统治了中心地带谁就能控制世界岛。东欧对于控制整个世界岛的重要作用至今仍毋庸置疑，同时它的另一端——东亚在世界岛中也发挥着重要作用，特别是随着中国和日本在世界经济中的崛起，其重要性日益凸显。因此，冷战后，面对失去与其直接对立的敌人和根本上改变的国际经济政治格局，美国重新调整其外交战略，调整后的战略主要体现为我们通常所说的"哑铃战略"（哑铃有两端，它的东端就是亚洲特别是东亚，西端就是东欧）。美国前总统安全顾问布热津斯基（1996）指出，亚欧是棋盘，对世界领导权的争夺从未曾在这片土地上停止过。因此，尽管从地缘政治上美国远离东亚，但美国的注意力从未转移出东亚这片土地，东亚在美国全球战略中占据了重要的地位。长期以来，美国在东亚地区实行的是平衡战略，具体而言，这种平衡战略就是防范某个国家在区域中的崛起。中国的人民币区域化战略必是巩固中国崛起地位的重要步骤，美国肯定是不会坐视不管的。

(二) 人民币和美元在区域中影响力的变化

第一，人民币与区域中其他经济体货币汇率的联系不断增强。第四章基于篮子货币权重的经验对人民币事实汇率制度进行的分析表明，2008年国际金融危机后，特别是2010年中国恢复人民币汇率制度市场化改革以来，人民币与东亚经济体货币的联系越来越紧密。由不同时间段的分析可知，在人民币汇率所参考的11种货币中，日元与马来西亚林吉特由危机前对人民币汇率影响不显著变为显著；由卡尔曼滤波时变系数分析可知，2010年6月以来，美元权重呈下降的趋势，欧元权重波动上升且逐渐趋缓；虽然韩元和泰铢所占的权重较小，但其微幅上升的趋势较明显。可见，人民币汇率调整所参考的货币中囊括越来越多的亚洲国家货币，而美元的重要性有所下降。当然，从另一个侧面也说明了东亚经济体越来越"关注"人民币汇率的变化。这与彼德森国际经济研究所的学者Subramanian A.和Kessler M.（2013）研究得出的结论是一致的。①

第二，东亚经济体也主动加强其货币与人民币汇率的联系。从东亚国家以人民币作为参考货币看，自2010年7月以来，相较于欧元和美元，人民币作为参考货币取得了更大的进步（见表7—1）。从东亚经济体货币与人民币的联动系数看，2010年中期，在所考察的52个国家（地区）中，有32个国家（地区）的货币加大了与人民币的联动性，这52个国家（地区）中增大与美元和欧元联动性的则分别只有16个和19个（见表7—2）。在Subramanian A.和Kessler M.（2013）看来，亚洲国家（地区）中以人民币作为参考货币的有韩国、印度尼西亚、马来西亚、菲律宾、中国台湾、新加坡、泰国，而汇率紧钉美元的东亚国家（地区）则只有中国香港、越南和蒙古国。

---

① Subramanian, A. and Kessler, M., The Renminbi Bloc is Here: Asia Down, Rest of the World to Go? Peterson Institute for International Economics, No. WP12 - 19, 2012.

表 7—1　　　　　　　东亚国家主要参考货币的变化情况

货币	2005年7月—2008年8月	2010年7月—2013年7月	变化
美元	6	3	-3
人民币	3	7	4
欧元	1	0	-1
日元	0	0	0

表 7—2　　52个国家（地区）中与相关货币联动系数的变化情况
（2010年7月—2013年7月）

	美元	人民币	欧元	日元
增加的国家（地区）数	16	32	19	21
其中显著的国家（地区）数	1	11	4	6
下降的国家（地区）数	36	20	33	31
其中显著的国家（地区）数	11	0	14	9

注：作者分析的52个国家（地区）是根据IMF（2010）界定的新兴市场国家（地区），并包括亚洲新兴工业经济体（亚洲四小龙）。

虽然人民币和美元在区域中的影响力并没有发生根本性的变化，但人民币受关注度和影响力的略微上升说明了，这些经济体开始认识到美元作为单一主导货币的缺陷。2008年国际金融危机发生以后，以单一美元作为主要国际储备货币的国际货币体系的缺陷不断暴露出来，包括一些发达国家和新兴市场国家在内的许多国家都主张国际储备货币的多元化，特别是以新兴市场国家为主的国家间积极进行货币互换，并积极倡导区域货币合作，以此来规避依靠单一美元为国际储备货币可能带来的风险。当中国人民银行行长周小川发表题为《关于国际货币体系改革》的文章，呼吁进行国际货币体系改革后，包括巴西、印度尼西亚、俄罗斯等在内的新兴市场经济体都纷纷表示支持中国改革国际货币体系的建议，反对美元霸权。在此背景下，Melissa Murphy and Wen Jin Yuan（2009）从地缘政治的角度也预见到，储备资产分散化和人民币国际化对美元的影响可能更直接。

(三) 美国面对人民币影响力不断增强的反应

1. 奥巴马起任维护美元霸权的官员

面对美元霸权受到新兴市场经济体或多或少的挑战，美国总统奥巴马首先正面抑制那些对美元霸权的挑战。他在中国人民银行行长周小川提议建立新国际货币储备体系之后，第一时间作出了积极回应，认为完全没有必要再建立新的国际储备货币，时任美联储主席伯南克和财政部长盖特纳也都一致"拒绝"放弃美元的提议，这都是从政府层面捍卫美元霸权的重要体现。此外，奥巴马起用擅长金融经济知识和业务并维护美元霸权的旧臣，很重要的一个原因就是为了进一步巩固美元的国际地位。这几位重要的旧臣包括保罗·沃尔克（Paul Volcker）、劳伦斯·萨默特（Lawrence Summers）、蒂莫西·盖特纳（Timothy Geithner）和皮特·奥斯泽格（Peter Orszag）。沃尔克曾经临危受命于美元危机之时，并成功维护了美国的国际金融地位和美元霸权地位，后又被奥巴马任命为经济复苏顾问委员会主席；萨默特是克林顿时期强势美元政策的坚实拥护者；盖特纳在任美国财政部部长之前是纽约联邦储备银行的行长，而该储备银行是最拥护强势美元政策的储备银行之一；奥斯泽格也是另一位重要的美元霸权地位的拥护者，被奥巴马任命为国会预算办公室主任。

2. 欲通过挑拨中国周边国家与中国的事端，扰乱中国的货币国际化策略

美国发动的几次战争都似乎与美国维护美元霸权地位有一定关联。20世纪90年代初老布什政府发动了海湾战争，很重要的导火索就是伊拉克欲控制海湾地区石油的定价权和控制权，挑战了石油美元。在欧元协议成立以后，处于欧洲西部的南联盟受到美国的军事打击，受战争的影响，大量的流动资本出走欧洲，流向了美国。欧元诞生后不久，汇率就因此而下跌，美元则相对坚挺。从现实主义的角度上看，美国发动的在欧洲区域内的局部战争，在很大程度上是维护美国霸权的重要体现。人民币区域化和国际化战略后，又"巧遇"与美国有关的政治因素的阻挠。

第一，2009年以来，当中国积极推动"东盟10+3"东亚区域经济合作，如火如荼地扩大人民币在区域内的影响力时，美国高调宣布重返亚太，也几乎是这个时期围绕中国的海洋争端几乎全面爆发。此时，菲律宾则充当了急先锋的角色。2012年6月，一向默认"黄岩岛"在其区域范围之外的菲律宾，突然在"黄岩岛"问题上数次挑衅中国，并声称该问题是在美菲共同防御条约的框架内。美国在"黄岩岛"问题上并没有也无须与中国正面交锋，即可"不战而屈人之兵"。因为一方面，美国认为中国可能会通过与其谈判对菲律宾施压，这样美国就可以以讨价还价的方

式对中国实行更多的限制。再加上中菲争端一定程度上打乱了中国推动的东亚区域经济合作和人民币的区域化，符合美国的东亚战略。这不能不让人联想到美国可能的纵容和挑拨。

第二，正当中日两国考虑签订货币互换协议，日本银行正考虑购买人民币债券，并将人民币作为储备货币，以及2012年6月中日两国启动人民币和日元的直接交易时，中日钓鱼岛问题被激化了。基于这一过程可能触动美元霸权地位的逻辑以及长久以来美国在钓鱼岛问题上的态度，我们不难发现，这一过程也是美国捍卫美元霸权、削弱人民币影响力的一方面。考虑到中日两国经济总量分列世界第二和第三位，它们之间的贸易总量更是不容忽视。如表7—3所示，虽说近年来中日两国进出口贸易额分别占中国进出口总额的比重有所下降，但中日两国贸易总额呈逐年上升的趋势。因此，当中日两国使用对方货币进行直接交易时，绕开美元的交易额是极为显著的，这对美元在东亚主导地位的冲击也是不可小觑的。当然，美国并没有坐视不管，至少我们可以感觉得到美国启动了它埋藏在中日之间的定时炸弹——"钓鱼岛问题"。2012年9月，关于钓鱼岛的问题进一步激化了中日两国之间在该岛屿上由来已久的矛盾。政治上的冲突也明显地阻碍了两国刚刚启动的货币合作和人民币在日本的推广。

表7—3　中日两国的进出口贸易额及占中国进出口总额的比重（2000—2012年）

年份	出口（百万美元）	进口（百万美元）	出口比重（%）	进口比重（%）
2000	41610.9	41520.2	16.69	18.44
2001	45078.1	42810.3	16.94	17.57
2002	48483.1	53489.1	14.87	18.10
2003	59454	74203.9	13.54	17.94
2004	73536.3	94191.7	12.38	16.77
2005	84097.1	100467.5	10.99	15.15
2006	91772.4	115812.2	9.42	14.55
2007	102116.3	133902.6	8.30	13.88
2008	116177	150807	8.03	13.16
2009	98045.4	130928.7	8.15	13.02
2010	121156.4	176786	7.65	12.62
2011	148432.9	194706	7.77	11.11
2012	151779	177886	7.40	9.77

资料来源：CEIC数据库。

3. 逼迫人民币升值

虽然理论上货币升值有利于货币的区域化和国际化，但如果货币升值缺乏足够的内在动力，迫于外部压力的人民币升值并不能真正地推动人民币区域化。美国对人民币升值施加压力，是寄希望于通过强迫人民币大幅度升值打乱中国的金融计划。20 世纪 80 年代中期，当时经济蓬勃发展的日本之所以突然陷入了经济发展的困境，美国逼迫日元一夜间大幅升值便是重要原因。

美国逼迫人民币升值由来已久。一方面，理论界在没有充分考虑中国经济发展的实际和购买力平价使用本身的条件时，按照购买力平价标准计算出人民币汇率，并得出人民币存在过度低估的结论。另一方面，政府层面上也直接向人民币升值施压。2003 年美国财政部长 John Snow 开启了美国对人民币升值施压的序幕。接着 Schumer 和 Graham 提出的《舒默议案》提出如果中国政府在半年内未采取人民币汇率自由化的措施，将对中国出口到美国的商品加征 27.5% 的临时性关税。2008 年金融危机后中国开始部署货币国际化战略后，美国对人民币升值的关注和逼迫程度甚于以往，因此，进一步将人民币问题政治化。从表 7—4 可以看出 2010 年美国在人民币升值问题上紧紧逼近，毫不放松。我们知道，美国在经济领域看重的是绝对收益，但在政治领域则坚持相对收益，坚持国际政治关系中的"现实主义"，意味着它对任何崛起的力量，对任何可能对美元国际地位形成威胁的力量是极为警惕的。由此，我们不难得出，通过逼迫人民币升值促进全球贸易平衡、提高美国的就业率等只是表面原因，维护美国和美元霸权才是真正的原因。

表 7—4　　　　　　　2010 年以来美国对人民币升值的施压情况

时期	内容
2010 年 2 月 3 日	美国总统奥巴马必须处理汇率问题，要对中国采取较强硬措施
2010 年 3 月 15 日	美国众议院两党敦促政府对中国汇率操纵行为采取行动，并提出，如果其他措施无效，应直接对来自中国进口商品征收关税
2010 年 3 月 24 日	举行中国汇率政策听证会，多数专家不认同对中国采取贸易措施
2010 年 6 月 17 日	美国众议院筹款委员会主席莱文 16 日表示，如果中国政府没有很快令人民币升值，则国会将通过立法迫使其调整

续表

时期	内容
2010年7月10日	美国财政部8日向美国国会提交的2009年下半年度《国际经济和汇率政策报告》,未将中国列为汇率操纵国,并认为与美元脱钩是人民币重回更灵活、更市场化汇率制度的重大一步
2010年9月15日	美国国会就人民币汇率问题展开为期两天的听证会
2010年9月16日	盖特纳在证词中表示,对人民币升值步伐过慢及幅度过于有限表示关切。美国考虑可用何种措施及多边途径组合来帮助鼓励中国当局加快行动
2011年10月	美国参议院通过设置惩罚性关税的法案,旨在指责中国操纵人民币汇率

资料来源:中金在线。

二 人民币区域化中面临的日本挑战

不同于人民币区域化和国际化难以对美元构成挑战,它对日元的挑战要更容易些:第一,日元作为国际货币的网络外部性和惯性比美元要小得多。一般而言,货币的国际化程度越高,它作为国际货币的网络外部性和惯性也就越强。元惠萍(2011)研究认为在美欧英日几种主要国际货币中,日元作为国际货币的惯性是最小的。可见,对于较弱小且日渐衰微中的日元,惯性不再起直接作用,货币国际地位的惯性主要存在于美欧英三种货币中。第二,中国作为新兴市场经济国家,其经济实力不断增强,是东亚一颗冉冉升起的新星;而日本则是经历了逝去的20年,经济发展疲软不堪。中日两国总体的经济表现也是人民币能够挑战日元,在东亚区域中发挥更大作用的缘由之一。因此,面对人民币区域化,日本也有敏感的反应。

(一)人民币区域化对日元国际地位的影响

第一,日元国际化处于通过区域化主动推进的阶段,此时人民币区域化将在一定程度上影响了日元区域化的进程。按政府的推动意愿看,日元国际化经历了从反对、在美国压力下被动接受到主动推进日元国际化三个阶段,日元国际化的形式也经历了直接国际化到立足于东亚和亚洲的区域化阶段。20世纪70年代到20世纪80年代,日本担心日元国际化会弱化日本出口产品的竞争力,这对于以出口为导向发展经济的日本来说是难以忍受的,于是日本在政策上是反对日元国际化的。到20世纪70年代末80年代初,在美国越来越大的外部压力下,日本担心如果不遵从美国关于金融改革和日元国际化的建议,美国将会施加更大的贸易保护主义,于是这一时期，日本被动接受日元国际化。20世纪90年代以来，为了减少日本企业的汇率风险、便利国内银行和其他金融机构的业务扩展和推动日本成为国际金融中心，日本积极推动日元国际化。此外，1997—1998年亚洲金融危机的爆发以及1999年欧元的诞生，日元国际化越来越转向通过区域化的形式实现。综合日元国际化的背景看，在日本主动推动日元通过区域化实现国际化的背景下，旨在引导人民币成为区域内关键货币的人民币区域化势必在理论上对日元国际化形成阻碍和挑战。这是因为一方面随着人民币区域化和国际化的推进，当人民币便利区域经济体的计价结算时，原本选择日元进行计价结算的经济体将会转向选择人民币。另一方面，当人民币区域化使人民币影响力强于日元，更多的个人和企业使用人民币，人民币在区域内的网络外部性作用越来越明显时，人民币可能最终取代日元成为区域内的主导货币。

第二，日本试图在亚洲区域建立经济金融领导权，人民币区域化将扩大中国的金融影响力从而对其进程形成挑战。亚洲金融危机后，对于东亚经济体而言，钉住单一美元的汇率制度的风险暴露无遗。因此，此时通过投资或者其他方式向这些国家提供援助有利于日元在这些国家的流通，提高对日元的需求，也有利于日本扩大在东亚区域的经济金融领导权。于是，日本仿效美国对西欧的"马歇尔计划"，也制订了向东亚国家注入更多流动性和对其进行援助的计划。具体而言，1997年9月，提出建立亚洲货币基金（Asian Monetary Fund，AMF）的构想（后来该计划因为美国和中国的反对而破产）；1998年10月，日本提出了总计为300亿美元的"新宫泽构想"（New Miyazawa Initiative）①，它是一种"亚洲货币危机支援新计划"，日本希望它在长期内能成为亚洲经济体出现经济危机时首先会想到的主要国际担保机构；2000年2月日本又设立了"亚洲等国贫困对策紧急援助基金"；自1989年成为世界第一大援助国外，2001年日本进一步选择印度尼西亚、菲律宾、马来西亚等作为重点ODA对象国。

值得一提的是，即使经历"失去的十年"，日本并没有放弃对亚洲经济金融领导权的追求。在AMF的构想破灭之后，2000年5月，日本提议建立CMI，便利中国与其他国家的双边货币互换，期望CMI最终发展成AMF。其次，日本积极响应"东盟10＋3"（也称APT，ASEAN Plus

---

① 以当时日本的大藏大臣宫泽喜一（Miyazawa Kiichi）的名字命名。

Three），这是日本积极争取地区领导权的重要体现。虽然与推动 APT 发展相比，日本更乐于加强与 ASEAN 国家的双边关系。但随着中国在 APT 进程中发挥着有声有色的作用，日本一方面积极参与 APT，以免被排除在区域外，另一方面又着力推动所谓的"东盟 10＋6"（在 APT 的基础上多加了印度、澳大利亚和新西兰这三个国家）。在日本寻求亚洲区域领导权的当下，中国的崛起和人民币区域化将是对其进程形成的最大挑战之一，任何挑战都是它所不容许的。

第三，当然，这种挑战的可能性和难易程度并不是绝对的而是相对的。日本是人民币区域化所在区域中最重要的国家之一，而且在区域中影响力的某些方面走在中国的前面。首先，虽然 2010 年中国 GDP 已经超越日本成为世界第二大经济强国，但日本的 GNP 仍然是高于中国的，人均国民生产总值也远远高于中国，而且企业总体具有很强的竞争力。其次，虽然日元国际化并不成功，日元在国际贸易计价结算和储备中的使用远不及其他国际货币，但当前日元作为国际货币使用还是较人民币便利得多。而且日元国际使用的这种便利性具有较为坚实的后盾，这些后盾包括日本较为发达的国际金融市场、日元汇率形成机制的市场化、较高的资本项目开放程度等。此外，日本通过类似于美国援助欧洲的"马歇尔计划"对亚洲国家进行援助。日本已经为东盟成员国提供了较多的 ODA 以支持湄公河流域的发展和其他不发达地区的发展。国家间的问题，诸如恐怖主义、海盗行为以及自然灾害，还有经济结构的调整，投资环境的改善也都是日本 ODA 的对象。除此之外，日本加大了对亚洲基础设施建设的投入，积极主导"亚洲综合开发计划"行动。当然，中国希望通过加强基础设施联系支持中国与东盟成员国之间的贸易联系，这于 2000 年 11 月在加坡举行的"东盟 10＋3"非正式峰会上得到了体现。而且 2013 年 10 月初，习近平主席访问印度尼西亚时，也提出了建立亚洲基建投资银行的建议。但总体来看，中国在亚洲基础设施建设方面所起的作用还较小。

（二）日本面对人民币影响力不断增强的反应

由于人民币区域化和国际化并不是一蹴而就的，必须经历较长的过程，中间的曲折和困难是不可避免的。正因为如此，日本对于人民币区域化的应对策略也并不是一对一的，也不是直接和剧烈的。但总体而言，面对人民币在东亚区域影响力的不断上升，日本的一些举措，暴露出对人民币区域化的反抗。

1. 日本加入由美国主导的TPP

日本政府高层一直有加入TPP的意愿,但国内不同部门之间基于维护部门的利益仍存在极大的意见分歧,譬如农牧水产界和金融业是极力反对日本加入TPP的。经过一段时间的斡旋,在安倍晋三上任后,日本加入TPP走出了新的一步。日本于2013年3月15日正式宣布加入TPP协定,日本正式加入TPP的前景日益明朗化。

日本是东亚区域最重要的国家之一,也是美国在亚洲最重要盟友之一,积极响应和参与由美国主导的TPP,除了寄希望于向疲软的经济体注入活力外,更重要的是可以利用美国的政治、经济和军事力量稳定和加强本国在亚洲的影响力,可以共同制定符合自身利益的经济合作规则,并形成对人民币区域影响力的有效制衡。正如日本高级官员所声称的,日本加入TPP是要改变由中国主导的亚洲区域经济合作规则的格局,变为由美日共同决定。① 其实一直以来,日本对于中国在东亚地区发挥日益重要的作用深感忧虑,对于人民币在区域中日渐突出的影响也是心存芥蒂。亚洲金融危机后,日本当局货币国际化的战略开始由直接国际化转向借助亚洲区域化的间接货币国际化,但在这一过程中日本并没有坚持住日元不贬值的原则,也没有真正扮演一个负责任大国的角色,因此日元国际化并没有达到日本预想的效果。如今时过境迁,中国超越日本成为世界第二大经济体,日本经济复苏的前景并不明朗,日本通过主导东亚经济一体化提升日元的国际地位,也变得越来越困难。因此,也就有了安倍晋三所坦言的:加入TPP是重振日本经济的有利途径,如果失去这最后的机会,日本将被时代狠狠地甩开。于是2013年3月15日日本正式加入TPP,日元东山再起之心,加入TPP后政策倾向性更强,从而形成了对人民币区域化潜在的巨大挑战。可见,日本加入TPP在某种程度上也可视为面对人民币区域化做出的一种反应。

2. 日元贬值加大了人民币升值的压力

2008年金融危机后,美国和欧洲的债务危机不断显现,相对而言,日本的国债虽然占日本国内生产总值的比例远远超过美国和欧洲国家,但由于其持有者大部分是国内居民,还不至于出现类似于欧美的国家政府债

---

① Wen, J. Y. and Murphy M., Regional Monetary Cooperation in East Asia Should the United States Be Concerned? CSIS (Center for Strategic and International Studies) Report, Nov. 2010.

务危机，日元暂时成为国外流动资金安全的避风港。因此，金融危机后一直到 2011 年中期，日元总体上是升值的（如图 7—1 所示）。在自民党总裁安倍晋三上台后，提出了保持 2% 通货膨胀率的目标以及"无限期量化宽松"的应对措施，总体上是贬值货币的基调。同时日本央行行长黑田东彦与"安倍经济学"相呼应，提出了质化和量化宽松的货币政策，向市场释放了只要日本通胀率没达到 2%，激进和宽松的货币政策就不会改变的信号。在可能产生日元泛滥的预期下，日元贬值也是在所难免的。

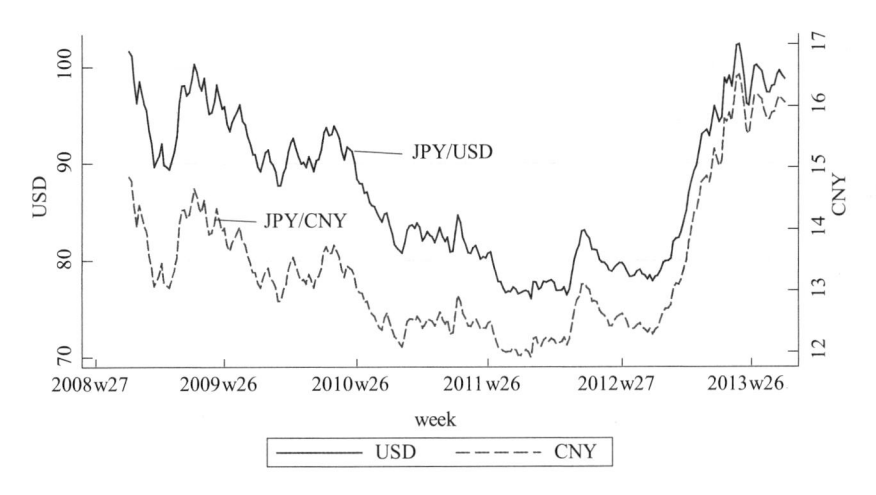

图 7—1 美元兑日元和人民币兑日元的汇率（2008 年 10 月—2013 年 9 月）

注：1. 因为人民币保持与美元相对稳定的汇率，因此美元兑日元和人民币兑日元的汇率走势相差不远。

2. 趋势线越往下说明同一美元或人民币可兑换的日元越少，日元升值，反则反之。

从图 7—2 不难看出，从 2012 年中期开始，日元相对于美元和人民币呈现加速贬值的态势。日元贬值在一定程度上改善了日本的贸易收支和经常项目收支，虽然贸易逆差较大程度的改善并没有持续太长时间，但这种改善的趋势还是明显的。中国原来的出口贸易处于微笑三角形的低端，日本则处于高端。但近年来在经济结构转型的驱动下，中国通过市场换取技术合作的方式使出口的产业结构进一步提升。中国出口的产品结构与日本的差距越来越小，同质性越来越大。在这样的背景下，由日元贬值带来的对日本出口的刺激作用，同时也会削弱在同一出口市场的中国产品的竞争力。此外，在美国等西方国家逼迫人民币升值的情况下，日元贬值进一步将人民币升值的压力推向高峰。这是不利于人民币在区域中的广泛使用和成为区域关键货币的。

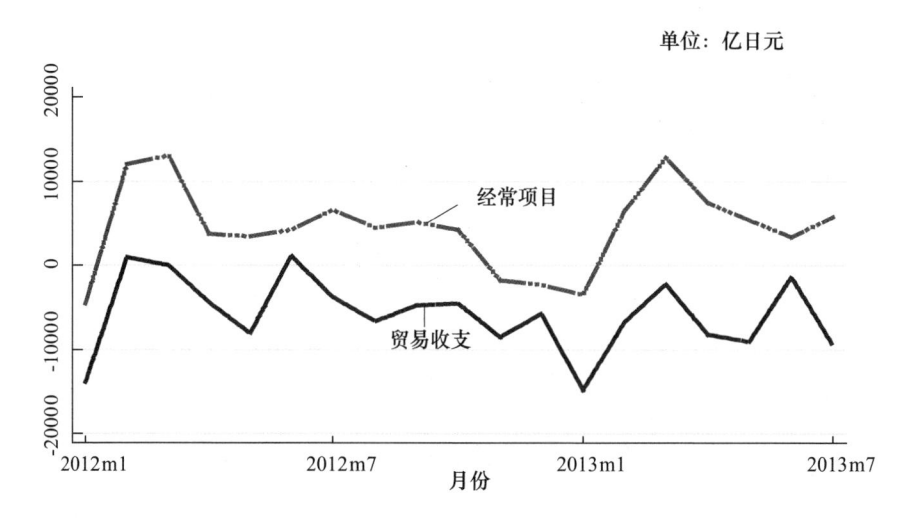

单位：亿日元

图7—2　日本的经常项目收支及贸易收支状况（2012年1月—2012年7月）

3. 中日之间的岛屿之争

中日之间的岛屿之争主要在东海上，虽然中日钓鱼岛之争由来已久，是历史遗留问题，但2013年年初，在中国崛起、中国在东亚区域经济一体化中发挥越来越重要作用的背景下，中日两国在钓鱼岛问题上的争执进入了白热化阶段。当然钓鱼岛问题的挑起和激化很重要的原因在于美国希望从战略上制衡中国，或者说是中日美之间的博弈。但我们也不能否认日本遵从美国的挑拨，同时也是满足自己战略利益的考虑。或者说，面对中国推动亚洲经济一体化的深化、中国经济的崛起、人民币区域化举措的不断推进和人民币作为区域贸易结算储备货币地位的不断增强，日本和美国在抑制中国经济和人民币对其原有地位挑战上的利益是一致的。因此，日本主观上也是希望继续挑拨这一事端，一定程度上阻滞中国及其货币在东亚或亚洲的影响力。

第二节 基于演化博弈论验证人民币区域化进程中的美日中博弈

17—18世纪，荷兰盾是世界上最主要的国际货币；19—20世纪初，英镑取代荷兰盾充当国际主导货币；1944年以后，美国通过主导构建布雷顿森林体系，承诺实现美元与黄金之间固定兑换比率从而确立了美元的国际货币地位。在这些货币相互替代和国际化的进程中，都形成了强有力的非国际货币发行国与国际货币发行国之间的博弈。人民币区域化同样也离不开国与国之间的博弈，因此中国必须处理好与主要国际货币发行国的关系。由第一节的分析我们发现，2008年金融危机后，我国加快人民币深入区域化步伐时，面临着来自美国和日本应对挑战的反应，这是人民币区域化进程中在短期和实际上的反应。事实上，在推进人民币区域化进程中我们更加关注美国和日本面对人民币区域化的长期应对战略。因此，本节从理论上验证人民币区域化进程中美日的长期应对战略。

考虑到国与国之间的博弈有别于个人之间的博弈，基于经济安全、国家利益的考虑，国家间的相关信息是不充分的、隐藏的或者伪装的。因此，国家难以成为完全理性的经济主体。因而本书选取有限理性假设的演化博弈模型对人民币区域化过程中可能面临的国际货币发行国的挑战进行验证。

一 人民币区域化面临的挑战与演化博弈论

演化博弈论的基本思想是在给定现有的分布和相应的选择行为下，选择最适当的行动，并将不适宜的行动渐渐地替换成能带来较大效益的行动。演化博弈论在经济学中的应用来源于生物学领域对演化博弈论的研究。Fisher（1930）和 Hamilton（1967）首先开创性地将该理论应用于男女人口比例的研究。随后，Smith and Price（1973）引入了演化稳定策略（Evolutionary Stable Strategy，ESS）概念，他们研究发现动植物的行为可以通过适当界定的纳什均衡博弈来解释，而且这一研究结论的出发点是自然选择和突变会使种群在长期达到一个稳定的纳什均衡。后来 Smith and Price 的观点逐渐被各个领域的研究所证明。

与经典的博弈论相比，将演化博弈论运用于人民币区域化进程中伴随的国际货币发行国与非国际货币发行国之间的博弈，其特点主要表现在两个方面：一是有限理性的假设，符合国家之间的博弈是在不完全信息条件下进行的特点。经典的博弈论假定局中人是完全理性的（尤其"共同知识"的假定要求局中人必须是全能型的），能够在所设定的条件或者在观察其他局中人反应的前提下做出最优的决策，也就是说不管是完全信息还是不完全信息，他都可以做出符合自身利益最大化的策略选择。而演化博弈论认为除完全理性外，还有诸多不理性的情形，在对演化博弈论进行扩展后，尤其是在对理性的内涵和政策含义进行区分后，非理性的部分就更加凸显了。二是演化博弈中假定的非完全理性群体拥有很强的学习和模仿能力，通过淘汰和自然选择的过程，越来越多地采用较优的策略和行为模式，最终群体的策略选择收敛于长期稳定的均衡解。这不仅符合国家之间博弈的策略演变，而且能够避免在完全理性假定下，出现多重均衡解而非唯一均衡解的问题。

二 多群体非对称动态演化博弈模型分析过程及主要结论

（一）相关条件的设定

在应用演化动态博弈分析人民币区域化中国际货币发行国与非国际货币发行国之间的博弈时，首先必须设定相关前提条件，这些假定包括研究的群体数目、对称性、相关群体进行的策略选择、选择混合策略的频率以及收益矩阵的分析。

第一，不同群体的假定。考虑到人民币区域化进程中必须处理好与国际货币发行国与非国际货币发行国两者间的关系，设存在两个种群，分别是非国际货币发行国组成的种群（种群1）和国际货币发行国组成的种群（种群2）。

第二，非对称博弈的假定。如表7—5所示，非对称博弈是相对于对称博弈而言的，是指群体中不同的个体选择不同的纯策略，类似于经典博弈论中的混合策略。对称博弈与非对称博弈主要存在两点不同：首先，演化稳定策略这一概念对于非对称博弈来说并不重要；其次，非对称均衡中的渐近稳定与严格纳什均衡是等价的。

第三，不同群体选择的策略。非国际货币发行国拥有两个策略选择：不与其他非国际货币发行国合作，对于本国货币国际化，接受自然过渡的态度（将之称为D策略），另一策略是与非国际货币发行国合作，积极主动推动本国货币的国际化（称之为 C 策略）。国际货币发行国群体也主要有两个策略选择：面对非国际货币发行国的挑战，采取措施积极主动抵御挑战（称之为 D 策略），另一战略是考虑到抑制非国际货币发行国的挑战要付出一定的成本，该群体可能会接受平稳过渡（称之为 C 策略）。设两个群体中个体的策略选择服从一定的概率分布，群体 1 选择 D 策略的频率为 $(1-s)$，那么群体 1 选择 C 策略的频率就是 s；设群体 2 选择 D 策略的频率为 h，那么群体 2 选择 C 策略的频率就是 $(1-h)$。

表 7—5　　　　　　　　群体 1 和群体 2 的策略选择

	D 策略	C 策略
群体 1	不与其他非国际货币发行国合作，对于本国货币国际化，接受自然过渡的态度	与非国际货币发行国合作，积极主动推动本国货币的国际化
群体 2	积极主动地抵制非国际货币发行国的挑战	认为非国际货币发行国并不构成威胁，并不采取抵制和对抗策略

注：不同群体所采取的策略都归类为 C 策略和 D 策略，是因为 C 策略都与合作和非抑制有关，D 策略则与反抗抵御的行动有关。

第四，收益矩阵的分析。在设定的模型中，两群体的收益矩阵大致有四种情形：第一种情形是群体 1 和群体 2 都选择 D 策略，也就是说群体 1 不与其他非国际货币发行国合作，也不主动推动货币国际化，而是持接受自然过渡的态度，群体 1 获得的收益为 0。而群体 2 的策略是积极对抗群体 1 的挑战，因为这种抵抗要付出一定的成本，一定程度上抵销了其作为国际货币所带来的好处，这时群体 2 的收益也为 0。第二种情形是群体 1 和群体 2 都选择 C 策略。群体 1 采取 C 策略需付出一定的成本，而且还不能享受货币国际化带来的好处，因此，从长远来看，非国际货币发行国所在的群体选择 D 策略时得到的效用低，令其收益为负值（$-Z$）；由于群体 2 作为国际货币发行国拥有更有利的货币地位以及由此形成的相应权利，但由于群体 1 主动推动本国货币国际化，抵销了群体 2 的收益，故群体 2 收益是 0。第三种情形是群体 1 选择 D 策略，群体 2 选择 C 策略。此时我们假定在货币国际化方面接受自然过渡的群体 1 的收益为 Y，而采取不作为态度的群体 2 所获得的收益为 X。第四种情形是群体 1 选择 C 策略，群体 2 选择 D 策略，此时两群体的收益刚好与第三种情形相反，群体 1 和群体 2 的收益分别为 X、Y。总体的收益矩阵如表 7—6 所示。

表 7—6　　　　　　　**群体 1 和群体 2 构成的收益矩阵**

		群体 2	
		D 策略	C 策略
群体 1	D 策略	(0, 0)	(Y, X)
	C 策略	(X, Y)	(−Z, 0)

需要指出的是，不同于在经典合作框架下设定收益矩阵的具体值，这里的收益值是未知数，本书试图通过数学推导，得出哪种策略组合在进行反复博弈后出现的频率最大（意味着能获得最大的收益），并最终替代那些代表较小收益的策略，达到长期稳定状态。

（二）演化稳定策略（ESS）和复制动态方程（replicator dynamics）

在对相关条件进行设定后，可以通过演化稳定策略和其数学表达形式——复制动态方程寻找群体 1 和群体 2 长期的均衡策略，从而明晰人民币区域化进程中面对的非国际货币发行国和国际货币发行国的策略选择。演化稳定策略（ESS）是演化博弈论的一个基本概念，是解释演化博弈理论的关键点，也是求解演化博弈理论的一个标准过程。演化稳定策略的基本思想是：一个大群体中的个体都选择某个策略，而在该大群体之外还存在着一个小群体。如果该小群体在与大群体的博弈中得到的支付大于大群体中每个个体的支付，那么小群体对大群体的威胁是存在的，而且可能最终成为一个大群体。如果小群体并不能构成对大群体的挑战，小群体将渐渐地消失，而大群体进入一种稳定状态，也就是说大群体选择的策略是一种演化稳定策略。复制动态方程是这种演化稳定状态的数学表达，在出现的一系列关于非对称博弈的讨论中，Selten（1980）研究认为在非对称博弈中的演化博弈稳定状态必须是严格的纳什均衡。根据 Samuelson and Zhang（1992）对复制动态方程的描述，可以得到：如果 $f: S^{n_1} \times S^{n_2} \to \Re^{n_1}$，$g: S^{n_1} \times S^{n_2} \to \Re^{n_2}$，则系统中，

$$ds_i/dt = f_i(s, h) \quad i = 1, \cdots, n_1 \tag{7—1}$$

$$dh_i/dt = g_i(s, h) \quad j = 1, \cdots, n_2 \tag{7—2}$$

其中，n_1、n_2 是分别是群体 1、群体 2 个体所采取策略集的势（集合中元素的个数）。

如果对群体而言，选择 i 策略所获得的效用都大于选择 i 所获得的效用，这时群体 1 最终可以获得一个稳定均衡状态。由此可以得到复制动态方程的定义：群体 1 选择某个策略频率的变化 f 和群体 2 选择某个策略频率的变化 g 的组合 (f,g) 是复制动态形式的，即 (f^*,g^*)，则满足以下条件：
$$\frac{ds_i/dt}{s_i} = U_1(i,h) - \sum_{k=1}^{n_1} s_k U_1(k,h) \tag{7—3}$$

其中，k 表示群体选择策略的个数，$\sum_{k=1}^{n_1} s_k U_1(k,h)$ 为群体 1 的平均收益。

在进行相关假定的条件下，围绕着复制动态方程，首先得出两个群体各自采取的 C 策略和 D 策略的平均收益。然后得到复制动态方程，而在复制动态方程为 0 时，可解得复制动态方程的不动点，也就是该多群体非对称动态演化博弈的均衡点。但是根据演化博弈的稳定性，在出现多个均衡点时，我们需要保留的是具有收敛性和稳定性的均衡点。最后，通过各个策略组合出现频率的大小，寻找长期中最稳定的均衡点。群体 1 采用 C 策略和 D 策略的平均收益分别是：

$$U_1[C,(h,1-h)] = Xh + (-z)(1-h) \tag{7—4}$$
$$U_1[D,(h,1-h)] = 0 \times h + Y(1-h) \tag{7—5}$$
$$\overline{U_1} = sU_1[C,(h,1-h)] + (1-s)U_1[D,(h,1-h)] \tag{7—6}$$

根据复制动态方程（3）的一般形式，可得如下群体 1 的复制动态方程：

$$ds/dt = s(U_1[C,(h,1-h)] - \overline{U_1}) \tag{7—7}$$

将 $U_1[C,(h,1-h)]$ 和 $\overline{U_1}$ 的值代入方程（6），可得该演化博弈模型中复制动态方程的具体形式：

$$\begin{aligned}ds/dt &= s(1-s)[Xh - Y(1-h) - (1-h)Z] \\ &= s(1-s)[h(X+Y+Z) - Y - Z]\end{aligned} \tag{7—8}$$

令 $ds/dt = 0$，可以解决出复制动态方程的不动点，即可描述成群体 1 中的成员采用的频率不断增加，并取代另一种出现频率不断减少的策略。它同时是最终达到一个稳定状态的策略，也就是演化稳定策略。

A. 当 $h = \dfrac{Y+Z}{X+Y+Z}$ 时，$s \in [0,1]$

B. 当 $h > \dfrac{Y+Z}{X+Y+Z}$ 时，演化稳定解是 $s=1$ 或 $s=0$。由于当一种策

略被选择的频率越来越小时,才是可能达到演化博弈的稳定状态,而只当 $s = 1$ 时, $d(ds_i/dt)/dt = (1-2x)[h(X+Y+Z)-Y-Z] < 0$,因此,此时的演化稳定解是 $s = 1$。

C. 当 $h < \dfrac{Y+Z}{X+Y+Z}$ 时,在解复制动态方程的不动点时,发现只有当 $s = 0$ 时, $d(ds_i/dt)/dt < 0$,因此,此时的演化稳定解是 $s = 0$。

对于群体 2 来说,其分析过程与群体 1 相类似,我们不难得出群体 2 采取 C 策略和 D 策略的平均收益分别是:

$$U_2[C,(s,1-s)] = X(1-s) + 0 \times s = X(1-s) \quad (7—9)$$

$$U_2[D,(s,1-s)] = 0 \times (1-s) + Y \times s = Y \times s \quad (7—10)$$

$$\overline{U_2} = hU_2[D,(s,1-s)] + (1-h)U_2[C,(s,1-s)] \quad (7—11)$$

同理可得复制动态方程如下:

$$dh/dt = h(U_2[C,(s,1-s)] - \overline{U_2})$$
$$= h(1-h)(X - Xs + Ys) \quad (7—12)$$

同群体 1 的分析,对群体 2 的复制动态方程进行求解可得:

A. 当 $s = \dfrac{X}{X+Y}$ 时, $h \in [0,1]$ 的任意值都满足 $dh/dt = 0$;

B. 当 $s > \dfrac{X}{X+Y}$ 时, $h = 1$ 是满足 $dh/dt = 0$ 的演化稳定解;

C. 当 $s < \dfrac{X}{X+Y}$ 时, $h = 0$ 是满足 $dh/dt = 0$ 的演化稳定解。

将分析群体 1 和群体 2 的策略选择所得出的稳定演化博弈解放在一起考虑时,可得图 7—3,由图 7—3 可知,(0,0) 和 (1,1) 是两个最可能达到的演化稳定均衡点。由此,我们通过比较 (0,0) 所对应的区域Ⅲ的面积和 (1,1) 所对应的区域Ⅱ的面积,推断哪种策略出现的频率更大。在演化博弈的分析框架中,频率大的策略是一种长期稳定策略。

首先看区域Ⅲ。它满足的条件是 $s < \dfrac{Y}{X+Y}$, $h < \dfrac{Y+Z}{X+Y+Z}$,对应的 s、h 均衡点为 (0,0),$s = 0$ 意味着群体 1 选择 D 的概率为 0,$h = 0$ 则暗含着群体 2 选择 C 的概率为 0。因此,区域Ⅲ对应群体 1 和群体 2 的战略选择是 (C,D)。

再看区域Ⅱ。它满足的条件是 $s > \dfrac{Y}{X+Y}$, $h > \dfrac{Y+Z}{X+Y+Z}$,对应 s、h

均衡点为 (1, 1)。$s = 1$ 意味着群体 1 选择 D 的概率为 1，$h = 1$ 则暗含着群体 2 选择 C 的概率为 1。因此，区域 Ⅱ 对应群体 1 和群体 2 的战略选择是 (D, C)。

我们不难证明 $OA > GF$，$OC > EF$，从而得出区域 Ⅲ 的面积将大于区域 Ⅱ 的面积。因为 $OA = X/(Y + X)$，$GF = 1 - (Y + Z)/(Y + Z + X) = X/(X + Y + Z)$，又因为 $Z > 0$，不难得出 $OA > GF$；因为 $OC = (Y + Z)/(X + Y + Z) = 1 - X/(X + Y + Z)$，$EF = 1 - X/(X + Y) = Y/(X + Y)$ $OC - EF = 1 - X/(X + Y + Z) - Y/(X + Y) = X/(X + Y) - X/(X + Y + Z) > 0$，所以 $OC > EF$。

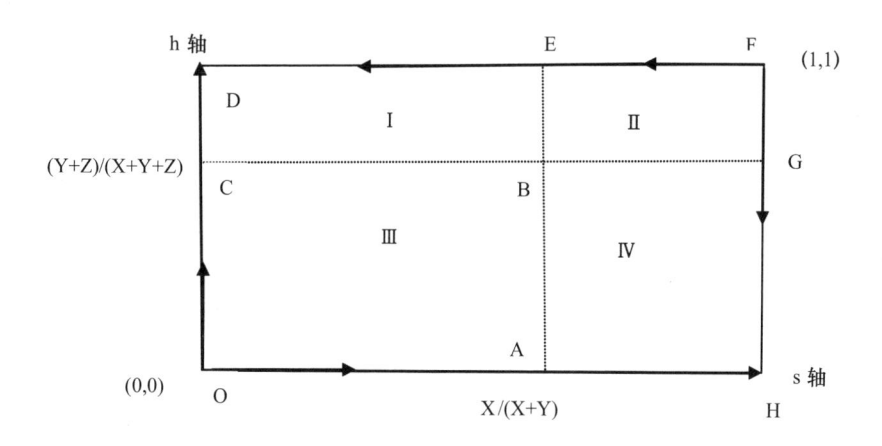

图 7—3　群体 1 和群体 2 演化博弈的集中相位图

(三) 主要结论

不难发现，区域 Ⅲ 的面积大于区域 Ⅱ 的面积，意味着区域 Ⅲ 对应的群体 1 和群体 2 的策略选择 (C, D) 出现的频率要大于区域 Ⅱ 所对应的两个群体的策略选择 (D, C)。换言之，从长远来看，国际货币发行国保持着对人民币国际化的警惕，维持着抵制非国际货币发行国货币国际化的状态；非国际货币发行国则会选择与其他非国际货币发行国合作，推动本国货币的国际化。

总之，在多群体非对称动态演化博弈论框架下分析人民币区域化面临的国际货币发行国的挑战，通过对稳定均衡解的分析，得出了两点重要结论：一是美日作为国际货币发行国长期内都会抵制人民币区域化，二是非国际货币发行国长期内会与其他非国际货币发行国合作，积极推动本国货币国际化。

第三节 人民币区域化中应对美日挑战的启示性建议

中国推行人民币区域化之后美日的实际反应以及演化博弈论的分析结果，都表明人民币区域化进程中面临着美日的长期抵制。对此，中国应采取相应策略应对美日挑战。

一 美国抵制下人民币区域化的政策建议

无论是对中国推行人民币区域化之后美国反应的实际分析，还是基于多群体非对称动态演化博弈论的理论分析，都得到了一个共同的结论：人民币区域化中面临美国的抵制将是不可避免的。应对美国的抵制，我们可以从对外和对内两个层面展开。

（一）对外层面

1. 以低调的姿态推进人民币区域化

随着中国经济在世界经济中发挥着越来越重要的作用，人民币也越来越受关注，人民币在国际贸易和国际储备中的地位也越来越重要。但同时我们也必须清醒地意识到短期内人民币难以真正对美元霸权构成挑战（李婧，2011），这与中国金融体制改革的长期性、美元的网络外部性和惯性等都息息相关。在这样的意识指导下，中国政府在推进人民币区域化中所呈现在其他国家面前的姿态应当是低调的，也就是说我们不能因为人民币区域化进程中取得一些成绩而沾沾自喜，也不能因为暂时的挫折而退缩，而应充分体现外交政策上的"韬光养晦"。这种低调可能会削弱人民币区域化散发的光芒，但可以在一定程度上规避美国因人民币对美元的挑战而采取的各种抑制措施。

2. 努力争取更多的话语权

在保持低调姿态推进人民币区域化的同时，也要努力争取更多的话语权。其一，在区域层面，要处理好与东亚其他国家之间的关系，这也是中国在中短期内应该重视的问题。截至目前，除"东盟10+3"外，由中国发挥重要作用的合作组织还比较少。而且，由演化博弈的第二点结论可知，长期内非国际货币发行国间将倾向于进行货币合作，共同增强它们的货币地位，这是人民币得以在非国际货币发行国推广的有利前提。其二，在全球层面，推进国际货币体系改革，争取获得更多的发言权，这是减少人民币区域化进程中障碍的重要途径。虽然作为世界第二大经济体，中国在国际货币体系中的发言权与其经济地位不相匹配，中国一直扮演着规则被动接受者的角色。如何从规则的接受者转变成规则的讨论者和参与者，则是中国在推进国际货币体系改革进程中应该重视的问题。这一角色能否顺利转变，取决于本国综合经济实力的增强以及其他发展中国家的支持。如果中国在国际货币体系的规则制定中拥有一定发言权，人民币区域化也将获得更多有利条件。

3. 增强我国在周边国家中的政治公信力和向心力

低调推进人民币区域化要求人民币区域化依托于经贸联系在周边区域展开，而拓展这种经贸联系的重要前提便是树立中国及其货币在周边区域和其他国家中的政治公信力和向心力。因此，人民币区域化能否在美国的视线内顺利进行，依赖于两国政治公信力和向心力的建立。政治公信力实质是一国使其他国家充分信任本国的货币政策、货币制度、外交政策和政治制度等的能力。建立政治公信力和向心力具体应该做到：第一，创建安全稳定的政治环境；第二，从政治决策的角度承诺货币和金融政策的一致性和连贯性；第三，承担一定的国际责任，提供公共基础设施和公共产品。美国正是通过为他国提供援助和经济优惠待遇扩大美元影响力的：一是19世纪末对拉美地区实行的"金元外交"；二是第二次世界大战后美国对西欧实行了"马歇尔援助计划"。

（二）对内层面

第一，强化国内实体经济的竞争力以及国内金融市场发展的广度和深度，是中国推进人民币区域化进程中应对美日抑制措施的长期战略。建议中国在中短期内进行人民币区域化时做到"韬光养晦"也就暗含着中国应该基于长远的战略考虑，不断改进人民币区域化或者国际化的不成熟条件。当然，这些条件的改善并不只是有利于货币区域化本身，它对于中国国内经济的发展也是有利的。因为货币区域化首先立足于市场需求，当经济发展到一定程度时，货币被更广泛地接受与经济实力提高相得益彰。因此，从这一角度出发，不断增强中国综合经济实力和金融市场发展的广度和深度，避开与美日两国在货币主导权上的正面交锋，是推进人民币区域化的重要途径。

第二，伺机加大推动人民币区域化或国际化的力度。由演化博弈模型得出的第二点结论可知，非国际货币发行国长期内会主动推动本国货币的国际化，人民币作为最有竞争力的非在位国际货币之一，中国更是应该主动推动人民币区域化。因为一种货币取代另一种货币成为国际货币本身就是一个漫长的过程，再加上国际货币发行国对人民币区域化（国际化）极为警惕，人民币作为国际货币发挥作用还很遥远。因此，中国必须伺机积极主动推动人民币的国际化，这样可以一方面激发货币国际化的潜力，另一方面加速人民币国际化的进程。

二 日本抵制下人民币区域化的有关政策建议

面对日本对人民币区域化的掣肘，中国总体的思路与对待美国差不多。当然，虽说日本和美国同是国际货币发行国，从短期表现和长期均衡看，它们都会抵御人民币区域化和国际化，但由于日本是东亚区域经济体，且是该区域内经济和金融实力很强大的经济体，日元是该区域唯一的国际货币，再加上日本的民族特性。即使中国与东亚区域之间的经贸联系越来越紧密，而且中国作为注入 FDI 的接受者所发挥的作用越来越大，中国被认为是带动东亚区域经济增长的重要动力，但日本在区域中的影响力仍是不容忽视的。因此，在人民币区域化进程中，对待日本问题上应有所不同。

第一，短期内，在经济方面积极推进中日韩 FTA，进一步增强中国与日本的经贸联系，以紧密的经济联系"捆绑"日本对人民币区域化的过度反应。目前中日最有意义也最有可能合作的项目是中日韩 FTA。2009 年 10 月，在国际金融危机的背景下，中日韩领导人参与会议并决定进一步加强三国合作，推进三方自贸区进程，并就 FTA 议题、货物贸易等问题交换了意见，并于 2010 年 5 月宣布正式启动"中日韩 FTA"（CJKFTA）官产学共同研究。尽管原本就因为三国之间领土纷争而备受影响的中日韩 FTA，又会因为日本正式宣布加入 TPP 进一步受阻。但在此背景下，特别是面对日本在 CJKFTA 问题上摇摆不定时，我们更应该积极推进中日韩 FTA。由表 7—7 可知，从 2000 年到 2010 年，中日贸易成本都小于中美贸易成本，自 2002 年开始，日中贸易成本都小于日美贸易成本。换言之，中日之间的贸易成本要低于两国分别与美国的贸易成本。这是中日紧密经贸联系的重要表现之一，也是中日韩 FTA 得以进行的重要基础。① 因此，即使日本加入 TPP 为中日韩 FTA 注入微妙的扰动因素，中国更应该增强自信，充分发挥自己的优势，寻求更符合中日韩共同利益的契合点，不惧怕美国主导亚太经济一体化的野心，增强中国在区域经济一体化中的作用，进而为人民币区域化创造条件。② 虽然近来因为领土问题，中日韩政治上的关系变得很僵硬，但是三国之间的 FTA 谈判还在进行着，中日韩 FTA 第一轮谈判于 2013 年 3 月 26 日在首尔举行，后两轮谈判也将分别在中国和日本举行，从另一侧面说明中日韩 FTA 是符合三方利益的，是可行的。这说明中国通过增强经济联系拖住日本抵制人民币区域化的步伐是行得通的。

表 7—7　中日美三国贸易与从价关税等价的贸易成本（2000—2010 年）

	2000 年	2001 年	2002 年	2003 年	2004 年	2005 年	2006 年	2007 年	2008 年	2009 年	2010 年
中美	48.4	47.1	45.2	41.2	37.3	34.81	32.4	32.1	33.1	36.8	33.4
中日	41.2	39.8	36.4	32.4	29.6	27.7	25.2	24.5	26	32.4	28.4
日美	37.2	37.8	38.7	39.6	39	38.3	35.6	34.7	34.8	41.3	37.4

注：Li Chunding and John Whalley（2012）在运用一般均衡模型的基础上，通过数值模拟的方法测算的几个主要国家的贸易成本。

资料来源：Li Chunding, John Whalley, China and the TPP: A Numerical Simulation Assessment of the Effects Involved, National Bureau of Economic Research, No. w18090, 2012.

第二，中短期内，在货币金融方面，中国应当致力于推动中日两国共同"脱美元化"的战略。就目前而言，美元因素牵制着日元国际化和人民币区域化，而且在美元主导的国际货币体系下，中国和日本几乎面临着同样的困境：同样作为贸易顺差大国，积蓄了大额的美元外汇储备，这些美元储备大部分被继续投向具有风险的美元资产，面临外部波动的不确定性。在美国主导的国际货币体系下，作为"贸易国家"的中日两国和作为"金融国家"的美国所处的地位和所承担的风险面临很大的不确定性。因此，在很大程度上中日两国均具有"脱美元化"的需要，中国致力于

---

① Li, C. D. and Whalley J., China and the TPP: A Numerical Simulation Assessment of the Effects Involved, National Bureau of Economic Research, No. w18090, 2012.

② Dirk, Nabers, China Japan and the Quest for Leadership in East Asia, GIGA Working Papers, No. 67, Feb., 2008.

推进中日两国共同"脱美元化"具有现实意义。

第三，除中短期内通过在经济和货币金融领域方面分散日本在人民币区域化上的注意力外，面对日本长期内对人民币区域化的抵制（演化博弈分析得出的第二点结论），在长期内我们应该做到：低调地修炼好内功，踏踏实实搞经济建设，尽最大的努力增强经济发展的实力，特别是注重经济发展的质量，成为世界上屈指可数的经济金融实力强大的经济体。我们深谙日本大和民族向强者学习的心态，[①] 当中国成为令其钦服的强大经济体时，它非但没有足够的自信与人民币区域化相抗衡，反而乐于接受人民币，也为人民币深入区域化打下了牢固的基础。

本章小结

人民币区域化和国际化会在一定程度上影响美元霸权，也可能在一定程度上削弱日元在东亚地区的国际地位，因此，从政治经济学的视角看人民币区域化的制约因素时，考虑面临美日掣肘是毋庸置疑的。

作为美国主要贸易逆差国的东亚经济体，不仅对于美国维护美元霸权具有重要意义，而且对于美国掌控世界岛具有重要的地缘战略意义。当中国不断推进人民币区域化进程，人民币与东亚区域在经贸和货币金融方面的联系越来越紧密时，美国方面作出的回应包括：直接维护美元霸权；试图通过挑拨中国周边国家与中国的事端以扰乱中国的货币国际化策略；逼迫人民币升值等。对于日本来说，1997—1998年亚洲金融危机后，日本逐渐改变日元直接国际化的形式转向希望依托东亚和亚洲区域实现日元国际化，面对人民币区域化进程的不断推进，且呈削弱日元国际地位之势，也可能挑战日本在东亚和亚洲区域已经建立的经济金融领导权。对此，日本方面作出的直接或间接回应包括：加入由美国主导的TPP；日元贬值，加大人民币升值的压力；中日岛屿之争等。美国和日本作出的反应是人民币区域化进程中在短期和实际上的反应。事实上，在推进人民币区域化进程中我们更加关注美国和日本面对人民币区域化的长期应对战略。因此，

[①] 我们可以看到日本向当时的世界强国中国大唐学习经济文化、向西欧学习经济改革并进行明治维新、向美国学习并发展现代科技等，它学习的对象随着世界强国的变迁而变迁，显露出日本向强者学习的心态。

考虑到国与国之间的博弈有别于个人之间的博弈，国家间的相关信息是不充分的、隐藏的或者是伪装的，接着基于演化博弈论验证人民币区域化进程中面临的来自美日的挑战，得出的结论是：一是美日作为国际货币发行国长期内都会抵制人民币区域化，二是非国际货币发行国长期内会与其他非国际货币发行国合作，积极推动本国货币国际化。

无论是对中国推行人民币区域化之后美日反应的实际分析，还是基于多群体非对称动态演化博弈论的理论分析，都得到了同一个结论：人民币区域化中面临美日的抵制将是不可避免的。对此，我国应对美国方面的策略，包括对外层面和对内层面。对外层面上：以低调姿态推进人民币区域化、努力争取更多话语权、增强中国在周边国家的政治公信力和向心力。对内层面上：强化实体经济竞争力及国内金融市场发展的同时伺机加大推动人民币区域化的力度。对待日本问题上总体思路与对待美国差不多，但考虑到日本是区域中的国家和强大的经济金融实力，对待日本问题的具体策略还是有些不同的，具体而言应该做到：一是短期内，在经济方面积极推进中日韩FTA，进一步增强中国与日本的经贸联系，以紧密的经济联系"捆绑"日本对人民币区域化的过度反应；二是中短期内，在货币金融方面，中国应当致力于推动中日两国共同"脱美元化"的战略；三是长期内低调地修炼好内功，尽最大的努力增强经济发展的实力，特别是注重经济发展的质量，成为世界上综合经济金融实力强大的经济体，成为令日本信服的经济体。

第八章 人民币区域化的成本

推进人民币区域化的战略立足点是人民币区域化拥有很大的收益，或者收益大于成本，但同时我们也必须看到实现人民币区域化和国际化在获得收益的同时也要付出成本，对于一国政策制定者而言，在人民币区域化进程中和实现人民币区域化后可能带来的成本将会是制约人民币深入区域化的重要因素。也是因为这样，20世纪70年代日本在日元国际化问题上迟疑不前，担忧推行货币国际化带来不利影响，遂将日元国际化的苗头扑灭了。当时日本政府担心日元国际化会增加本币汇率波动，也担心本币资产对外开放后，大量资本流入会使本币升值，从而削弱本国出口企业的竞争力。所以，并不鼓励日元国际化（Tavlas and Ozeki，1992）。20世纪60年代和80年代，德国在考虑马克国际化问题时，也存有与日本相似的顾虑。ECB也明确表示欧元国际化并不是欧洲中央银行的政策目标（ECB，2001 and 2002），人民币区域化也会面临同样的问题，明确人民币区域化可能产生的主要成本，并思考如何降低这些成本，成为本章所要研究的重要课题。

第一节 货币区域化（国际化）成本的相关文献综述

已有的文献对货币区域化（国际化）的分析较为全面，本章对人民币区域化成本的核心分析首先需要总结已有研究文献，同时指出分析人民币区域化（国际化）成本时应该注意的问题。

一 货币区域化（国际化）现有研究

在综述货币区域化或国际化成本的相关文献时，我们发现货币政策有效性受影响是其中最重要也是涉及最多的货币国际化成本（见表8—1），此外影响货币区域化或国际化的成本还包括承担更多国际责任、汇率波动、特里芬难题及遭受更大外部冲击等。人民币区域化也面临着一般货币国际化会面临的问题，而且货币政策独立性和有效性问题也更重要。因此，本章在论述人民币区域化进程中和人民币区域化最终实现后可能出现的风险和需要付出的成本时，也是遵循着重分析货币政策独立性和有效性问题，兼论包括承担国际责任、汇率波动、外部冲击，类似"特里芬难题"等在内的其他成本。

表8—1　　关于人民币区域化（或国际化）成本的文献综述

	作者	主要观点
货币政策的独立性与有效性	Jeffrey Frankel（1994）	一国货币实现国际化后容易产生两方面的负面影响：一是货币国际化将使货币需求波动更大，使中央银行对货币存量的控制更加困难
	Obstfeld and Roggoff（1996）	区域只有单一货币时会因丧失货币政策控制权及灵活性、政策难以协调一致、效率低下等导致巨大的成本
	Tavlas（1996）	在不同汇率制度下考虑货币国际化的成本，在钉住汇率制度下和浮动汇率制度下，货币国际化都会限制货币当局的国内政策能力
	Peter B. Kenen（2009）	不能同时追求固定汇率和独立的国内导向的货币政策
	Ito Takatoshi（2011）	当一种货币成为区域内被钉住的基准货币时，需要执行稳定汇率的政策，不能自由地通过调整汇率改变国际收支问题
	姜波克、张青龙（2005）	在享受国际货币利益的同时，政策自主权将受到一定程度的影响
	李晓、丁一兵等（2010）	货币政策和汇率政策的独立性和有效性是人民币区域化存在的主要问题之一
货币升值或者贬值	Jeffrey Frankel（1994）	货币国际化使货币平均需求增加，外国居民兑换获取国际化货币的需求增加，会导致该货币升值，使该国出口产品国际市场竞争力下降
	Peter B. Kenen（2009）	由于国内货币工具在国外广泛使用，当外国的本国货币持有者认为以本币标价的资产可能贬值时，将导致该货币的广泛贬值
	Chen Hongyi et al.（2009）	人民币区域化之后，区域内对人民币的需求不断增大，从而形成了人民币升值的压力，如果国外普遍形成人民币升值的强有力的预期，这一压力将受到不断的强化
	李晓、丁一兵等（2010）	投机性资本流动会使人民币汇率产生大幅偏离的压力。大量资本流入倾向于增加中国货币供应量，致使人民币面临升值压力；反之，当人民币大量流出时，则可能出现供给短缺，产生货币贬值压力

续表

	作者	主要观点
货币金融环境的稳定性	Peter B. Kenen（2009）	因为向本国居民发行外国债券，货币国际化将使本国的金融系统变得更加脆弱
	李晓、丁一兵等（2010）	人民币实现区域化但还没有在世界范围内成为国际货币的情况下，中国可能会面临来自世界和区域两个层次市场的投机冲击
	Chen Hongyi et al.（2009）	对国际货币的需求波动，使得国内货币政策变得更复杂，也使得在浮动汇率制度下的汇率波动性更大，在固定汇率安排制度下对货币需求的变化也会增大
	Maziad Samar et al.（2011）	1. 货币金融环境的不稳定；2. 货币管理变得更为复杂。因为货币国际化之后，离岸金融市场也成为重要的货币流通市场。货币和金融市场发展的广度和深度不够也是系统不稳定的一个重要原因。因为投资组合的重新配置可能使市场变得更加不成熟
承担更多的国际责任	Chinn M., Frankel J. A.（2007）	主导货币国际化的国家需要承担更多的责任
	宋敏等（2011）	人民币国际化会带来国际责任负担，但纵观货币国际化的历史，似乎也没有国家从国际责任出发考虑本国的行动，本质上都是从本国利益出发来考虑问题
其他不利影响	Li Jing（2004）	人民币区域化与"中国威胁论"。现有种论断认为是中国向全球输出通货紧缩

二 分析当前人民币区域化（国际化）成本应注意的问题

基于中国的视角，人民币区域化会产生一定的成本，这些成本将是阻碍人民币区域化进一步深化的重要因素。我们同时也必须注意到：

第一，本章分析人民币区域化成本大部分是基于中国现有的条件，看待人民币区域化进程中和最终实现人民币区域化后给中国带来的成本。但实际上，人民币区域化的成本是动态变化的，可能在中国经济实力不断增强、国内金融体系不断健全和成熟的情况下，因为采取了得当的措施规避了风险，从而使人民币区域化和国际化的成本得到合理的控制。

第二，以上所分析的成本和风险是人民币区域化进程中会产生的，但并不是唯有人民币区域化才会产生这些问题。譬如，随着中国资本项目自由化的推进，货币政策独立性也会受到一定的削弱；中国经济与世界融合的程度更深，对外开放程度越高，中国面临外部冲击的风险就会越来越大。因此,探讨人民币区域化和国际化的成本也符合现有的经济金融改革框架,具有深远的意义。

第二节 三元悖论框架下人民币区域化对货币政策有效性的影响

关于货币区域化和国际化成本的文献更多关注的是货币政策独立性和有效性问题。长期内,随着人民币区域化和国际化的进一步推进,货币政策有效性问题就会越来越明显。再加上,随着中国经济金融改革的推进,特别是党的十八大提出要加快发展多层次资本市场,稳定推进利率和汇率市场化改革,逐渐实现人民币资本项目可兑换,这就为未来人民币汇率制度和资本流动的市场化改革定下了基调。在这样的背景下,很自然地,我们选择在三元悖论框架下分析人民币区域化对货币政策有效性的影响。

一 三元悖论框架下货币政策有效性研究的相关背景

在三元悖论框架下分析货币政策有效性,我们必须明确什么是货币政策的有效性,它与货币独立性有何关系,还有在经济改革和人民币区域化框架下研究货币政策有效性的意义。

(一) 货币政策独立性和有效性的定义

一般而言,货币政策独立性主要包括两个方面:一是一国货币政策的制定和实施不受制于外部因素(如国际收支、外国货币政策)的影响,主观和客观上都不受影响。之所以这么说,是因为有些时候,虽然本国主观设定了不受制于外国的货币政策目标,但由于无法在多个目标之间寻求平衡,客观上不得不违背原先的政策目标,这也就失去了货币政策的独立性;二是货币政策独立性强调的是央行的独立性,指的是央行的货币政策是根据本国的具体经济形势设定的,并没受到来自政府方面的压力。货币政策有效性指的则是实行相关货币政策后达到的预期效果。

需要指出的是,本书分析并不严格区分"货币政策独立性"和"货币政策有效性"这两个概念,这是因为一方面我们假定中国政府的政策目标与央行的政策目标是一致的,另一方面 Krugman(1999)提出的以"三元悖论"为基础的"Mundell - Fleming Model"所描述的就是货币政策有效性、汇率稳定性和资本自由流动问题。我们可以这样设想货币政策有效性或独立性的问题:没有实现人民币区域化之前,人民币只是在周边区域内流通,而且这种流通是以人流、物流为载体的,不至于造成人民币大规模的流入或者流出;因为人民币区域化意味着,人民币在周边区域的流动除了以人流、物流为载体外,更为重要的是它以金融工具为载体,所以当人民币实现了区域化,在为境外人民币的流入和境内人民币的流出创造便利条件的同时,也为人民币的剧烈波动提供了可能。人民币的大规模流入和流出会稀释国内政策的效果。比如,当国内房产泡沫不断加剧,国内实行从紧的货币政策,提高信贷利率,而此时,国外资本在其他条件不变的情况下,进入中国以追逐更大利润空间的可能性更大,使流动的货币增多,从紧的货币政策效果受影响;如果央行欲实行宽松的货币政策,降低利率,国外资本在其他条件不变的情况下,可以从中国流向其他利率水平更高的国家,减弱国内的流动性,影响央行宽松的货币政策。这个例子就说明货币政策的独立性和有效性受影响。

(二)在经济改革和人民币区域化框架下研究货币政策有效性的意义

随着中国经济的发展,以市场为导向的经济改革的不断深入以及融入世界经济的程度越来越深,货币政策需要承担的维护稳定、低通胀的经济增长的责任越来越大。譬如,随着中国融入世界经济的程度越来越深,面临外部冲击的可能性也就越大,这时候货币政策将是应对这些冲击的第一道防线。尽管深入的结构性改革是长期经济增长的关键性因素,但货币政策所创造的稳定宏观经济环境,则是保持结构改革能够生根发芽的重要因素。在这样的条件下,能否制定以国内政策为导向的货币政策或者说货币政策的效力如何将是未来政府越来越关注的问题。因此,在中国经济改革的框架下,借助三元悖论研究人民币区域化进程中货币政策有效性可能受到的影响具有重要意义。

蒙代尔—弗莱明的"不可能三角"和克鲁格曼的"三元悖论"都说明同一个问题:在开放经济条件下,独立的货币政策、资本自由流动和汇率稳定这三项目标不能同时实现。若要同时实现其中的两项目标,则必须放弃另一项目标。美国和日本选择了货币政策独立和资本自由流动,放弃了汇率稳定;香港则选择汇率稳定和资本自由流动,放弃了货币政策独立;而中国现阶段的货币政策目标是放弃资本自由流动,实现货币政策的独立性与汇率的稳定。由本书第四和第五章的分析得出长期内人民币汇率弹性和资本流动会不断增强,而且党的十八大也奠定了未来人民币汇率制度和资本流动市场化改革的基调。原本放弃资本自由流动，实现货币政策独立性和汇率稳定的货币政策目标也就难以为继了。此时，我们应如何协调货币政策效率、汇率稳定和资本自由流动这三者间的关系，或者应该实行怎样的货币政策组合就显得尤为重要。因此，在人民币区域化框架下，借助三元悖论研究货币政策有效性可能受到的影响具有重大意义。

二　三元悖论三个政策目标的测度

三元悖论理论出现后，伴随现代计量经济学方法的发展，国外学者开始从实证的角度验证三元悖论，检验的方法和对象不同，得出的结论也不同。Obstfeld 等（2005）证明自金本位制以来的国际货币体系中，增强汇率弹性都有利于提高货币政策独立性。Shambaugh（2004）利用 1973—2000 年的数据检验了 155 个国家的情况，也发现非钉住汇率制度下的货币政策弹性更大。但也有许多学者实证分析得出三元悖论不一定成立。Frankel（2001）通过对实行汇率钉住和非钉住国家进行面板数据分析（1970—1999 年），发现钉住汇率制度不一定会削弱货币政策的独立性。Forssback and Oxelheim（2006）通过 1980—1990 年欧洲 11 个小型开放经济体的数据，研究发现固定汇率制度与浮动汇率制度下的货币政策独立没有明显的差异。Frantzscher（2002）运用动态广义自回归条件异方差模型（Dynamic GARCH Model）和 VECM，检验了 12 个新兴市场和 16 个发达国家的情况，得出的结论是固定汇率制度和浮动汇率制度各自与货币自主性之间都没有显著的关系。目前国内学者对以上两个问题的回答并不一致。对第一个问题有两种不同的回答：认为三元悖论在中国不完全成立，如龚刚、高坚（2007），黄飞鸣（2009），胡再勇（2010）等；而认为三元悖论适用于中国的学者有汪洋（2005）、陈智君（2008）等。形成这种分歧的一个重要原因是没有找到合适的方法量化这三项政策目标。对于第二个问题的回答，目前在三元悖论的框架下研究的文献较少，大量文献集中于分析汇率制度与货币政策独立性二者的关系，如邓乐平等（2002）、孙华妤（2006，2007），胡再勇（2010）等；同时，基于实证角度分析货币政策独立性受到影响的文献还不多见。鉴于弥补以上研究的不足，本节在人民币区域化框架下综合研究了两个方面的重要问题：一是人民币区域化进程中的三元悖论是否成立，二是如果三元悖论在人民币区域化进程中是成立的，那么在货币区域化进程中的货币政策独立性会受到怎样的影响。

本书借鉴 Aizenman, Chinn and Ito (2010) 使用的方法,构建和测算三元悖论中三个政策目标。之所以借鉴他们的方法主要基于三点考虑:第一,Aizenman, Chinn and Ito (2010) 运用面板数据分析三元悖论三个政策目标之间的关系时,区分了不同国家组合,包括发达的工业化国家、发展中国家以及欧洲汇率机制(ERM)国家,可见这些指数的设定本身要考虑到不同国家组合的情况,适用性较强。第二,其构建的指数较直观,易于理解且数据也较容易获得。虽然有些学者采用更详细的测算指数,但由于其来源的数据库是不公开的,指数的测算无法进行。比如,Quinn(2003)在测算资本自由流动指数时,选取了 14 个测算指标。虽然类别划分较详尽,但他使用的数据库至今仍不是公开的。第三,该指数能够反映动态过程,较好地描绘了金融结构的演变情况。

(一)三元悖论相关指数的构建和选取

1. 货币政策独立性指数(MI index)

我们构建的货币政策独立性指数如下:

$$MI = 1 - \frac{\text{corr}(i_t, i_t) - (-1)}{1 - (-1)} \qquad (8—1)$$

其中,i_i 为中国每月年利率水平;i_j 为东亚区域内其他国家(地区)每月的年利率水平。MI 数值越大说明中国的货币政策独立性越强。

这里的 MI 指数是基于中国与东亚区域国家(地区)的利率相关度并结合 Aizenman et al. (2010) 的 MI 指数测算,得出中国与东亚区域国家(地区)的货币政策独立性指数的平均值。由于可获得的中国香港每月的年利率数据始于 1992 年,因此,1989—1991 年的 MI 指数是不包括中国香港 MI 指数的平均值。此外,在某些年份月度年利率是一样的,导致计算出来的年度利率的相关性不存在(由相关系数的计算公式可知,分母为 0,相关系数不存在),此时我们令相关系数 Corr = 0,也就是说 MI 赋值 0.5。此时 MI 的赋值是合理的折中值,因为利率之间的相关性为 0,并不完全是货币政策独立的反映,还可能包括其他两种情况:第一,本国使用其他工具而非利率工具来执行货币政策,如增减外汇储备或者提供窗口指导。也就是说利率不变,并不是代表其政策工具不变,这种情况无法体现该货币政策的独立性。第二,本国对金融中介实施严格的控制,包括信贷比例,从而使利率保持不变。实际上,要将这些情况甄别开来,做到既不高估也不低估 MI 指数是难以实现的,因此给 MI 赋一个折中值是合理的。

2. 汇率稳定性指数(ERS index)

$$ERS = \frac{0.01}{0.01 + stdev(\Delta\log(exch\_rate))} \quad (8—2)$$

其中,$stdev(\cdot)$ 代表关于标准差的函数,一般地,$stdev(\cdot) = \sqrt{1/N[(x_1-\mu)^2 + (x_2-\mu)^2 + (x_3-\mu)^2]}$。

$exch\_rate$ 为一种货币相对于另一种货币的汇率水平,这里的测算值是人民币与东亚区域内其他国家(地区)货币之间的月度汇率(买入价和卖出价的平均水平)。ERS 数值越大,则本国货币相对于基准国货币的汇率就越稳定。Aizenman et al. (2010) 为避免 ERS 指数出现向下的偏差,尤其是当汇率窄幅波动时,会加大汇率的弹性,为汇率波动设置了一个门槛,也就是说,如果每月的汇率波幅在±3% 范围内,则视为固定汇率,ERS 指数就赋值为 1。基于同样的考虑,本书在数据处理时,也采用了类似的处理方法。

3. 资本项目开放程度(KAOPEN index)

KAOPEN 指数描述的是资本开放度,说明资本流动情况的指数。它是基于 IMF 为限制跨境金融交易而编纂的二进制虚拟变量表,该表来自于 IMF 每年发布的关于汇率安排和外汇管制的报告(Exchange Arrangement and Exchange Restrictions,AREAER)。截至 1996 年,IMF 将二进制虚拟变量分为四个类别:表示多重汇率的变量(k_{1t})、表示限制经常账户交易的变量(k_{2t})、表示限制资本项目交易的变量(k_{3t})、表示让渡出口收入的要求(k_{4t})。而 KAOPEN 指数是 k_{1t}、k_{2t}、share k_{3t}、k_{4t} 中最主要的标准化主成分指数。为准确地估算 k_{3t}(k_{3t} 为对资本交易的控制),使用 5 年窗口期所占的份额来描述 k_{3t},可表示为 share $k_{3t} = \frac{k_{3,t} + k_{3,t-1} + k_{3,t-2} + k_{3,t-3} + k_{3,t-4}}{5}$。

需要指出的是,有人认为 KAOPEN 是关于资本流动的指标,除 share k_{3t} 外,不应包括 k_{1t}、k_{2t}、k_{4t}。若将后三个指标也包括在内,就不能直接反映对跨境贸易的资本限制,测算的只是拓展的资本管制。Chinn and Ito (2008) 从两个方面对以上观点进行了辩驳:一方面,即使它测算的是资本管制的拓展性,也是测算资本管制的近似值。另一方面,对于资本开放的经济体,可以通过限制经常项目的交易、多重汇率制度等限制资本流动，对于资本封闭的国家，它们也可以通过施加其他形式的限制进一步增强原有的资本管制。因此，对扩展的资本管制的测算就是对资本管制本质的测算。

（二）资料来源

以上三个指数的原始数据都是1989—2011年的时间序列，但数据来源有所不同。MI指数的数据来源为CEIC数据库；ERS的原始数据中：1993年以前的数据来自CEIC数据库，而1993年及其之后的数据来自www.oanda.com官方网站；KAOPEN指数的原始数据则来自Chinn and Ito在波特兰州立大学官方主页上不断更新的数据。2006年Chinn and Ito开始测算该指数，并一直在跟进，现在已经更新至2010年（2011年的数据为笔者根据KAOPEN的计算方法进行测算得出的）。

三　模型分析过程

模型分析主要解决两个问题：一是检验人民币区域化中的三元悖论是否成立，二是如果三元悖论成立，那么货币政策会受到怎样的影响。

（一）检验人民币区域化中的三元悖论是否成立

理论上，这三个目标之间存在着相互制约的关系，如果提高某个政策目标的水平，会使另一个政策目标水平下降。具体而言，更自由的资本流动可能使汇率稳定性水平变得更低或者丧失货币政策独立性，或者汇率稳定性和货币政策独立性的综合水平下降。在实际中，特别是在人民币区域化的框架下，中国是否需要在汇率稳定、资本自由流动和货币政策独立性三者间进行有效地权衡，还缺少实证上的检验。本书试着检验这三项政策目标之间的线性关系。首先观察这三项政策变量所占权重之和是否为常数，若是常数，则说明运用线性回归检验三个政策目标之间的关系是适用的。

$$1 = b_0 + b_1 MI + b_2 ERS + b_3 KAOPEN + \varepsilon_i \quad (8-3)$$

在构建模型（1）后，将测算出来的MI、ERS、KAOPEN指数运用到模型分析中，可以得到如下的方程：

$$1 = 0.3392592732 \times MI + 1.457430163 \times KAOPEN$$
$$+ 0.4135369289 \times ERS \quad (8-4)$$

　　　（2.486095）　　　　（4.871422）　　　　（1.722153）
　　　［0.0219］　　　　　　［0.0001］　　　　　　［0.1000］

式（8—4）中的圆括号表示T值，方括号表示P值。虽然以蒙代尔—弗莱明模型为代表的很多理论都认为开放经济条件下，三元冲突是存在的，也有些理论认为中国的实际情况并不符合三元悖论。由式（8—4）可知，在10%的条件下，货币政策的独立性、汇率的稳定性和资本的流动性之间可以存在显著的线性关系，而且当三个政策目标进行适当的组合时，三个政策变量所占权重之和是常数，说明此时三元悖论是成立的。可见，人民币区域化背景下的三元悖论不是任何条件下都成立或者不成立，在三种政策的组合下，中国的三元冲突是存在的。

（二）货币政策独立性所受的影响分析

为避免伪回归问题，我们在进行长期均衡分析时，首先对变量进行单位根检验，判断三个政策变量的平稳性。接着对同阶平稳的变量进行协整检验和误差修正分析。

1. 单位根检验

表 8—2　　　　　　　　　变量的单位根检验

	MI	ERS	KAOPEN	△MI	△ERS	△KAOPEN
类型（C，T，K）	(0, 0, 3)	(0, 0, 2)	(C, T, 0)	(0, 0, 2)	(0, 0, 1)	(C, T, 0)
ADF 值	-0.34762	0.023244	-2.11552	-7.48931	-6.71357	-4.81992
1% 临界值	-2.69236	-2.68572	-4.44074	-2.69236	-2.68572	-4.4679

对货币政策独立性（MI）、汇率稳定性（ERS）、资本项目开放程度（KAOPEN）进行单位根检验得出的结论是：中国与东亚区域国家对比得出的这三项指标的原始序列并不平稳，但在1%的显著水平条件下，MI、ERS、KAOPEN 都是一阶单整的（见表8—2）。

2. 协整（Co-Integration）检验

因为同阶平稳的变量之间存在长期稳定的均衡关系，所以同是一阶单整的 MI、ERS 和 KAOPEN 指数间也存在长期稳定的均衡关系。本书使用 E-G 两步法检验这三个变量之间的协整关系：对式（8—4）的残差序列进行平稳性检验，得出 ADF 值为（-7.51）小于1%临界水平的值（-3.79），可见，残差序列是平稳的，协整关系成立。

$$MI = -.967317 \times KAOPEN - 1.478503 \times ERS \tag{8—5}$$
$$(-1.81) \qquad\qquad (-3.06)$$
$$[0.086] \qquad\qquad [0.006]$$

表 8—3　　　　　MI 对 ERS 和 KAOPEN 回归的结果

MI	Coef.	Std. Err.	t	P>|t|	[95% Conf. Interval]
KAOPEN	-.967317	.316602	-3.06	0.006	[-1.627737　-.3068968]
ERS	-1.478503	.8180418	-1.81	0.086	[-3.184908　.2279021]

考虑到这三个目标变量的测算值并非来源于原始数据，而是经历了几步测算得到的，为避免测算偏误，在线性回归中使用 KAOPEN 的滞后一阶作为工具变量。由表 8—3 可知，长期均衡中，更富有弹性的人民币汇率制度有利于货币政策独立性的维持，但资本项目在长期内开放度越高反而会降低货币政策的独立性。前者的结论与 Kim and Lee（2008）[①] 以东亚经济体为计量分析的对象，得出了汇率弹性越高，货币政策的独立性越强的结论是一致的。

3. 基于 Bootstrap 的数值模拟

之所以运用 Bootstrap 对协整分析过程再进行模拟分析，一方面是由于本书所使用的时间序列的跨度较短，进行 Bootstrap 模拟，将产生大量的模拟样本，可以弥补模型样本数量不足的缺点。另一方面，模型中得到的参数估计，虽然运用工具变量法可以在一定程度上修正参数估计的偏差，但由于样本量不足的特点，这种修正并不能完全克服偏差问题，而 Bootstrap 模拟则可以进一步提高这种修正水平。

表 8—4　　　　　Bootstrap 数值模拟回归结果

	Coef.	Std. Err.	t	P>|t|	[95% Conf. Interval]
ERS	-0.95841	.464809	-1.98	0.061	[-1.88724　.0460064]
KAOPEN	-1.22077	.1664318	-7.24	0.000	[-1.551481　-.8592528]

注：① 这里 Bootstrap 数值模拟重复的次数设定为 1000 次。
② 该数值模拟是对误差序列进行样本内不重复的随机抽取。
③ 表中 ERS、KAOPEN 的系数、Bootstrap 标准误差、P 值以及置信区间的系数都是模拟 1000 次回归得到的相应系数的平均。
④ Bootstrap 分析的原理：在 MI 对 ERS、KAOPEN 进行回归之后得到残差项，接着对残差项进行重新排序（相当于进行样本内抽样）后，将 ERS、KAOPEN 的系数代入可以得到新的被解释变量的值，再将被解释变量对解释变量回归，可以得到一个样本回归。重复以上的几个步骤 1000 次，就可得到不重复抽样的 1000 个样本。

---

① Kim, J. C. and J. Lee, What Exchange Rate Regime and Monetary Policy Independence in East Asia, Pacific Economic Review, 2008, 13 (2): 155-170.

运用 Bootstrap 方法进行样本内不重复抽取的数值模拟结果显示，ERS 和 KAOPEN 对 MI 的影响方向没有变，都是负向的，ERS 模拟后的数值与协整分析得到的结果极为接近，KAOPEN 模拟后的数值与真值的差距也不大。因此，长期均衡分析中得出的线性关系是合理科学的。

4. 误差修正模型（Error Correction Model）

只是分析变量之间的长期稳定关系并不完整，因为变量间的关系在短期内可能会受一些因素的影响而偏离均衡状态，对于这一情形，我们通过误差修正模型来描述短期调整关系。

$$\Delta MI_t = \beta_0 + \beta_1 \Delta ERS_t + \beta_1 \Delta KAOPEN_t + e_{t-1} + \varepsilon_{1t} \quad (8-6)$$

由 ECM 模型估计结果可得：

$$\Delta MI_t = -0.3871864\Delta ERS_t + 0.8654637\Delta KAOPEN - 0.12466 e_{t-1}$$
$$(8-7)$$

由误差修正模型构成的短期均衡模型可知，短期内，汇率稳定性对货币政策的影响并不显著，资本自由流动程度对货币政策独立性的影响是显著的，而且是正向影响。这说明短期内，汇率制度弹性的增强对于维持货币政策独立性的作用并不显著，而进一步开放中国资本项目有利于增强货币政策的独立性。换言之，可以通过释放资本项目的流动性来缓解中国货币政策独立性下降的压力。

四　模型主要结论

第一，在人民币区域化的背景下，中国的三元悖论在三个政策目标的适当搭配下是成立的。

第二，因为不是 KAOPEN、MI、ERS 中的任一个值取 0，另外两个值就可以取 1，因此，并不是说放弃一项政策目标，就可以完全实现另外两项目标。实证分析的结果表明，在货币政策独立、汇率稳定以及资本自由流动三个目标中，中国最优的政策选择并非放弃某个极端的目标去实现另外两个极端目标，而是要在不同的目标之间进行权衡和折中，以反映中国经济发展实际的需求。

第三，从长期均衡的结果看，更富有弹性的人民币汇率制度有利于货币政策独立性的维持，但资本项目就长期而言，也不是开放程度越高越好，这与第四章和第五章分析的结果是一致的。而由误差修正模型构成的短期均衡分析可知，短期内，汇率稳定对货币政策独立性的影响并不显著,但资本自由流动对货币政策独立性的影响是显著的,而且是正向影响。这说明短期内,扩大汇率制度弹性对于增强货币政策独立性的作用不明显,而进一步开放中国资本项目有利于增强货币政策的独立性。换言之,可以通过释放资本项目的流动性缓解中国货币政策独立性下降的压力。

五 减少对货币政策独立性不利影响的相关政策建议

一方面,三元悖论框架下基于长期协整和短期误差修正模型的实证分析得出的结论不同;另一方面,宏观经济金融环境对资本项目开放和人民币汇率弹性的短期需求和长期需求有所不同,因此,提出减少货币政策独立性不利影响的政策建议时既应基于长期视角也应基于短期视角。

(一)基于长期的视角

长期内,随着人民币区域化和国际化的不断推进,增强人民币汇率制度弹性、提高资本项目开放度的改革也是大势所趋,在这种改革背景下我国货币政策独立性势必受到或多或少的影响。为减少货币政策独立性下降对经济的不利影响,我们需要注意以下三点:

第一,在一定条件下推进汇率形成机制的市场化改革和增强人民币汇率浮动弹性,有利于减少人民币区域化对货币政策独立性的不利影响。汇率作为货币的国际价格,当它能够充分地反映市场供求,遵循市场的价格形成机制,而非由政府干预形成时,更具有持久的吸引力。在汇率形成机制缺陷不断得到克服和汇率形成机制改革条件走向成熟时,增加汇率制度的弹性一方面是增强人民币吸引力的要求,另一方面也是弱化人民币区域化对货币政策独立性不利影响的要求。这是因为,从宏观上看,增加汇率的弹性可以在一定程度上阻隔国外通货膨胀或者通货紧缩传递到国内,从而阻隔这种传递对国内货币政策选择的影响。具体而言,在资本自由流动、信息完全、无国际交易成本的假定条件下,当购买力平价(Purchasing Power Parity)成立时,在相对浮动汇率制度下,如果外币的购买力强,兑换外币的需求增加,从而导致外币升值,而不是物价上涨,因此不影响国内货币政策的选择;在固定汇率制度下,如果外币的购买力强,此时存在外币升值的压力,为维持固定汇率,本国货币当局就会通过货币政策操作向市场投放更多的外币,回笼本国货币,引起国内的通货紧缩,国内又要考虑释放货币供给的货币政策。从微观上看,在更具弹性的汇率制度下，汇率波动的次数和频率更大，担心资产价值波动的个人和家庭，更频繁地根据自己的风险判断和资产结构进行套期保值，规避风险。企业在固定汇率制度下的风险意识明显低于浮动汇率制度下的情况，更大的汇率制度弹性可以增强企业的风险意识，从而增加各种避险衍生工具的使用。

第二，长期内，我国资本项目开放步伐的推进应谨而慎行，不能抱有资本项目开放程度越高货币政策越独立的态度。虽然资本管制是一种市场扭曲的行为，也是金融保护在某种程度上的体现，但这并不是说开放所有的资本项目子项目就是最优的。目前，即使是金融开放水平最高的美国，其资本项目的可兑换性仍存在一些限制。对中国而言，应该把资本项目开放界定为所有资本子项目不完全开放。在过去的十年，中国资本项目接连开放了一些子项目，根据2011年IMF发布的《关于汇兑安排与汇兑限制的报告》，我们发现现在不可兑换的资本项目子项目都是在资本和货币市场工具、衍生品及其他工具交易这两个风险系数较高的资本项目下，部分可兑换的项目则主要包含在资本和货币市场工具、个人资本交易这两个资本项目下。对这些不可兑换和部分可兑换项目的管制是否需要解除，解除多少，必须要综合考虑以下因素：国内经济发展水平是否能够保持持续稳定增长的局面；国内金融体系是否足够完善，能够充分地抵抗风险和提供足够多的风险规避工具；国内企业和个人等微观主体风险化解能力是否足够强；国外的经济金融环境是否有助于真实反映国外对人民币和以人民币标价的资产的需求。

第三，汇率制度和资本项目作为金融体系市场化改革的重要方面，寻求长期内两种政策的配合使用，是实现我国金融改革和货币政策独立性双重目标的重要保证。这是因为，汇率制度市场化改革和资本项目开放并不是独立的，二者是相互联系的：一方面，二者的相互配合使用可以降低金融环境受到的冲击；另一方面，二者是共同组成影响货币政策独立性的重要部分。

第四，也要积极采取具体应对措施，减少对货币政策独立性的不利影响。一方面，要减少因货币替代产生的对货币政策独立性的影响。因为人民币和人民币资产成为全球范围内中心货币还是一个漫长的过程。在这一过程中，当本国居民对本币的币值稳定性和本币资产收益率信心不足时，货币替代就容易产生。因此，要努力确保本币币值的稳定性和以本币标价资产的收益率不发生大的波动。另一方面，需要通过疏通货币政策传导机制，减少货币政策独立性下降造成的不利影响。中央银行就是通过各式各样的货币政策工具调节金融机构的存款准备金，从而控制全社会的货币供应量。

(二) 基于短期的视角

短期内，因为汇率制度弹性的增减不至于对货币政策的独立性造成很大的冲击，而释放资本项目的流动性可以缓解中国货币政策独立性下降的压力，所以在进行三个政策目标协调时应该做到如下两点。

第一，因为短期波动关系的结果显示，短期内汇率制度弹性的增减对货币政策的影响并不显著，也就是说短期内汇率弹性的增减不至于对货币政策的独立性造成较大的冲击，人民币汇率制度改革拥有较多的缓冲时间，可以在适当时机加大汇率弹性改革，在不适当时机减缓其改革进程。在当前国外经济形势下，如欧债危机远未结束和美日的量化宽松货币政策环境，在未来全球经济增长充满不确定性的条件下，汇率制度的改革不能急于求成，而是要把握好时机，减少改革的成本。

第二，短期内，资本项目自由化对货币政策独立性的影响是显著的，维持货币政策独立性需要适当放松资本管制。但考虑到我国金融体系仍较为脆弱，肆意加快资本项目开放的步伐，将无疑加大我国面临的金融风险，影响经济金融环境的稳定性。要想同时兼顾货币政策的独立性和金融安全，在资本项目开放条件不成熟时，应该减缓人民币区域化或者国际化的速度。因为我们并不是为了人民币区域化而进行区域化，而是要将人民币区域化与我国经济社会全面稳定发展的实际配合好。只有在有利的国内外经济形势下，才能适度加快开放资本项目。

第三节 人民币区域化的其他成本及相关建议

人民币区域化（国际化）的成本除货币政策的有效性受影响外，还包括承担国际责任、汇率波动、外部冲击，类似"特里芬难题"等在内的其他成本，这些成本也是人民币区域化（国际化）进程中应该充分考虑的问题。

一 承担更多的国际责任

承担相应国际责任对于一国货币区域化和国际化来说意义重大。一国持有其他国家货币主要出自贸易、投资和储备之需，其中一国货币作为储备货币职能是衡量该国货币国际化程度的核心要素。进一步地，在信用货币时代，一国货币之所以为国内接受是因为有政府信用作支撑；同样地在国际货币方面作为国际货币的发行国是否承担相应的国际责任，决定它能否为本国货币赢得信誉和信用，进而决定能否使本国货币成为国际货币。人民币成为区域内的关键货币当然也离不开中国承担相应国际责任并为人民币赢得信誉。2008年金融危机发生前后美国不够负责任的表现，则是削弱美元信誉的反面教材。国际金融危机前，为应对2001年互联网泡沫破灭和"9·11事件"造成的冲击，2001年美国在不考虑本国货币政策对别国影响的情况下，开启了美国有史以来最低的基准利率周期，并使风险不断累积，最终酿成了金融危机。在治理危机阶段，美国宽松的利率政策和四轮量化宽松的货币政策掀起了全球通货膨胀的时代。因此，全球范围内的许多国家对美元的信心有所下降，呼吁改革以美元为主导的国际货币体系。可见，肩负起作为国际货币相应的责任是扩大和维护一国货币国际影响力的关键。

具体而言，人民币区域化所要承担的国际责任，首先在于人民币区域化进程中应该承担相应的责任，在制定和执行货币政策时，不只是要出于国内宏观经济发展需要的考虑，还要考虑到这些政策可能会对区域内其他国家的影响。此外，在人民币区域化进程中和人民币区域化实现后，中国需要承担的国际责任包括：区域汇率（金融）稳定的责任、危机中救助的责任、便利区域内的贸易和投资以及努力维持区域经济体所持人民币的保值和增值等，肩负这些责任对处于转轨时期的中国来说，不利于化解一些突发的情况和矛盾，这些责任的执行和维持也会使中国付出不少成本，但这是建立人民币信誉所必需的。实际上，中国在1997—1998年亚洲金融危机和2008年国际金融危机中的表现，都说明中国是有能力也有远见肩负起至少是在区域内的责任的。首先，1997—1998年亚洲金融危机后，亚洲区域内其他经济体如泰国、印度尼西亚、日本、韩国等国的货币纷纷贬值。为避免出现"以邻为壑"的竞争性贬值，中国坚持人民币不贬值，当然人民币不贬值也是基于中国与东亚区域的经济联系和贸易结构的考虑，是有利于中国的。2008年金融危机后，面对IMF危机救助机制的欠缺，中国与其他东亚经济体一道积极寻求区域内的危机应对和防范机制，在2009年时建立的1200亿美元的共同外汇储备基金中，中国（含香港）

所占的比例等同于日本,此外,中国人民银行也与其他东亚主要经济体进行货币互换。可见,中国在区域内承担的责任更多体现在危机时。人民币区域化的进一步深入,除了危机这一非常态情况外,中国还须承担起常态情况下承担的区域经济金融稳定的责任以及寻求建立更加稳定的危机救助机制。

直观上看,考虑肩负相应国际责任的人民币区域化对于解决国内问题的针对性并不强,而且还需要一国付出相应的成本。但实际上承担相应责任的政策处理得当也会从长远惠及国内宏观经济。因此,虽然货币国际化中应当承担的国际责任会带来不少成本,但不能因此在人民币区域化和国际化问题上踌躇不前。这是因为一方面作为主要国际货币承担相应国际责任是任何国际货币都要做到的。虽然美国实行了一些规避国际责任的政策,特别是2008年金融危机发生后,但也不能否认在维护美元核心国际货币上履行过国际责任。Chinn M. and Frankel A. J. (2007)[①] 列举了美元成为核心国际货币后美国承担的相应责任的例子,美联储在1982年下半年和1998年年末拉美债务危机出现后,本应大幅下调利率,但是考虑到对他国的不利影响并没有大幅下调利率。可见,承担相应国际责任并不是人民币区域化和国际化所独有的,也不是可以回避的问题。可以肯定的是中国是否肩负起区域内的责任,直接关系到人民币作为信用货币的信誉,进而决定人民币区域化的进程。因此,在制定一些外溢性强的货币和财政政策时,应当考虑到区域整体的利益,或者是实行不至于对区域造成很大影响的政策。另一方面从货币国际化的历史上看,国际货币发行国的行动也并没有基于国际责任的角度,更多地是从本国的根本利益出发进行相应的决策(宋敏等,2011)。那些回避相应国际责任的国家,最终其国际货币地位会受影响。

二 人民币升值和贬值的风险

人民币区域化的进程和最终实现区域化成为区域内关键货币时,都可能会加大人民币汇率波动,造成经济波动的风险。

---

① Chinn, M. and Frankel, A. J., Will the Euro Eventually Surpass the Dollar As Leading International Reserve Currency? G7 Current Account Imbalances: Sustainability and Adjustment, University of Chicago Press, 2007: 283 – 338.

(一) 人民币汇率波动的风险

1. 人民币区域化进程中

当前人民币区域化进程中的单边人民币升值，部分可以归因于人民币汇率形成机制改革释放更多市场因素影响人民币汇率水平。从这一点上看，人民币汇率升值对经济的影响以及对人民币深入区域化是积极的。但在人民币区域化进程中形成的人民币单边升值，从而形成其他经济体对人民币的升值预期，在目前通货膨胀的环境下，不利于人民币区域化的推进。

第一，不可否认的是人民币之所以受到区域经济体作为贸易结算货币和储备资产的欢迎，很大一部分原因应归功于人民币升值。进口贸易人民币结算远远大于出口贸易的人民币结算的"跛足"情况就说明了这一点。由图8—1可知，近年来人民币兑美元汇率保持稳定的上升趋势，有利于东亚经济体所持人民币的保值和增值，因此，这些经济体对人民币的需求很大一部分是投机性需要，这不仅对人民币区域化本身不利，而且也可能扰动经济稳定性。

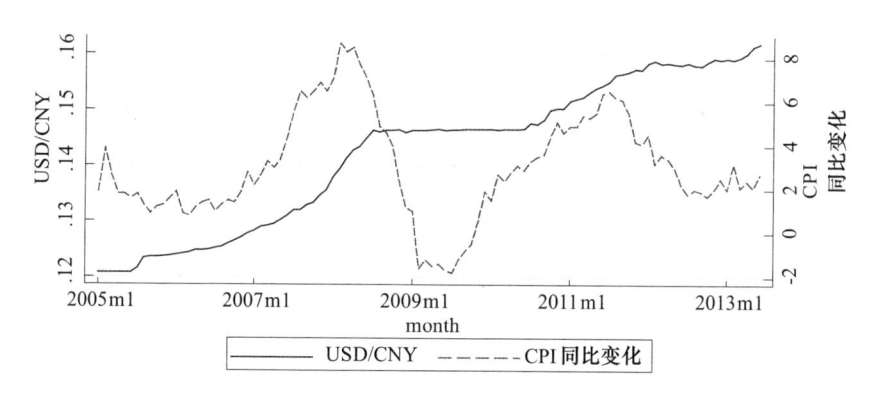

图8—1 人民币兑美元和同比CPI（2005年1月—2013年6月）

注：中国CPI价格并不包括房地产，若将房地产的价格也包括在内，中国的消费者价格指数水平会更高。

资料来源：除2013年的数据来自国家统计局外，其他数据均来自CEIC数据库。

第二，在当前通货膨胀的环境下，人民币单边升值也是不利于稳定宏观经济和提升人民币在区域内的影响力的。按照相对购买力平价理论，当一国国内物价上涨货币对内贬值时，通过国际贸易市场、资本市场和货币市场形成对该国货币的兑换需求下降了，从而使该国货币贬值。从图 8—2 反映出来的美元指数和消费者价格指数的变化情况可以看出，美国消费者价格指数和美元指数基本呈现此增彼减的趋势，表明"对内贬值，对外贬值"在美国是成立的。从图 8—3 可以看出"对内贬值，对外升值"对日本也是基本成立的。但中国却出现了人民币"国内贬值，国外升值"的奇怪现象：从 2009 年 6 月到 2011 年 9 月，CPI 同比一路上升，随后 CPI 同比增幅有所下降。因为中国同期的通货膨胀水平较发达国家的水平要高，即使 2011 年 10 月后中国的 CPI 同比上升的幅度较小，但总体的物价水平还是较高的，与此同时人民币对美元汇率基本保持单边升值的态势（见图 8—1）。这主要是因为中国正处于一个内外都相对宽松的货币政策环境，而且人民币升值受到较大的外部压力。

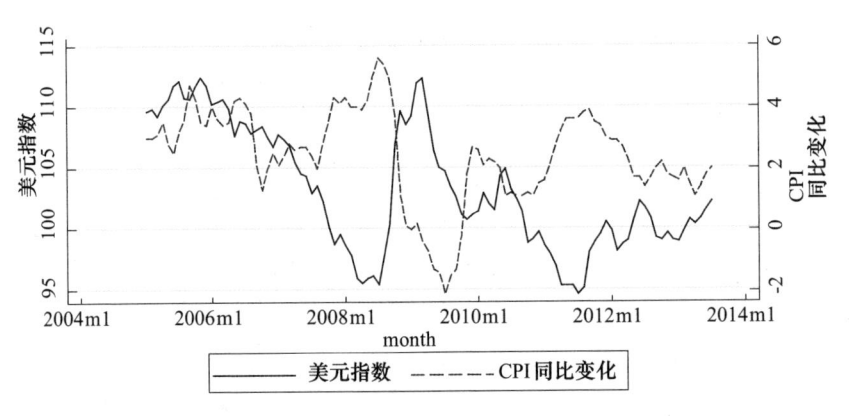

图 8—2　美元指数与美国的通货膨胀水平（2005 年 1 月—2013 年 6 月）

注：这里的通货膨胀水平指的是消费者价格指数与去年同期对比的变化情况。

资料来源：美元指数来自于 Federal Reserve Bank of Atlanta，CPI 则来自于 CEIC 数据库。

当前通货膨胀背景下人民币升值的不利影响主要表现在：第一，在美元贬值和美国国债出现偿债危机背景下，人民币单边升值让其他投资者形成人民币继续升值的预期，会引起境外投资和投机资本流入，可能扰动中国金融市场；第二，2008 年国际金融危机余波未平，主要发达国家经济体基本进入宽松的货币政策周期，但由于这些发达经济体的货币几乎是可自由兑换的，那些由宽松货币政策释放出来的货币将部分进入存在明显货币升值趋势的中国。同时，对于货币政策也相对宽松的中国而言，在其资本的流出受到较严格限制的条件下,中国释放出来的货币大都会在国内长期停留。这就从两个方面加大了国内人民币的流动性。可见,在国内通货膨胀问题仍然存在的条件下,人民币的单边升值不但不利于解决通货膨胀问题,反而可能进一步加剧通货膨胀,而人民币对内价值的不稳定对国内宏观经济环境的不利影响,将反过来阻碍人民币在国际贸易中的使用。

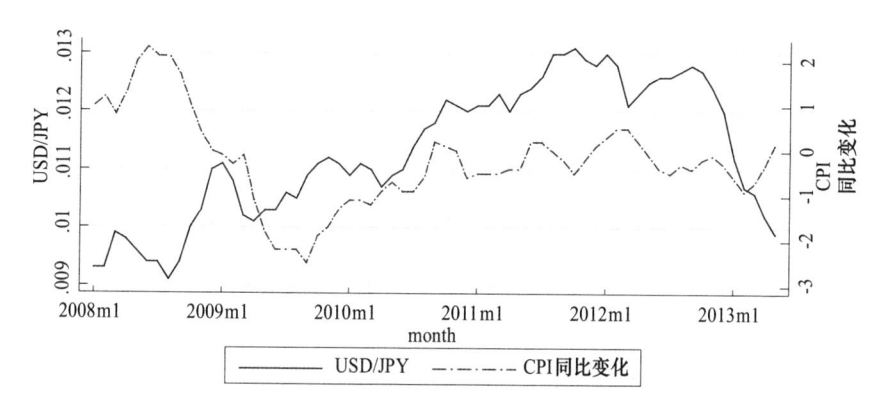

图8—3 日元兑美元汇率与日本的通货膨胀水平(2005年1月—2013年6月)
资料来源:CEIC数据库和日本银行。

2. 人民币实现区域化后

人民币实现区域化可能会面临更大的人民币汇率波动风险,包括汇率升值风险和汇率贬值风险。第一,汇率升值风险。正如 Frankel A. J. (1994)、Chen Hongyi et al. (2009)研究所表明的,当人民币真正实现区域化后,由于使用人民币可以带来更多便利性,对人民币的平均需求有所增加,兑换人民币的需求也会因此而增加,这些都是人民币区域化后人民币升值的助推力。如果中国的产业结构没有实现相应的升级、劳动生产力没有得到相应提高,那么即便是实现了人民币区域化也不利于保持人民币的吸引力。这是因为此时的人民币升值是一种价格扭曲,将影响中国产品在国际市场的竞争力和经济的稳定增长,我们会因此付出较大的代价。第二,汇率贬值的风险。人民币实现区域化后既可能存在升值的风险也可能存在贬值的问题。正如 Kenen B. P. (2009)和李晓、丁一兵等(2010)指出的,一国货币实现国际化可能会面临货币贬值的压力,人民币实现区域化后,也可能面临较大的贬值压力。由于人民币区域化进程中相伴推进了货币可兑换，在境外流通的人民币也较多，一旦境外人民币持有者产生人民币标价资产贬值的预期，大量抛售人民币资产，此时货币当局调控货币进出的难度就进一步加大了，最终可促使人民币大幅贬值。

（二）关于减少人民币区域化可能引起汇率波动的政策建议

第一，人民币汇率是人民币对外价格，如果仅是为了提高人民币在其他国家的接受度人为地让人民币持续升值，这样的人民币汇率就是被扭曲的。为迎合人民币区域化和国际化战略的人民币汇率波动，最终只会阻碍人民币区域化和国际化的步伐。人民币汇率的变化应该更多地由市场的变化和中国经济发展对汇率提出的要求决定，并配合着中国产业结构的升级、劳动生产力水平的变化等进行调整。

第二，人民币区域化和国际化的目标应该是使其成为核心的国际货币（或者说是关键的国际货币）和信誉度高的货币，尽管实现这一目标的道路还很漫长，但人民币区域化的最终方向应该不能偏离这个轨道。美元作为最核心的国际储备货币和国际货币，由于其特殊的地位不至于面临过大汇率波动的问题。因此，对于境外持有人民币的经济体而言，如果人民币具有不可动摇的核心国际地位，它们也不至于频繁地增持或者减持人民币资产造成人民币汇率的波动，最终有利于促进人民币区域化。

三 加大遭受更大外部冲击的可能性

（一）大量资本进出国内金融市场，增加金融市场的风险

货币在国际化进程中提供了更多的货币政策工具，同时为国际金融市场交易提供了各种便利，拓宽了大量短期投机资本涌入的渠道。当这些短期资本投资于国内货币市场和资本市场时，造成国内资产呈现泡沫增长的可能性就更大了。20世纪80年代，为配合日元国际化进程所需的金融自由化，日本开放国内的股票市场，原本希望以此积极推动金融市场发展，但现实中，国内股票市场的开放却给本国经济造成了一定的冲击：在日元升值的背景下，外国投资者通过参与日本股票交易使大量投机资本流入日本，助推日本的泡沫经济。后来日本采用紧缩性货币政策治理泡沫经济时，这些逐利的投机资本又大量外逃，应该说日本"失去的十年"投机资本也难逃其责。可见，货币区域化和国际化中的金融市场开放引起的短期资本进进出出对一国经济的冲击是特别需要注意的。

以债券市场为例，我们可以看到在人民币区域化推进中可能带来的风

险。一般而言，债券分为四种类型即居民在国内发行的债券、居民在国际上发行的债券、非居民在国内发行的债券、非居民在国外发行的债券（见表8—5）。在人民币区域化尚未实现前，一般只有本国居民在国内发行债券，随着人民币区域化和国际化的不断推进，本国企业在境外发行债券对外融资和外国企业在本国发行债券对内融资（如熊猫债券）也会变得越来越普遍，而且本国货币也可以被第三方使用，形成离岸的金融债券发行市场（如点心债券）。特别是2009年中国加大推进人民币区域化和国际化的力度时，"熊猫债券"和"点心债券"得到不断发展也足以说明这一点。伴随着人民币区域化和国际化的不断推进，作为中国经济与国际经济进一步融合重要通道的债券市场，其对外联系也会越来越大，这在便利本国居民和外国居民融资的同时，也成为国外金融危机和经济波动传递到中国的主要通道，增加了货币区域化面临的风险。此外，对于投资者而言，因为对于引进的企业和走出去的环境的认识难以全面、准确。因此，从投资者的角度看，他们也面临更多的风险。

表8—5　　　　　　　　债券市场发行的主要几种情形

	国内债券市场	国际债券市场
本国居民	居民在国内发行的债券	居民在国外发行的债券
外国居民	非居民在国内债券市场发行的债券（如中国的熊猫债券，美国的扬基债券）	非居民在外发行的债券（欧洲美元债券市场，中国内地在香港发行的人民币债券"点心债券"）

（二）人民币流动性资产持有者对人民币偏好的逆转带来的风险

即使人民币成为区域内关键的计价、结算和储备货币，对于那些持有人民币流动性资产的区域内经济体的企业、家庭和政府而言，它们有权力决定是继续持有还是将其出售。一方面因为一国货币能否被其他经济体用于广泛地计价、结算和储备货币本身就是他国选择的结果。另一方面也因为在很长一段时间内，人民币还不可能成为区域经济体唯一的国际储备货币，因此这些经济体可以根据具体情况对所持的国际储备货币进行相应的增减。当其他经济体对中国经济形势产生不好的预期时，对人民币的信心也将随之动摇，拥有人民币流动性资产的国家会在各种国际货币间进行调换，形成对人民币的挤兑和抛售，影响人民币币值的稳定。如果大多经济体对人民币的需求和预期发生逆转,这种逆转将会进一步冲击中国经济。

总体而言,由于一方面当前中国金融市场的发展水平和发展程度还有待进一步提高,另一方面在人民币区域化和国际化的推进下,金融市场对外开放程度又不断加大,这使其遭受更大外部冲击的可能性加大。因此,为最小化人民币区域化的成本,在人民币区域化进程中应采取相应的措施减少经济遭受外部冲击的可能性。具体而言,我们应该做到:

第一,增强东亚区域化的货币金融合作。1997—1998年亚洲金融危机后,东亚经济体强烈意识到加强区域合作的重要性,但危机过后合作的意识渐渐变淡,东亚区域货币金融合作还存在较大的空间。实现在贸易互换、货币政策协调等多个方面的货币金融合作后,有利于维持中国经济的稳定,譬如,受外部因素影响造成外汇不足时可以得到及时的补给,减少经济波动的可能性,进而在一定程度上减弱投机资本的大进大出。特别需要指出的是,发展亚洲区域债券市场也是东亚货币合作的重要方面,而且对于减缓区域内经济波动意义重大。因为在现行的美元体制下,东亚地区虽然拥有世界上最高的储蓄率和巨额的外汇储备,但资金却大量流向以美国为首的发达国家金融市场,自身经济发展所需的资金却不得不依赖区域外短期资金的流入,导致货币错配和金融市场动荡,发展亚洲债券市场则有利于弥补这些不足。

第二,引导本国投资者全面认识外部环境,增强其抵御外部风险的能力。具体而言,我们应该做到:一方面金融市场开放不宜过快,为中国的企业和投资者预留足够的准备时间来面对风险还有其学习和认识外部环境的良好空间。另一方面为保护投资者的权益,对债券发行引进来和走出去实行适当的监管。

四 面临类似"特里芬难题"的风险

(一)人民币区域化中类似的"特里芬难题"

"特里芬难题"(Triffen Dilemma)描述的难题是美元与黄金挂钩的布雷顿森林体系下,其他国家希望通过贸易逆差持有越来越多的美元,而对于美国而言,要保持外部收支平稳和美元与黄金挂钩,又需要保持贸易收支顺差,减少美元供给。其实质是,美国通过贸易逆差向全球输送美元,但美国无法在满足世界其他国家持有更多美元愿望的同时,保持美元与黄金的固定比价,只能通过增发货币支付贸易逆差,最终出现美元危机。因为除中国香港外的东亚区域经济体,大都是中国的贸易逆差国(地区),如表3—1所表明的,中国内地与东亚区域(除中国香港外)的贸易逆差居高不下。这种贸易逆差为增加人民币在这些区域的流动性创造了更好的条件,但货币国际化进程中通过贸易逆差的形式提供本国货币,所以我们不禁会想到人民币区域化可能也会遇到的类似"特里芬难题",也就是说,依赖贸易逆差向东亚区域输送人民币,扩大人民币的影响力,一定时期内东亚经济体愿意持有越来越多的人民币,对于中国而言,虽不同于美元与黄金之间相挂钩,但依靠过多印发人民币支付贸易逆差,无疑会对人民币区域化产生消极作用。

当然,特里芬难题还算不上人民币区域化面临的严峻问题,应该说,在贸易逆差区域的东亚推行人民币区域化战略还不至于面临"特里芬难题"的巨大挑战。这主要有以下几个方面的原因:第一,人民币区域化是实现人民币国际化的中期阶段,而特里芬难题在人民币国际化的高级阶段会表现得更明显。第二,人民币区域化和国际化的终极目标并不是替代美元,成为主导国际货币体系的信用货币。人民币区域化和国际化的归宿应该是寻找一种适合中国实际的超越主权货币的货币国际化道路,或者在人民币国际化进程中找到明确的外部"锚"。第三,虽然除中国香港外的东亚区域是中国大陆重要的贸易逆差国(地区),但中国与欧美的贸易还是顺差,总体的贸易也是顺差,也因此中国积聚了不少美元外汇储备。在外汇储备过多的情况下,通过贸易逆差进口某些产品对中国是有利的,也是合适的。第四,从作为国际货币的日元和欧元的实例也可以看出,因为日元和欧元并不是国际货币的中心货币,它们成为国际货币后并没有大幅度地向外输送货币,仍是资本的输入国。

(二)预防出现类似"特里芬难题"的政策建议

虽然"特里芬难题"不是现阶段人民币区域化面临的主要问题,但中国在贸易逆差地区推进货币国际化,"特里芬难题"是我们自然而然会考虑到的问题,它为我们提供原则上的指导。

第一,由于通过贸易逆差输出人民币的方式扩大人民币在境外的流通最终可能使中国陷入"特里芬难题"的困境,最后反而不利于人民币区域化和国际化进程。我们知道,调整经济结构和平衡国际收支是未来国际收支调整的方向。此外,输出人民币,增强人民币在境外的流通量可以通过其他更牢靠的方式实现。譬如可以通过人民币对外直接投资(Oversea

Direct Investment，ODI）这一2012年中国政府层面鼓励的方式实现，也可以考虑人民币对外援助的形式实现。第二次世界大战后，美国通过"马歇尔计划"向西欧输送大约130亿美元的资金、设备和技术等援助，在为西欧国家提供美元支持，增加美元在该地区流通的同时，也刺激了美国对这些国家的商品出口，增强了美元的吸引力。总体而言，通过"马歇尔计划"，美元国际化向前推进了一大步。对日本而言，通过日元贷款的对外援助形式是日元国际化举措中较为成功的例子。日本大部分的日元贷款对象是与本国经济产业关系较大的产业，且大都是生产日本所需的材料。因此，在日元贷款的过程中，日元的流通性更广了，具有更大的吸引力。综上，除了贸易之外，中国也可以通过对外投资和对外援助等形式实现扩大人民币在区域内的影响力。

第二，"特里芬难题"本身论证的前提是国际货币发行国通过毫无顾忌的货币增发来支付国际贸易赤字，从而影响作为信用货币的国际货币的发行依据。在马克思政治经济学中认为天然是货币的金银本身就是有价值的商品，因此可以充当货币，在布雷顿森林体系中，美国履行本币信誉的方式则是将美元与黄金挂钩，美元的发行是受约束的。对于人民币区域化和国际化来说，摆脱"特里芬难题"的前提就是保证人民币的发行有据可依，需要可靠的货币发行锚。

本章小结

一方面，货币政策独立性和有效性受影响是众多文献在研究货币区域化和国际化问题时涉及最多的成本之一，另一方面了，未来人民币汇率制度改革、资本项目开放的步伐可能会进一步加快，因此首先在"三元悖论"的框架内探讨人民币区域化中货币政策有效性可能受到的影响，得出的结论是：长期内，更富弹性的人民币汇率制度有利于货币政策独立性的维持，但资本项目开放程度也不是越高越好。因此，要在长期内不断推进汇率形成机制市场化改革，在资本项目开放问题上更加谨而慎行，并寻求汇率制度市场化改革和资本项目开放的配合使用。短期内，汇率稳定促进货币有效性效果不明显，但资本项目开放的影响是正向明显的。因此，短期内，因为人民币汇率制度改革还有较多的缓冲时间，改革更要把握好时机；资本项目开放条件不成熟时应减缓人民币区域化或国际化的速度。

制约人民币区域化成本的其他成本及相关政策建议：一是制约人民币区域化的成本还包括承担更多国际责任，具体而言，实现人民币成为区域内关键货币需要承担的国际责任有：制定政策时考虑对他国的影响、维护人民币汇率稳定的责任、危机中救助的责任、便利区域内的贸易和投资以及努力维持人民币资产的保值和增值等。我们必须意识到作为主要国际货币承担相应国际责任是任何国际货币都必须做到的，回避国际责任则不利于一国国际货币地位的提升和维持。二是人民币区域化的进程和最终实现区域化成为区域内关键货币时，都可能会加大人民币汇率波动，给经济波动带来风险。特别是在当前通货膨胀问题较为严重的当下，人民币单边过快的升值对人民币区域化是不利的。因此，一方面人民币汇率的调整必须配合中国产业结构的升级、劳动生产力水平的变化等进行调整，另一方面人民币区域化的目标应该是使其成为核心国际货币（或关键国际货币）。三是人民币区域化可能使本国遭受更大的外部冲击。因为人民币区域化可能引起大量的资本进出国内金融市场，增加国内金融市场的风险，而且人民币流动性资产持有者对人民币偏好的逆转也会容易导致经济波动。为减少人民币区域化引起对经济的冲击，一方面应增强东亚区域化的货币金融合作，另一方面引导本国投资者全面认识外部环境，增强其抵御外部风险的能力。四是面临类似"特里芬难题"的风险。因为东亚区域经济体大都是中国的贸易逆差国，这在为人民币区域化创造有利条件的同时，也可能产生类似"特里芬难题"的风险。虽然当前它还不是人民币区域化中的严峻问题，但中国在贸易逆差地区开展推进人民币区域化需注意到：除贸易外，还应寻求更加牢靠的方式扩大人民币外在需求量，譬如对外直接投资、对外援助等；保证人民币发行有据可依。

参考文献

巴曙松：《中国金融市场发展路径研究》，上海财经大学出版社 2008 年版。

布仁吉日嘎拉：《人民币区域化问题研究》，中央民族大学博士学位论文，2010 年 5 月。

曹红辉：《国际化战略中的人民币区域化》，《中国金融》2006 年第 5 期。

陈科、应益荣：《后金融危机时代的中国资本账户开放研究》，上海大学出版社 2012 年版。

陈强：《高级计量经济学及 stata 应用》，高等教育出版社 2010 年版。

陈智君：《在新开放经济宏观经济学框架下重新解读"三元悖论"》，《西安交通大学学报》（社会科学版）2008 年第 6 期。

褚华：《人民币国际化研究》，复旦大学博士学位论文，2009 年 4 月。

村濑哲司：《中国的国际货币战略与地区合作》，《社会科学战线》2011 年第 3 期。

邓乐平、冯用富、晋重文：《浮动汇率制度下的货币政策的独立性》，《金融研究》2002 年第 3 期。

范祚军：《中国—东盟自由贸易区货币合作研究》，广西人民出版社 2006 年版。

冯清云：《东亚货币合作进程中的美国因素探析》，暨南大学硕士学位论文，2010 年 6 月。

高铁梅：《计量经济分析方法与建模》，清华大学出版社 2006 年版。

龚刚、高坚：《固定汇率制度下的独立货币政策——未来中国货币政策管理机制探讨》，《金融研究》2007 年第 12 期。

国务院发展研究中心课题组：《人民币区域化条件与路径》，中国发展出版社 2011 年版。

韩剑：《人民币国际化的潜力及障碍》，《中国经济问题》2011 年第 11 期。

何帆等：《香港离岸人民币金融市场的现状、前景、问题与风险》，《国际经济评论》2011 年第 3 期。

何帆、覃东海：《东亚建立货币联盟的成本与收益分析》，《世界经济》2005 年第 1 期。

胡再勇：《我国的汇率制度弹性、资本流动性与货币政策自主性研究》，《数量经济技术经济研究》2010 年第 6 期。

胡祖六：《亚洲金融风波后的中国汇率政策》，《金融研究》1998 年第 3 期。

黄飞鸣：《金融危机与货币政策：一个新的理论框架——兼论货币区的"三元悖论"之解》，《金融评论》2009 年第 1 期。

黄梅波、王珊珊：《人民币事实汇率制度研究：基于篮子货币权重的经验分析》，《世界经济研究》2013 年第 9 期。

黄梅波、王珊珊：《人民币区域化进程中面临的美日挑战——基于演化博弈模型的分析》，《上海金融》2013 年第 6 期。

黄梅波、熊爱宗：《论人民币国际化的空间和机遇》，《上海财经大学学报》（社会哲学版），2009 年第 2 期。

黄梅波：《国际货币合作的理论与实证分析》，厦门大学出版社 2002 年版。

黄梅波：《国际金融学》，厦门大学出版社 2009 年版。

黄梅波：《货币国际化及其决定因素》，《厦门大学学报》（哲学社会科学版）2001 年第 2 期。

姜波克、张青龙：《货币国际化：条件与影响的研究综述》，《新金融》2005 年第 8 期。

姜波克：《人民币自由兑换和资本管制》，复旦大学出版社 1999 年版。

姜波克：《国际金融新编》，复旦大学出版社 1994 年版。

李超：《中国的贸易基础支持人民币区域化吗？》，《金融研究》2010 年第 7 期。

李翀：《论人民币的区域化》，《河北学刊》2002 年第 5 期。

李稻葵、刘霖林：《人民币国际化：计量研究及政策分析》，《金融研究》2008 年第 11 期。

李富有：《区域货币合作理论、实践与亚洲的选择》，中国金融出版社 2004 年版。

李婧：《人民币国际化：国际反应及评价》，《经济学动态》2011 年第 12 期。

李晓、丁一兵：《人民币汇率变动趋势及其对区域货币合作的影响》，《国际金融研究》2009 年第 3 期。

李晓、李俊久、丁一兵：《论人民币的亚洲化》，《世界经济》2004 年第 27 期。

李晓、丁一兵：《新世纪的东亚区域货币合作：中国的地位与作用》，《吉林大学社会科学学报》2004 年第 2 期。

李晓等：《人民币区域化问题研究》，《清华大学出版社》2010 年第 6 期。

李晓、丁一兵：《亚洲的超越：构建东亚区域货币体系与"人民币亚洲化"》，《当代中国出版社》2005 年第 10 期。

李晓、付竞卉：《2010 中国作为东亚市场提供者的现状与前景》，《吉林大学社会科学学报》2010 年第 50 期。

李晓：《"日元国际化"的困境及其战略调整》，《世界经济》2005 年第 28 期。

李晓：《全球金融危机下东亚货币金融合作的路径选择》，《东北亚论坛》2009 年第 5 期。

李晓：《论日本在东亚经济发展中的地位与作用》，《世界经济》1995 年第 1 期。

李谣：《人民币资本项目可兑换研究》，《社会科学文献出版社》2004 年第 12 期。

刘力臻、徐奇渊等：《人民币国际化探讨》，人民出版社 2006 年版。

刘中伟、沈家文：《跨太平洋伙伴关系协议（TPP）：研究前沿与架构》，《当代亚太》2012 年第 1 期。

[美] 兹比格纽·布热津斯基：《大棋局：美国的首要地位及其地缘战略》，中国国际问题研究所译，上海人民出版社 1998 年版。

蒙震、李金金、曾圣钧：《国际货币规律探索视角下的人民币国际化研究》，《国际金融研究》2013 年第 10 期。

米尔顿·弗里德曼：《货币的祸害——货币史片段》，商务印书馆 2006 年版。

聂利君：《货币国际化问题研究：兼论人民币国际化》，光明日报出版社 2009 年版。

邱兆祥：《人民币区域化问题研究》，光明日报出版社 2009 年版。

沈铭辉：《跨太平洋伙伴关系协议（TPP）的成本收益分析：中国的视角》，《当代亚太》2012 年第 1 期。

盛斌：《美国视角下亚太区域一体化新战略与中国的对策选择——透视"泛太平洋战略经济伙伴关系协议"的发展》，《亚太区域经济合作》，《南开学报》（哲学社会科学版）2010 年第 4 期。

施建淮、余海丰：《人民币均衡汇率与汇率失调：1991—2004》，《经济研究》2005 年第 4 期。

宋建军、林翔：《关于日元国际地位影响因素的实证分析》，《现代日本经济》2009 年第 4 期。

宋敏、屈宏斌、孙增元：《走向全球第三大货币：人民币国际化问题研究》，北京大学出版社 2011 年版。

孙海霞：《货币国际化条件研究——基于国际货币三大职能》，复旦大学博士学位论文，2011 年 4 月。

孙华妤：《中国货币政策独立性和有效性检验——基于 1994—2004 年数据》，《当代财经》2006 年第 7 期。

谭毅：《冷战后美国国家利益的变化与"哑铃战略"》，《暨南学报》（哲学社会科学版）2003 年第 25 期。

汪洋：《再论中国货币政策与汇率政策的冲突》，《国际经济评论》2005 年第 1 期。

王琛：《人民币区域化问题研究》，中央财经大学博士学位论文，2008 年 5 月。

王维国、黄万阳：《人民币均衡实际汇率研究》，《数量经济技术经济研究》2005 年第 7 期。

王伟：《中国的东亚市场提供者地位研究》，吉林大学博士学位论文，2011 年 5 月。

王勇辉：《东亚货币合作中的美元因素》，《东南亚研究》2007 年第 1 期。

王元龙：《关于人民币国际化的若干问题研究》，《财贸经济》2009 年第 7 期。

王泽填、姚洋：《人民币均衡汇率估计》，《金融研究》2008 年第 12 期。

夏斌、陈道富：《中国金融战略 2020》，人民出版社 2010 年版。

徐奇渊：《人民币国际化面临的挑战和选择》，《当代世界》2010 年第 7 期。

徐长文：《TPP 的发展及中国的应对之策》，《国际贸易》2011 年第 3 期。

姚晓东：《基于国际货币使用视角的人民币区域化路径研究》，天津财经大学博士学位论文，2011 年 5 月。

余永定、何帆、李婧：《亚洲金融合作：背景、最新进展与发展前景》，《国际金融研究》2002 年第 2 期。

余永定：《加快资本项目自由化很危险》，《资本市场》2012 年第 6 期。

余永定：《从当前的人民币汇率波动看人民币国际化》，《国际经济评论》2012 年第 1 期。

余永定：《再论人民币国际化》，《国际经济评论》2011 年第 5 期。

虞群娥：《论区域货币一体化与人民币国际化》，《浙江社会科学》2002 年第 4 期。

元惠萍：《国际货币的影响因素分析》，《数量经济技术经济研究》2011 年第 2 期。

张道宏、雷显洋、胡海青：《人民币实际汇率决定因素及其失衡度实证研究》，《数量经济技术经济研究》2007 年第 24 期。

张礼卿、孙志嵘：《货币区域化的收益和代价——兼谈人民币的周边流通和区域化》，中国财政经济出版社 2005 年版。

张礼卿：《应该如何看待人民币的国际化进程》，《中央财经大学学报》2009 年第 10 期。

张小明：《美国是东亚区域合作的推动者还是阻碍者？》，《世界经济与政治》2010 年第 7 期。

张延良：《东亚货币合作的制约因素与政策建议》，《财经问题研究》2005 年第 6 期。

张勇长：《东亚货币合作进程中的人民币区域化探讨》，《南方金融》2006 年第 6 期。

张宇燕、张静春：《货币的性质与人民币的未来选择——兼论亚洲货币合作》，《当代亚太》2008 年第 2 期。

赵庆明：《人民币资本项目可兑换和国际化研究》，中国金融出版社 2005 年版。

郑旭:《东亚货币合作现实基础及中国的战略选择》,中国社会科学出版社 2011 年版。

中国人民银行调查统计司课题组:《我国加快资本账户开放的条件基本成熟》,《中国金融》2012 年第 5 期。

中国人民银行研究局(所)编:《中国人民银行金融研究重点课题获奖报告(2006)》,中国金融出版社 2007 年版。

中国商务年鉴编辑委员会:《中国商务年鉴》,中国商务出版社 2012 年版。

钟阳:《亚洲市场中人民币国际化的影响因素——基于边贸结算和货币互换的实证分析》,《当代亚太》2011 年第 4 期。

周小川:《人民币资本项目可兑换的前景和路径》,《金融研究》2012 年第 1 期。

周宇:《论人民币国际化的两难选择》,《世界经济研究》2012 年第 11 期。

朱孟楠、叶芳:《人民币区域化的影响因素研究——基于引力模型的实证分析》,《厦门大学学报》(哲学社会科学版)2012 年第 6 期。

朱孟楠、傅俊霖:《东亚货币合作的意义、难点与对策》,《厦门大学学报》(哲学社会科学版)2002 年第 5 期。

祝小兵:《东亚金融合作与制约因素》,《国际问题研究》2006 年第 6 期。

Ahearne, A. G. et al., China and Emerging Asia: Comrades or Competitors, FRB Interna – tional Working Paper, No. 789, 2003.

Ahmed, F. et al. Internationalization of Emerging Market Currencies—A Balance Between Risks and Rewards. International Monetary Fund, 2011, No. SDY/11/17, 1 – 25.

Aizenman, J., Chinn, M. D. and Ito H. The Emerging Global Financial Architecture: Tracing and Evaluating New Patterns of the Trilemma Configuration. Journal of International Money and Finance, 2010, 29 (4): 615 – 641.

Allen, F., Qian, J., Qian M. Law, finance, and economic growth in China. Journal of financial economics, 2005, 77 (1): 57 – 116.

Arellano, Manuel and Stephen Bond. Some Tests of Specification for Panel Data: Monte – Carlo Evidence and an Application to Employment Equations.

Review of Economic Studies, 1991, (58): 277 – 297.

Aruoba, S. B. and Wright R. Search Money and Capital: A Neoclassical Dichotomy. Journal of Money, Credit and Banking, 2003, 35 (6): 1085 – 1105.

Asian Development Bank. Emerging East Asian Local Currency Bond Markets: A Regional Update. Asia Bond Monitor, 2007.

Athukorala, P. The Rise of China and East Asian Export Performance: Is the Crowding Out Fear Warranted? . The World Economy, 2009, Volume 32, Issue 2: 234 – 266.

Bacchetta, P. and Van, W. E. A Theory of the Currency Denomination of International Trade. Journal of International Economics, 2005, 67 (2): 295 – 319.

Barry, Eichengreen, Yeongseop Rhee, Hui Tong. China and the Exports of Other Asian Countries. Review of World Economics, 2007, 143 (2): 201 – 206.

Beeson, M. American Hegemony and Regionalism: The Rise of East Asia and the End of the Asia – Pacific. Geopolitics, 2006, 11 (4): 541 – 560.

Bekaert, G. , Harvey, C. R. and Lundblad, C. Growth Volatility and Financial Liberalization. Journal of International Money and Finance, 2006, 25 (3): 370 – 403.

Bems, R. , Johnson R C, Yi K M. Demand Spillovers and the Collapse of Trade in the Global Recession. IMF Economic Review, 2010, 58 (2): 295 – 326.

Bergsten, C. Fred. The dilemma of the Dollar. The Economics and Politics of United States. International Monetary Policy, New York University Press, 1975.

Bhattacharya, A. , Ghosh, S. and W, J. Jansen. Has the Emergence of China Hurt Asian Exports, Applied Economics, 2001.

Blanchard, O. , Dell' Ariccia, G. , Mauro P. Rethinking Macroeconomic Policy. Journal of Money, Credit and Banking, 2010, 42 (s1): 199 – 215.

Brandt, L. , Tombe, T. , Zhu X. Factor Market Distortions across Time, Space and Sectors in China. Review of Economic Dynamics, 2013 (16): 39 – 58.

Branson, W. H. , Giersch, H. and Peterson, P. G. Trends in United States International Trade and Investment since World War II. The American economy in transition. University of Chicago Press, 1980: 183 – 274.

Calvo, G. A. Capital Flowsand Capital – Market Crises: the Simple Economics of Sudden Stops. Journal of applied Economics, 1998, 1 (1): 35 – 54.

Canzoneri, M. B. and Rogers, C. A. Is the European Community an Optimal Currency Area? Optimal Taxationversus the Cost of Multiple Currencies. The American Economic Review, 1990: 419 – 433.

Chang, G. H. Estimation of the Undervaluation of the Chinese Currency by a Non – linear Model. Asia – Pacific Journal of Accounting & Economics, 2008, 15: 29 – 40.

Chang, W. W. and Katayama, S. Recent Developments in The Theory of Trade with Imperfect Competition. Kobe Economics and Business Review, 37th Annual Report, 1992: 69 – 107.

Chen, H. Y. et al. The Potential of the Renminbi as an International Currency. Feb, 2009.

Chen, X. and Cheung, Y. W. Renminbi Going Global. China & World Economy, 2011, 19 (2): 1 – 18.

Chinn, M. and Frankel, J. A. Will the Euro Eventually Surpass the Dollar as Leading International Reserve Currency?. G7 Current Account Imbalances: Sustainability and Adjustment. University of Chicago Press, 2007: 283 – 338.

Chinn, M. D. and Hiro, Ito. A New Measure of Financial Openness. Journal of Comparative Policy Analysis, 2007, 10 (3): 309 – 322.

Chinn, M. D. and Ito H. What Matters for Financial Development? Capital Controls, Institutions, and Interactions. Journal of Development Economics, 2006, 81 (1): 163 – 192.

Cihák, M., Demirgüç – Kunt, A. and Feyen, E. Financial Development in 205 Economies, 1960 to 2010. National Bureau of Economic Research, 2013.

Clarida, Richard H. G7 Current Account Imbalances: Sustainability and Adjustment. National Bureau of Economic Research, 2006, No. w12194.

Cohen, B. J. Currency Choice in International Bond Issuance. BIS Quarterly Review. June 2005.

Cohen, B. The Future of Sterling as an International Currency. St. Martin's

Press. 1971.

Cohen, B. J. Currency Choice in International Bond Issuance. BIS Quarterly Review, NBER Working Paper, No. 11336, 2005.

Davison, A. C. and Hinkley, D. V. Bootstrap Methods and Their Application. London: Cambridge University Press, 1997.

Debray, G. and Wei, S. J. Pitfalls of a State Dominated Financial System: the case of China. National Bureau of Economic Research, 2005.

Devereux, M. B., Engel, C., Storgaard, P. E. Endogenous Exchange Rate Pass – through When Nominal PricesAre Set in Advance. Journal of international economics, 2004, 63 (2): 263 – 291.

Diggle, Peter J. et al. Analysis of Longitudinal Data. London: Oxford University Press, 2002: 2 – 5.

Dirk, Nabers. China Japan and the Quest for Leadership in East Asia. GIGA Working Papers, No. 67, Feb, 2008.

Dobson, W. and Masson, P. R. Will the Renminbi Become a World Currency? . China Economic Review, 2009, 20 (1): 124 – 135.

Donnenfeld, S. and Haug, A. Currency Invoicing in International Trade: An Empirical Investigation. National Institute Economic Review, 2003, Volume 11: 332 – 345.

Dooley, M. P., Lizondo, J. S. and Mathieson, D. J. The Currency Composition of Foreign Exchange Reserves. Staff Papers International Monetary Fund, 1989: 385 – 434.

Dubas, M., Lee, Byung – Joo. and Nelson C. M. Effective exchange rate classifications and growth \ [EB/OL \ ]. NBER Working Paper No. 11272, 2005.

Economy, E. China's Rise in Southeast Asia: Implications for the United States. Journal of Contemporary China, 2005, 14 (44): 409 – 425.

Edwards, S. Capital Mobility and Economic Performance: Are emerging economies different? . National Bureau of Economic Research, 2001.

Eichengreen, B. Capital Account Liberalization: What Do Cross – Country Studies Tell Us? . The World Bank Economic Review, 2001, 15 (3): 341 – 365.

Eichengreen, B. and Mussa, M. Capital Account Liberalization and the IMF.

Finance and Development, 1998, 35: 16 – 19.

Eichengreen, B. Sterling's Past, Dollar's Future: Historical Perspectives on Reserve Currency Competition. National Bureau of Economic Research, 2005.

Eichengreen, B. Dollar Dilemma – the World's Top Currency Faces Competition. The Foreign Affair, 2009, 88: 53.

Eiehengreen, B. History and Reform of the International Monetary System. Center for International and Development Economies Research (CIDER) Working Papers, No. lC94041 University of California at Berkeley, 1994.

Eichengreen, B. and Frankel, J. A. On the SDR: Reserve Currencies and the Future Of The International Monetary System. University of California at Berkeley, 1996.

Etsuro, Shioji. Invoicing Currency and the Optimal Basket Peg for East Aisa: Analysis Using a New Open Economy Macroeconomic Model. TCERWorking Paper Series, Aug 2006.

Faunce, Thomas A. and Ruth, Townsend. The Trans – Pacific Partnership Agreement: challenges for Australian Health and Medicine Policies. Med J Aust, 2011, 194 (2): 83 – 86.

Forbes, K. J. The Microeconomic Evidence on Capital Controls: No Free Lunch. Capital Controls and Capital Flows in Emerging Economies: Policies, Practices and Consequences. University of Chicago Press, 2007: 171 – 202.

Forssbæck, J. and Oxelheim, L. On the Linkbetween Exchange – rate Regimes, Capital Controls and Monetary Policy Autonomy in Small European Countries, 1979 – 2000. The World Economy, 2006, 29 (3): 341 – 368.

Frankel, J. A. and Wei, S. J. Yen bloc or dollar bloc? Exchange Rate Policies of the East Asian economies. Macroeconomic Linkage: Savings, Exchange Rates, and Capital Flows, NBER – EASE Volume 3. University of Chicago Press, 1994: 295 – 333.

Frankel, J. A. and Wei, S. J. Estimation of De Facto Exchange Rate Regimes: Synthesis of the Techniques for Inferring Flexibility and Basket Weights. IMF Staff Papers 55 (3), 2008: 384 – 416.

Frankel, J. A. The Making of Exchange Rate Policy in the 1980s. National Bureau of Economic Research, No. 3539, 1994.

Frankel, J. and Schmukler, S. L. and Serven L. Global Transmission of Interest Rates: Monetary Independence and Currency Regime. Journal of International Money and Finance. 2004, 23 (5): 701 – 733.

Frankel, J., Schmukler, S. and Servén, L. Verifiability and the Vanishing Intermediate Exchange Rate Regime. National Bureau of Economic Research, 2000.

Fukao, K., Ishido, H. and Ito, K. Vertical Intra – Industry Trade and Foreign Direct Investment in East Asia. Journal of the Japanese and International Economies, 2003, 17 (4): 468 – 506.

Fukuda, S. and Ono, M. On the Determinants of Exporters, Currency Pricing: History VS. Expectations. Journal of the Japanese and International Economies, 2006, 20 (4): 548 – 568.

Gaulier, G., Lemoine, F. and Ünal – Kesenci, D. China's Emergence and the Reorganisation of Trade Flows in Asia. China Economic Review, 2007, 18 (3): 209 – 243.

Gaulier, G., Lemoine, F., Ünal – Kesenci, D. China's Integration in East Asia: Production sharing, FDI & High – tech Trade. Economic Change and Restructuring, 2007, 40 (1 – 2): 27 – 63.

Goldberg, L. Is the International Role of the Dollar Changing? Current Issues in Economics and Finance, 2010, 16 (1).

Goldberg, L. S. and Tille, C. Vehicle Currency Use in International Trade. Journal of International Economics, 2008, 76 (2): 177 – 192.

Goldfajn, I. and Rigobon, R. Hard Currency and Financial Development. Pontifícia Universidade Católica de Rio de Janeiro, Departamento de Economía, 2000.

Gopinath, G., Itskhoki, O. and Rigobon R. Currency Choice and Exchange Rate Pass – through. National Bureau of Economic Research, 2007.

Gordon, R. H. and Li, W. Government as a Discriminating Monopolist in the Financial Market: the Case of China. Journal of Public Economics, 2003, 87 (2): 283 – 312.

Grassman, Sven. A Fundamental Symmetry in International Payment Patterns.

Journal of International Economics, 1973, vol. 3, issue 2: 105 – 116.

Guido, W. Imbens. One – Step Estimators for Over – Identified Generalized Method of Moments Models. Review of Economic Studies, Volume. 64: 359 – 383.

Guillaume, G. et al. China's Emergence and the Reorganization of Trade Flows in Asia. China Economic Review, 2007, 18: 209 – 243.

Hagen, J. and Zhou J. Z. The Choice of Exchange Rate Regime: An Empirical Analysis for Transition Economies. Economics of Transition, 2005, 13 (4): 679 – 703.

Hai, W. and Hong, X. Y. Pros and Cons of International Use of the RMB for China, Currency Internationalization: Global Experiences and Implications for the Renminbi. Palgrave Macmillan, New York, 2010, 139 – 166.

Hartmann, Philipp. The Currency Denomination of World Trade after European Monetary Union. Journal of the Japanese and International Economies, 1998, (12): 424 – 54.

Hefeker, C. and Nabor, A. China's Role in East Asian Monetary Integration. International Journal of Finance & Economics, 2005, 10 (2): 157 – 166.

IMF, Annual Report on Exchange Arrangements and Exchange Restrictions, 2010 – 2012.

Ito, Takatoshi. The Internationalization of the RMB Opportunities and Pitfalls. CGS – IIGG Working Paper, No. 15. 2011.

Ito, Takatoshi et al. Determinants of Currency Invoicing in Japanese Exports: A Firm Level Analysis. RIETI Discussion Paper Series 10 – E – 034, June 2006.

Ito, Takatoshi et al. Why isn't the Use of Yen More Widespread? A Puzzle of Invoicing Currency Choice In Japanese Exporters. 8 September 2010.

Ito, Takatoshi. et al. Why Has the Yen Failed to Become a Dominant Invoicing Currency in Asia? A Firm – level Analysis of Japanese Exporters's Invoicing. NBER Working Paper 16231, 2010.

Jai won Ryou. Transaction Costs and Welfare Effects of Currency Unions. Seoul Journal of Economics, 2002, 15 (4) : 529 – 552.

Jervis, R. Realism, Game Theory, and Cooperation. World Politics, 1988, 40

(03): 317 - 349.

Kamps, Annette. The Euro as Invoicing Currency in International Trade. ECB Working Paper Series, No. 665, 2006 (8).

Kannan, P. On the Welfare Benefits ofan International Currency. European Economic Review, 2009, 53 (5): 588 - 606.

Katada, S. N. From a Supporter to a Challenger? Japan's Currency Leadership in Dollar - Dominated East Asia. Review of International Political Economy, 2008, 15 (3): 399 - 417.

Kenen, P. Currency Internationalisation: An Overview. BIS Series on Monetary Policy and Exchange Rates, Bank for International Settlement, 2009.

Kim, J. C. and J. Lee. What Exchange Rate Regime and Monetary Policy Independence in East Asia. Pacific Economic Review. 2008, 13 (2): 155 - 170.

Kindleberger, C. The Politics of international Money and world Language (Essays in International Finance). Princeton: Princeton University Press, 1967, No. 61.

Kiyotaki, N. and Wright R. A Search - Theoretic Approach to Monetary Economics. American Economic Review, 1993, 83: 63 - 69.

Kiyotaki, N. and Wright R. On Money as a Medium of Exchange. Journal of Political Economy, 1989, 97 (4): 927 - 954.

Koichi, Hamada et al., Towards Monetary and Financial Integration in East Asia. Edward Elgar press, 2009: 2 - 3.

Krugman, P. R. The International Role of the Dollar: Theory and Prospect in (J. F. O. BilsonandR. C. Marston, eds.). Exchange Rate Theory and Practice, 1984: 261 - 78, Chicago: University of Chicago Press.

Lardy, N. and Douglass P. Capital Account Liberalization and the Role of the Renminbi. Peterson Institute for International Economics, No. WP11 - 6, 2011.

Larry, S. and Jianbo Zhang. Evolutionary Stability in Asymmetric Games. Journal of Economic Theory, 1992, No. 57: 363 - 391.

Lee, J. W. Will the Renminbi Emerge As An International Reserve Currency?. Asian Development Bank, 2010.

Levine, R. Bank - Based or Market - Based Financial Systems: Which Is Better? . Journal of Financial Intermediation, 2002, 11 (4): 398 -428.

Levine, R. Financial Development and Economic Growth: Views and Agenda. Journal of economic literature, 1997: 688 -726.

Levy - Yeyati, Eduardo and Federico Sturzenegger. To Float or to Fix: Evidence on the Impact of Exchange Rate Regimes on Growth. American Economic Review, 2003, 93: 1173 - 1193.

Levy - Yeyati, Eduardo and Federico Sturzenegger. Classifying exchange rate regimes: Deeds vs. Words. European Economic Review, 2005, 49: 1603 - 1635.

Li, C. and John Whalley. China and the TPP: A Numerical Simulation Assessment of the Effects Involved. National Bureau of Economic Research, No. w18090. 2012.

Li, J. Regionalization of the RMB and China's Capital Account Liberalization. China & Economy, 2004 (2): 86 -100.

Li, Jing. Regionalization of the RMB and China's Capital Account Liberalization. China & World Economy, 2004, 12 (2): 86 -99.

Linda, S. Goldberg Cedic Tille. Vehicle Currency Use in International Trade. Federal Reserve Bank of New York Staff Report, No. 200. Jan 2005.

Liu, S. et al. The Full Convertibility of Renminbi: Sequencing and Influence. Hong Kong Institute for Monetary Research Working Paper, 2002 (9) .

Lunch, N. F. The Microeconomic Evidence on Capital Controls. Capital Controls and Capital Flows in Emerging Economies: Policies, Practices, and Consequences, 2009: 171.

Luo, R. H. and Jiang C. Currency convertibility, Cost of Capital Control and Capital Account Liberalization in China. Journal of Chinese Political Science, 2005, 10 (1): 65 -79.

Magud, N. E., Reinhart, C. M. and Rogoff, K. S. Capital controls: Myth and reality - A portfolio balance approach. National Bureau of Economic Research, 2011.

Marc, Auboin. Use of Currency in International Trade: Any Changes in the Pictures? . WTO Staff Working Paper, No. ERSD -2012 -10, May 2012.

Maziad, Samar et al. Internationalization of Emerging Market Currencies: A

Balance between Risks and Rewards. IMF Discussion Note, No. SDN/11/17, 2011.

McCauley, R. Internationalizing the Renminbi and China's Financial Development Model. A Council on Foreign Relations China Development Research Foundation symposium, The Future of the International Monetary System and The Role of The Renminbi, Beijing, 2011.

Mukerji, P. Ready for Capital Account Convertibility?. Journal of International Money and Finance, 2009, 28 (6): 1006 – 1021.

Murray, T. and Ginman, Peter J. An Empirical Examination of the Traditional Aggregate Import Demand Model. The Review of Economics and Statistics, 1976, Vol. 58, No. 1: 75 – 80.

Nabers, D. China, Japan and the quest for leadership in East Asia. Available at SSRN 1099298, 2008.

Obstfeld, F. and Roggoff. Exchange Rate Dynamics Rredux. Journal of Political Economy, 1995, Vol. 103, No. 31.

Obstfeld, M. and Shambaugh, J. C., Taylor A M. The Trilemma in History: Tradeoffs Among Exchange Rates, Monetary Policies, and Capital Mobility. Review of Economics and Statistics, 2005, 87 (3): 423 – 438.

Obstfeld, M., Dornbusch, R. and McKinnon R. International Currency Experience: New Lessons and Lessons Relearned. Brookings Papers on Economic Activity, 1995: 119 – 220.

Ogawa, E. and Takatoshi, Ito. On the Desirability of a Regional Basket Currency Arrangement. Journal of the Japanese and International Economies, 2002, 16: 317 – 34.

Page, S. A. B. The Choice of Invoicing Currency in Merchandise Trade. National Institute Economic Review, Nov 1981.

Page, S. A. B. and Schneider, B. Issues in Capital Account Convertibility In Developing Countries. Development Policy Review, 2001, 19 (1): 31 – 82.

Park, Y. C. RMB Internationalization and Its Implications for Financial and Monetary Cooperation in East Asia. China & World Economy, 2010, 18 (2): 1 – 21.

Pedersen, T. Cooperative Hegemony Power, Ideas and Institutions in Regional

Integration. Review of International Studies, 2002, 28 (4): 677 - 696.

Petri, P. A., Plummer, M. C. and Zhai, F. The Trans - Pacific Partnership and Asia - Pacific Integration. A Quantitive Assessment SangkyomKim, Korea and TPP: Options and Strategies, 2012.

Philippe, B., Eric van Wincoop. A Theory of the Currency Denomination of International Trade. NBER working paper 9039, July 2002.

Poirson, H. How do Countries Choose Their Exchange Rate Regime? . International Monetary Fund, 2001.

Quinn, D. Capital Account Liberalization and Financial Globalization, 1890 - 1999: A Synoptic View. International Journal of Finance and Economics. 2003, 8 (3): 189 - 204.

Quinn, D. The Correlates of Change in International Financial Regulation. American Political Science Review, 1997, 91 (3): 531 - 551.

Reinhard, S. A Note on Evolutionarily Stable Strategies in Asymmetric Games Conflicts. Journal of Theoretical Biology, 1980, Vol. 52: 1351 - 1364.

Reinhart, C. and Tokatlidis, I. Before and After Financial Liberalization. Mimeo of University of Maryland, 2005.

Reinhart, C. M. and Rogoff K. The Modern History of Exchange Rate Arrangements: a reinterpretation. The Quarterly Journal of economics, 2004, 119 (1): 1 - 48.

Rey, H. International Trade and Currency Exchange. Review of Economic Studies, 2001: 443 - 464.

Rhee, G. J. The Recent Experience of the Korean Economy with Currency Internationalisation. BIS Papers, 2011: 233.

Rodrik , D. Who Needs Capital Account Convertibility? . Essays in International Finance, 1998: 55 - 65.

Rodrik, D. Has Globalization Gone Too Far? . Challenge, 1998, 41 (2): 81 - 94.

Ronald, A. F. The Genetical Theory of Natural Selection. Oxford: Clarendon Press, 1930.

Roodman, D. How to DoXtabond2: An Introduction to Difference and System GMM in Stata. Center for Global Development, Washington: Working Paper

103, 2006.

Rizzo, J. The Economic Determinants of the Choice of an Exchange Rate Regime: a Probit Analysis. Economics Letters, 1998, 59 (3): 283 – 287.

Selten, R. A Note on Evolutionarily Stable Strategies in Asymmetric Games Conflicts. Journal of Theoretical Biology, 1980, Vol. 52: 1351 – 1364.

Shabtai, D. and Alfred H. Currency Invoicing in International Trade: An Empirical Investigation National Institute Economic Review, 2003, 11 (2): 332 – 345.

Shambaugh, J. C. The Effect of Fixed Exchange Rates on Monetary Policy. The Quarterly Journal of Economics, 2004, 119 (1): 301 – 352.

Shioji, E. Invoicing Currency andthe Optimal Basket Peg for East Asia: Analysis Using a New Open Economy Macroeconomic Model. Journal of the Japanese and International Economies, 2006, 20 (4): 569 – 589.

Shu, C. Impact of the Renminbi Exchange Rate On Asian Currencies. Currency Internationalization, 2007, 221.

Shu, M. Leadership in (Southeast Asian) Regional Integration: A Functional Approach. Paper for CHIR Japan Conference, December 2009.

Subramanian, A. and Kessler, M. The Renminbi Bloc is Here: Asia Down, Rest of the World to Go? Peterson Institute for International Economics, No. WP12 – 19, 2012.

Tavlas, G. S. Currency Crises: Introduction. Open economies review, 1996.

Thimann, Christian. Global Roles of Currencies. International Finance, 2008, 11 (3): 211 – 245.

Trejos, A. and Wright, R. Search Theoretic Models of International Currency Proceedings. Federal Reserve Bank of St. Louis, May, 1996, 117 – 32.

Ueki Y. Intermediate Goods Trade in East Asia. Intermediate Goods Trade in East Asia: Economic Deepening Through FTAs/EPAs, BRC Research Report, 2011 (5).

UNCTAD, Classification by Broad Economic Categories. Statistical Papers Series M No. 53, Rev. 4. United Nations Publication, New York, 2011.

Weintraub, E. Roy. Toward a History of Game Theory. Duke University Press, 1992.

Wen, J. Y. and Murphy M. Regional Monetary Cooperation in East Asia Should the United States Be Concerned? CSIS (Center for Strategic and International Studies) report. Nov 2010.

William, D. H. Extraordinary Sex Ratios. Science, 1976, Vol. 156: 477 – 488.

Williams, D. H. The Evolution of the Sterling System. Oxford University, 1968: 266 – 297.

Yuan, W. J. and Melissa M. Regional Monetary Cooperation in East Asia Should the United States Be Concerned? . CSIS (Center for Strategic and International Studies) report, Nov 2010.

Yung, C. P. and SONG, C. Y. Renminbi Internationalization: Prospects and Implications for Economic Integration in East Asia. Asian Economic Papers, 2010, 10 (3): 42 – 72.

Zhang M. China's New International Financial Strategy amid The Global Financial Crisis. China & World Economy, 2009, 17 (5): 22 – 35.

Zhang, J. K. and Liang, Y. Y. Institutional and Structural Problems of China's Foreign Exchange Market and RMB's Role in East Asia. Towards Monetary and Financial Integration in East Asia.

后　　记

　　本书是笔者在多年关注人民币区域化和国际化相关问题的基础上，在厦门大学黄梅波教授的指导下得以完成的。它也是笔者在读博士期间主要研究成果的汇总。主要特点体现在：一是本书对制约人民币区域化的困境跳出了争议的框框进行分析，探讨学者们讨论最多的制约人民币区域化的因素；二是在系统的思路框架下研究人民币深入区域化的制约因素；三是运用现代计量经济学的方法分析人民币区域化各个制约因素，为该领域的相关研究提供了研究方法上的参考。

　　本书写作的过程得到老师和同学的诸多帮助。特别是要感谢黄梅波老师的辛苦付出，黄老师不仅在研究思路和研究方法上给予笔记启发，也在具体的写作过程给予悉心指导。同时，本书的顺利完成也要感谢邢曙光和李强两位同学在材料收集和计量软件应用上给予的无私帮助。此外，本书得以顺利出版还要特别感谢厦门理工学院学术专著出版基金的资助。

　　人民币区域化和国际化所处的环境在不断地发展变化中，同时它们面临的制约因素也在变化中。本书对人民币区域化和国际化制约因素进行探索，因作者知识水平的局限，出现错误在所难免，衷心希望广大读者批评指正，本书后续的修订中将作为重要参考。

王珊珊